Lust an der Lust

Zu diesem Buch

Was wäre das Leben ohne die Wonnen der Lust? Sicher viel einfacher und übersichtlicher, aber auch erheblich trister und langweiliger! So ist denn auch die Lust – ob im Glück der Erfüllung oder in den Qualen der Versagung – von jeher ein unerschöpfliches Thema der Literatur. Alle Lüste dieser Erde, alle sinnlichen Genüsse präsentiert der Texte-Strauß dieser Anthologie: die Fleischeslust con variazioni und die Erregung des Berührens, das barocke Vergnügen am guten Essen und Trinken, der Genuß des Rauches, das Schwelgen in Düften und Farben. Berühmte Autoren aus aller Welt von der Antike bis heute schildern in Erzählungen, Romanen, Gedichten die Lust, die uns die Lust bereitet, aber auch die Last, zu der die Lust werden kann, wenn sie unerfüllt bleibt, wenn sie zur Obsession, zur Sucht wird. Diese Mischung aus dramatischen, amüsanten und spannenden Geschichten sind wunderbare Aperitifs und Gaumenkitzler.

Linda Walz, geboren 1960 in Essen, lebt als Lektorin und Rundfunkjournalistin in München. Unter anderem gab sie die Anthologie »Einundzwanzig und eine« (1997) heraus.
Gerhard Seidl, geboren 1956 in München, lebt als Lektor, Redakteur und Autor in München. Veröffentlichungen unter anderem: »Der AusflugsVerführer« (Mitherausgeber, 1996), »Wilde Zeiten« (1997), »Der letzte Zeuge« (1998).

Lust an der Lust

Ein Lesebuch der Begierden

Herausgegeben von
Linda Walz und Gerhard Seidl

Piper München Zürich

Originalausgabe
Dezember 1998
© für diese Ausgabe:
1998 Piper Verlag GmbH, München
Umschlag: Büro Hamburg
Simone Leitenberger, Susanne Schmitt, Annette Hartwig
Umschlagabbildung: Jean Auguste Dominique Ingres
(»Baigneuse de Valpinçon«, Gérard Blot/Photo R.M.N.)
Gesamtherstellung: Clausen & Bosse, Leck
Printed in Germany ISBN 3-492-22660-4

Inhalt

In Bacchus' Keller

Umwölkt von blauem Dunst

In den Gefilden des Eros

Vorwort

Wie wäre das Leben ohne sinnliche Begierden? – Vermutlich viel übersichtlicher und klarer, bestimmt aber auch ziemlich langweilig und trist. Die Lust, ob in der Wonne ihrer Erfüllung oder in den Qualen der Versagung, in all ihren Irrungen und Wirrungen, war denn auch von alters her ein unerschöpfliches Thema der Dichter. Alle sinnlich erfahrbaren Lüste, der barocke Genuß des Essens und Trinkens, die Gier nach einer Zigarette, die Erregung des Berührens, das Schwelgen in Düften und Farben und schließlich der Rausch erotischer Vereinigung umfaßt das Spektrum dieser Anthologie. Sie versammelt Gedichte, Erzählungen und Romanausschnitte von der Antike bis zur Gegenwart, die sich teils ernsthaft, teils heiter mit unseren Begierden befassen – mit der Lust, die uns die Lust bereitet, und mit deren Kehrseite, der Last, zu der die Lust werden kann, etwa, wenn sie zur Obsession oder zur Sucht wird.

Eine Satire auf die dekadente römische Gesellschaft zu Zeiten Kaiser Neros und auf ihre Neigung zu Ausschweifung und orgiastischen Freß- und Saufgelagen zeichnet Petronius Arbiter, aus dessen »Gastmahl des Trimalchio« hier ein Ausschnitt vorgestellt wird. Das *Kamasutra* gibt Auskunft über die Liebeskunst im Indien des dritten nachchristlichen Jahrhunderts. Daß im Japan in der Heian- und Fujiwara-Periode (etwa 800–1200 n. Chr.) auch das Liebesspiel Regeln der höfischen Etikette unterworfen war, berichtet *Das Kopfkissenbuch der Hofdame Sei Shonagon*, ein bedeutendes Werk der japanischen Hofdamenliteratur. Über die fleischlichen Begierden im späten Mittelalter erzählen Giovanni Boccaccio und François Villon. Von Völlerei und Gier im Rußland des 19. Jahrhunderts kann man bei Nicolai Gogol lesen. Bohumil Hrabal dagegen beschreibt das Gastmahl des abessinischen Kaisers in seinem Roman *Ich habe den englischen König bedient* so eindrucksvoll, daß einem das Wasser im Munde zusammenläuft. Hermann Burgers Protagonist Brenner, Nachfahre einer Schweizer Dynastie von Zigarrenfabrikanten, verkörpert den vollendeten Connaisseur und Genießer von Tabak. Von Italo Svevo erfahren wir, daß die »letzte Zigarette« im Geschmack und Gestus des Rauchens die allerbeste ist, weswegen kunstvoll immer neue Situationen geschaffen werden, um in den Genuß dieser unvergleichlichen Zigarette zu kommen. Während Hafis, erleichtert über das Ende des entsagungsvollen Fastenmonats, den ersten Becher Wein lobpreist, umkreist Hans Fallada die Abgründe, die sich bei übermäßigem Alkoholgenuß auftun. Claude Tardat schließlich erzählt in *Die sanfte Süße des ewigen Honigs* von einer Frau, die sich vorgenommen hat, durch Schokoladentörtchen und Sahne-Eclairs zu Tode zu kommen.

Lust an der Lust versteht sich als ein literarischer Streifzug durch den Garten der Lüste im Wandel der Zeit. Die ausgewählten Häppchen möchten in jeder Hinsicht Appetit machen – und Lust auf mehr!

München, im Herbst 1998

Linda Walz und Gerhard Seidl

Von Gourmets und Gourmands

Petronius Arbiter
Trimalchios Einzug

Inzwischen wurde der erste ganz ausgezeichnete Gang aufgetragen, denn alle außer Trimalchio, für den nach der neuesten Mode der erste Platz freigehalten wurde, lagen bereits zu Tisch.

Ein Tafelaufsatz in Form eines Esels aus korinthischem Erz wurde hereingebracht, über dem ein Quersack lag mit grünen Oliven auf der einen und schwarzen Oliven auf der anderen Seite. Über dem Esel befanden sich zwei Schalen, in deren Rand der Name Trimalchio und das Gewicht des Silbers eingraviert waren. Kleine, ebenfalls metallene Teller enthielten Siebenschläfer in Honig, die mit Mohn bestreut waren. Außerdem gab es noch rauchende Bratwürste auf silbernem Rost; unter dem Rost lagen syrische Pflaumen und Granatapfelkerne.

Wir schwelgten noch in diesen Genüssen, als Trimalchio höchstselbst unter den Klängen einer Kapelle hereingetragen und mitten in eine Unzahl winziger Kissen gesetzt wurde, so daß wir unser lautes Gelächter kaum unterdrücken konnten: Sein blanker Schädel sah kahl aus dem Scharlachmantel heraus, und um seinen ohnehin mit dem Mantel beschwerten Nacken hatte er eine mit Purpur gesäumte Serviette gebunden, von der nach allen Seiten Fransen herabhingen. Am kleinen Finger der linken Hand trug er einen großen vergoldeten Ring und am äußersten Glied des nächsten Fingers einen etwas kleineren Ring, der aus massivem Gold zu sein schien, aber außerdem noch mit eisernen Sternchen besetzt war. Und um uns noch weitere Schätze zeigen zu können, entblößte er seinen rechten Arm, den ein goldenes Band und ein elfenbeinerner Reifen schmückten, der von schimmernden Kettchen zusammengehalten wurde. Während er mit einem silbernen Zahnstocher die Zähne reinigte, sagte er:

13

»Liebe Freunde, ich hatte eigentlich noch keine rechte Lust, in den Speisesaal zu kommen, aber ich habe mich dazu herabgelassen, um euch nicht länger durch meine Abwesenheit aufzuhalten. Erlaubt mir aber, mein Spiel zu beenden.« Es kam ein Bursche mit einem Brett aus Terebinthenholz und kristallenen Würfeln und – besonders elegant – statt schwarzer und weißer Steine mit goldenen und silbernen Münzen.

Unterdessen, während er beim Spiel alle erdenklichen Flüche und Kraftausdrücke bemühte und wir es uns schmecken ließen, wurde ein Tafelaufsatz hereingebracht, der wie ein Korb aussah, in dem eine hölzerne Henne mit ausgebreiteten Flügeln saß, als würde sie brüten. Anschließend erschienen zwei Sklaven, die unter lauter Musikbegleitung das Nest auszunehmen begannen und dabei Pfaueneier zum Vorschein brachten und unter die Gäste verteilten. Trimalchio blickte auf und sagte: »Liebe Freunde, ich habe der Henne Pfaueneier unterlegen lassen. Hoffentlich sind sie nicht schon angebrütet, wir wollen sehen, ob sie sich noch essen lassen!«

Wir nahmen unsere Löffel – kaum weniger als ein halbes Pfund schwere Schaufeln – und öffneten die aus feinstem Mehl gebackenen Eier. Und beinah hätte ich meines fortgeworfen, denn mir schien bereits ein Küken darin zu sein. Da hörte ich einen erfahrenen Stammgast sagen: »Das muß etwas ganz besonders Gutes sein!« Und als ich das Ei weitergeschält hatte, entdeckte ich eine fette Schnepfe in gepfeffertem Dotter.

Trimalchio hatte sein Spiel abgebrochen und sich auch seinerseits von allem reichen lassen. Er fragte mit lauter Stimme, ob jemand von uns noch Honigwein nachgeschenkt haben wolle, als plötzlich die Musik ein Zeichen gab und die Gerichte von einem singenden Chor abgeräumt wurden. Als in dem Durcheinander versehentlich eine kleine Schüssel zu Boden fiel und ein Sklave sie aufhob, ließ Trimalchio, der es gesehen hatte, dem Jungen eine Ohrfeige geben und befahl, die Schüssel wieder auf den Boden zu werfen. Dann kam ein Hausbursche und kehrte das Silber mit seinem Besen in den Abfall.

Nun erschienen zwei Neger mit krausem Haar und brachten kleine Schläuche mit, wie man sie benutzt, um den Sand in der Arena zu besprengen, und gossen Wein über die Hände. Wasser gab es nicht.

Wir machten dem Gastgeber wegen seiner geschmackvollen Einfälle unser Kompliment, und er bemerkte: »Da nur Mars alles gleichzumachen pflegt, habe ich veranlaßt, daß jedem ein eigener Tisch zur Verfügung gestellt wird. Dann werden uns auch die schwitzenden Sklaven durch ihr Gedränge nicht mehr so belästigen.«

Es wurden Glasflaschen hereingebracht, die sorgfältig vergipst waren und deren Stöpsel die Aufschrift

HUNDERTJÄHRIGER FALERNER
JAHRGANG OPIMIUS

trugen. Während wir noch die Aufschrift studierten, schlug Trimalchio die Hände über dem Kopf zusammen: »So ein Wein lebt länger als wir armseligen Menschen! Desto mehr wollen wir das Leben genießen! Wein ist Leben. Es ist tatsächlich echter Opimianer. Gestern habe ich nicht so etwas Gutes vorsetzen lassen, obwohl ich ganz besonders vornehme Gäste hatte.«

Wir tranken und freuten uns über das reichliche Mahl, als ein Sklave ein kunstvoll gearbeitetes silbernes Totengeripppe hereinschleppte, dessen Gelenke und Glieder nach allen Seiten beweglich waren. Er legte es auf den Tisch und drehte es hin und her, so daß sich durch die Beweglichkeit der Verbindungen alle möglichen Stellungen ergaben. Dazu jammerte Trimalchio:

Weh uns Armen, die wir so nichtig
        sind als Menschen:
Ein Gerippe, sobald der Orcus
        uns hinabreißt!
Also leben wir heut,
        morgen ist's schon zu spät!

15

Auf den Beifall folgte ein Gang, der unseren Erwartungen nicht so recht entsprach, der aber durch seine Ausgefallenheit aller Augen auf sich lenkte. Auf einem runden Teller waren die zwölf Tierkreiszeichen angeordnet, auf die der Koch jeweils entsprechende Speisen gelegt hatte: auf den Widder Widdererbsen, auf den Stier ein Stück Ochsenfleisch, auf die Zwillinge Hoden und Nieren, auf den Krebs einen Kranz, auf den Löwen eine afrikanische Feige, auf die Jungfrau eine Gebärmutter, auf die Waage eine richtige Waage mit Pastete und Kuchen in den beiden Schalen, auf den Skorpion ein Seepferdchen, auf den Schützen einen Hasen, auf den Steinbock einen Hummer, auf den Wassermann eine Gans und auf die Fische zwei Barben. In der Mitte lag eine Scheibe Honig auf einem ausgeschnittenen Rasenstück. Ein junger Ägypter reichte aus einem silbernen Röster Brot herum, und Trimalchio sang inzwischen mit der gequetschten Stimme eines Schmierensängers ein albernes Lied. Als wir uns mit ziemlicher Unlust an die wenig verlockenden Dinge machen wollten, sagte Trimalchio: »Langt gut zu, wie es sich beim Essen gehört!«

Auf einmal sprangen unter Musikbegleitung vier Tänzer herein und hoben den oberen Teil des Tafelaufsatzes ab. Wir erblickten darunter Mastgeflügel, Euter und einen Hasen, der mit Flügeln geschmückt war und wie ein Pegasus aussah. Dann entdeckten wir an den Ecken des Aufsatzes vier Faune mit Schläuchen, aus denen gepfefferte Tunke über Fische floß, die so gewissermaßen in ihrem Element schwammen.

Unser Beifall war groß, und wir machten uns begeistert über die appetitlichen Sachen her.

JONATHAN SWIFT
Zu Tisch im Lande Liliput

Dreihundert Köche bereiteten meine Nahrung in kleinen, bei meinem Hause erbauten und bequemen Hütten, wo sie mit ihren Familien wohnten. Jeder Koch lieferte mir zwei Gerichte, zwanzig Bediente hob ich mit meiner Hand auf den Tisch; hundert andere standen auf dem Boden, einige mit Fleischgerichten, andere mit Fässern voll Wein und Likören. Alles dies wanden die Bedienten nach meinem Bedürfnis auf sehr sinnreiche Weise mit Stricken, wie wir in Europa die Wassereimer, hinauf. Jedes Fleischgericht gab einen Mund voll und ein Weinfaß einen guten Schluck. Das liliputische Hammelfleisch ist nicht so gut wie das unsrige, allein ihr Rindfleisch ist ausgezeichnet. Ich habe einst eine so große Rindskeule gegessen, daß ich sie nur in drei Bissen verzehren konnte. Meine Bedienten erschraken, als sie sahen, wie ich sie mit Knochen und allem, etwa wie man bei uns einen Lerchenflügel ißt, mit einem Mal zerkaute. Gänse und Truthühner steckte ich auf einmal in den Mund, und ich muß gestehen, sie sind vorzüglicher als die unsrigen. Von ihrem kleinen Geflügel könnte ich zwanzig bis dreißig auf einmal mit einem Messer spießen.

Nicolai Gogol
Im Haus des Polizeimeisters

Die Gäste hatten [...] in dichtem Haufen das Haus des Polizeimeisters erreicht. Es erwies sich, daß der Polizeimeister
tatsächlich ein Wundertäter war: Kaum erfuhr er, was los
sei, als er auch schon den Quartalsoffizier, einen schneidigen
Burschen in lackierten Kanonenstiefeln, herangerufen und
ihm anscheinend bloß zwei Worte ins Ohr geflüstert, sowie
noch vernehmlich: »Verstehst du?« hinzugefügt hatte, und
schon tauchten, während die Gäste heftig ihren Whist dro-
schen, im Zimmer nebenan bereits Störe, Salme, Räucherlachs, Preßkaviar, Perlkaviar, Heringe, Sprotten, verschiedene Käsesorten, Räucherzungen und Störrücken auf den
Tischen auf – soweit, was die Fischreihe anbetraf. Sodann
erschienen, als Ergänzungen von seiten des Wirtes, allerhand
Küchenerzeugnisse: eine Pastete, gefüllt mit den Backen und
Knorpeln eines neunpudigen Störs, eine andere Pastete mit
Pilzen sowie Butterkuchen, Obstkuchen und Pfannkuchen.
Der Polizeimeister war in gewisser Hinsicht der Vater und
Wohltäter der ganzen Stadt. Er fühlte sich unter den Bürgern
ganz wie in seiner lieben Familie und ging mit den Kaufläden
und Bazaren wie mit seiner eigenen Handkammer um. Überhaupt war er vollständig an seinem Platze, wie man zu sagen
pflegt, und hatte sein Amt vollkommen erfaßt. Ja, es war sogar schwer zu entscheiden, ob eigentlich er für das Amt oder
ob das Amt für ihn geschaffen war. Die Sache war so geschickt angepackt worden, daß er doppelt soviel Einnahmen
wie seine Vorgänger herauswirtschaftete und sich dabei
doch zugleich die allgemeine Liebe der ganzen Stadt erwarb.
Die Kaufleute selbst waren es, die ihn vor allem gern hatten,
und besonders deshalb, weil er nicht stolz war; und in der
Tat, er taufte ihnen die Kinder, stand mit ihnen Gevatter und
zog ihnen zwar das Fell zuweilen mit einem Ruck über die

Ohren, aber dabei immer doch außerordentlich geschickt: Er klopfte einem dabei immer noch gemütlich auf die Schulter, lachte einen an, lud einen zum Tee, versprach wohl auch, selbst auf eine Partie Dame zu kommen, und erkundigte sich teilnahmsvoll, wie die Geschäfte gingen und dies und das; erfuhr er, daß eins von den kleinen Kinderchen irgendwie krank geworden, dann empfahl er sogar eine Medizin – mit einem Wort, ein großartiger Kerl! Er fährt, sagen wir, auf seiner Reitdroschke umher und bleut überall Ordnung ein und findet dabei zugleich doch Zeit, diesem oder jenem ein Wörtchen zuzurufen: »Na, wie ist's, Michéjitsch, wir müßten doch mal zusammen unsere Partie zu Ende spielen?« – »Aber gewiß, Alexéj Iwanowitsch«, antwortet jener und nimmt die Mütze ab, »wir müßten wohl.« – »Na, mein Junge, Iljá Paramónitsch, komm mal zu mir, meinen Traber ansehen, ich glaub, daß er deinen doch überholt; spann einmal deine Reitdroschke an, probieren wir's aus.« Und der Kaufmann, der an seinem Traber einen Narren gefressen hatte, lächelte dazu sozusagen mit ganz besonderer Vorliebe und sagte dann, sich den Bart streichend: »Probieren wir, Alexéj Iwanowitsch!« Sogar die Ladendiener, welche schon längst ihre Mützen abgenommen hatten, blickten sich bei solchen Worten voller Zufriedenheit ins Gesicht und schienen sagen zu wollen: »'s ist doch ein famoser Mensch, der Alexéj Iwanowitsch!« Kurz, es war ihm gelungen, sich die allgemeinste Popularität zu erwerben, und die Meinung der Kaufleute ging dahin, daß Alexéj Iwanowitsch »natürlich auch nimmt, aber dafür wird er dich auf keinen Fall im Stich lassen.«

Als er gesehen hatte, daß der Imbiß fertig war, schlug der Polizeimeister den Gästen vor, ihren Whist nach dem Frühstück zu beenden, und alles strömte nun in das Nebenzimmer, aus dem schon längst ein die Nasen angenehm kitzelnder Duft hereingedrungen war und wohin Ssobakewitsch bereits ab und zu durch die Tür hineingeschielt hatte, wobei er jedesmal einen abseits auf einer großen Platte liegenden Stör aufs Korn nahm. Nachdem die Gäste je ein Gläschen

Wodka von dunkelolivgrüner Farbe – wie man sie nur bei den durchsichtigen sibirischen Steinen findet, aus denen man in Rußland Petschaften schneidet – zu sich genommen hatten, traten sie von allen Seiten mit ihren Gabeln an den Tisch heran, worauf nun ein jeder, wie man so sagt, seinen Charakter und seine Neigungen offenbarte – indem sich nämlich der eine mehr auf den Kaviar legte, der andere wieder mehr auf den Räucherlachs und der dritte endlich mehr auf den Käse. Ssobakewitsch jedoch würdigte alle diese Kleinigkeiten keines halben Blickes, sondern ließ sich wortlos bei seinem Stör nieder und hatte ihn auch, ohne die anderen beim Schwatzen und Trinken zu stören, in etwas mehr als einer Viertelstunde so völlig aufgefressen, daß, als der Polizeimeister, sich des Riesenfisches erinnernd, mit der Gabel in der Hand an der Spitze der Gäste auf die Platte zuschritt und gerade sagte: »Und was sagen Sie nun, meine Herrschaften, zu diesem Naturprodukt?« – er plötzlich gewahr wurde, daß von dem ganzen Naturprodukt gerade noch der Schwanz übriggeblieben war, während Ssobakewitsch hingegen so machte, als ob er mit der ganzen Sache nichts zu tun hätte und zu einem abseits stehenden Teller herantrat, wo er mit seiner Gabel in irgendein getrocknetes Fischchen hineinstach. Nachdem er den Stör solchermaßen erledigt hatte, setzte sich Ssobakewitsch in einen Lehnsessel nieder, aß nicht mehr und trank nicht mehr und klapperte bloß noch mit den Augen. Es erwies sich, daß der Polizeimeister seinen Wein nicht zu schonen liebte: Die Toaste nahmen kein Ende. Der erste Toast wurde, wie die Leser vielleicht auch schon selbst erraten, auf das Wohl des neuen Cherssonschen Gutsbesitzers ausgebracht, sodann trank man auf das Wohlergehen seiner Bauern und auf ihre glückliche Übersiedlung; weiter auf die Gesundheit seiner zukünftigen Frau, einer herrlichen Schönheit, was den Lippen unseres Helden ein anmutiges Lächeln entlockte. Von allen Seiten trat man an ihn heran und bat ihn eindringlich, doch wenigstens noch zwei Wochen in der Stadt zu bleiben: »Nein, Pawjel Iwanowitsch! Sagen Sie, was Sie wollen, aber das heißt ja wirklich uns nur die Hütte kalt machen – ein Fuß über die Schwelle und schon wieder fort! Nein, leben Sie mit uns erst ein Zeitchen! Also, passen Sie auf, wir werden Sie verheiraten. Nicht wahr, Iwan Grigorjewitsch, wir werden ihn verheiraten?«

»Verheiraten, jawohl, verheiraten!« stimmte der Kammerpräsident donnernd ein. »Also, da können Sie sich mit Händen und Füßen dagegen sträuben, wir werden Sie verheiraten! Nein, Onkelchen, sind Sie schon mal hierhergeraten, dann beklagen Sie sich auch bitte nicht. Hier bei uns machen wir keinen Spaß.«

»Na, schließlich ... warum sollte man sich auch mit Händen und Füßen dagegen sträuben«, erwiderte Tschitschikoff mit einem kleinen Lächeln, »Heiraten ist ja noch nicht so eine Sache, daß man ... es muß aber doch erst eine Braut da sein.«

»Es wird auch eine Braut da sein! Wie denn nicht? Alles wird da sein, alles, was Sie nur wollen!«

»Na, wenn sie da sein wird ...«

»Bravo, er bleibt!« schrien alle. »Vivat, hurra, Pawjel Iwanowitsch! Hurra!« Und alle traten mit den Gläsern in der Hand auf ihn zu, um mit ihm anzustoßen. Tschitschikoff stieß mit allen an. »Nein, nein, noch einmal!« riefen die Keckeren und stießen zum zweitenmal an, dann drängten sie sich hinzu, um noch ein drittes Mal anzustoßen: Man stieß auch noch zum drittenmal an. In ganz kurzer Zeit wurde allen ungewöhnlich lustig zumute. Der Kammerpräsident, der in aufgetauter Stimmung ein wirklich entzückender Mensch war, umarmte Tschitschikoff einige Male und rief mit überquellendem Gefühl: »Du meine Seele! Du mein Mamachen!« und begann sogar, mit den Fingern schnalzend, in der Kniebeuge um ihn herumzutanzen, wobei er dazu das bekannte Volkslied sang: »Ach du Hundesohn, Kamárinsker Muschik!« – Nach dem Champagner entkorkte man Ungarwein, der noch mehr Schwung in das Ganze hineinbrachte und die Gesellschaft noch lustiger stimmte. Den Whist hatte man ganz und gar vergessen; sie stritten, sie schrien, sie redeten über alles – über Politik, ja sogar über militärische Fragen, und äußerten höchst freie Gedanken, für die sie zu anderer Zeit selbst als erste die eigenen Kinder durchgeprügelt hätten. Man löste während der Unterhaltung eine Menge der allerschwierigsten Fragen. Tschitschikoff hatte sich noch nie in so gehobener Stimmung gefühlt, er kam sich bereits selbst als Cherssonscher Gutsbesitzer vor, redete von allerhand landwirtschaftlichen Verbesserungen, von der Dreifelderwirtschaft, von der Wonne und Glückseligkeit zweier Seelen, und begann zu Ssobakewitsch hin eine Epistel Werthers an Lotte in Versen zu deklamieren, auf welche jener, im Lehnsessel sitzend, nur noch mit den Augen klapperte, weil er tatsächlich nach dem Stör ein überaus starkes Schlafbedürfnis spürte. Tschitschikoff kapierte jetzt auch selbst, daß er schon anfing, sich denn doch ein wenig zu weit aufzuknöpfen, bat daher um eine Equipage und fuhr schließlich mit dem Wagen des Staatsanwalts nach Hause. Während der Fahrt stellte es sich heraus, daß der Kutscher des Staatsanwalts ein erfahrener Bursche war, denn er kutschierte bloß mit der einen Hand, während er mit der anderen nach hinten griff und den gnädigen Herrn festhielt.

Nikos Kazantzakis
Das zarteste Fleisch

»Onkel Anagnostis, der Gemeindevorsteher, bittet Sie, ihn zu einem kleinen Frühstück in seiner Wohnung beehren zu wollen. Der Bezirksverschneider kommt heute ins Dorf, um die Schweine zu kastrieren. Seine Frau wird die verschnittenen Teile für Sie braten. Sie können bei dieser Gelegenheit auch zum Namenstag seines Enkels Minas gratulieren.«

Es ist ein eigenartiges Vergnügen, ein kretisches Bauernhaus zu betreten. Hier weht noch eine echt patriarchalische Luft: Der Kamin, daneben an der Wand ein Öllämpchen, Fässer mit Öl und anderen Lebensmitteln und links vom Eingang in einer Wandnische ein Krug mit frischem Wasser, mit einem Stöpsel aus Reisig. An den Balken hängen Kränze von Quitten und Granatäpfeln und wohlriechende Kräuter, Salbei, Minze, Rosmarin und Pfefferkraut.

Im Hintergrund sieht man drei, vier Holzstufen, die zu einem erhöhten Raum, einer Art Tribüne, führen, mit dem eisernen Bettgestell, und darüber die Ikonen mit dem brennenden Nachtlicht. Das Haus scheint unbewohnt, leer zu sein, und doch ist alles da – so wenig braucht der Mensch zum Leben.

Die milde, strahlende Herbstsonne versprach einen herrlichen Tag. Wir saßen vor dem Hause in dem kleinen Hof unter einem fruchtbehangenen Olivenbaum. Zwischen seinen silbergrauen Blättern schimmerte in der Ferne, ruhig wie ein Spiegel, das Meer. Einzelne dünne Wölkchen schwebten über uns, die die Sonne bald verdeckten, bald wieder freiließen. Es war, als atme die Welt bald freudig, bald traurig.

In einer anderen Ecke des Hofes, in einem kleinen Stall, quiekte das kastrierte Schwein vor Schmerz und schrie uns die Ohren voll. Aus dem Kamin stieg der Duft der in der Kohlenglut bratenden Hoden in unsere Nase.

Wir unterhielten uns über alles, was einen Ewigkeitswert besitzt: über die Saaten, über die Weinberge, über den Regen. Wir mußten laut sprechen, denn der alte Gemeindevorsteher hörte nicht gut. Er hatte, wie er sich ausdrückte, ein stolzes Ohr. Aber es war anregend, ihm zuzuhören. Sein Leben verlief so ruhig wie das eines Baumes in einer windgeschützten Schlucht. Eines schönen Tages war er zur Welt gekommen. Er wuchs heran, heiratete und zeugte Kinder, denen viele Enkelkinder folgten. Die Nachkommenschaft war gesichert.

Der alte Kreter gedachte der vergangenen Zeiten, als die Insel noch zur Türkei gehörte. Er erzählte uns von seinem Vater und von den Wundern, die damals geschahen, weil die Menschen noch gottesfürchtig und fromm waren.

»Ja, ich, den ihr hier seht, der Onkel Anagnostis, bin durch ein Wunder zur Welt gekommen. Wenn ich euch das erzähle, werdet ihr vor Erstaunen die Hände über dem Kopf zusammenschlagen und im Kloster der Muttergottes eine Kerze anzünden.«

Er bekreuzigte sich und fing zu erzählen an:

»Also, in unserem Dorfe lebte damals eine reiche Türkin – Gott verdamme sie! Eines schönen Tages wurde dieses Biest schwanger, und es dauerte nicht lange, da sollte das Kind zur Welt kommen. Man legte sie zurecht, und sie brüllte drei Tage und drei Nächte lang wie ein Kalb. Aber das Kind kam nicht. Eine ihrer Freundinnen – Gott verdamme sie! – sagte zu ihr: ›Tsafer Chanum, ruf doch die Mutter Meiré zu Hilfe!‹

Mutter Meiré nennen die Türken die Muttergottes, ›die Panajia‹ – groß ist ihre Gnade! ›Die soll ich anrufen?‹ brüllte die Hündin. ›Lieber sterbe ich.‹ Aber die Schmerzen wurden immer unerträglicher. Wieder vergingen ein Tag und eine Nacht, sie brüllte, aber sie konnte nicht entbinden. Die Schmerzen ließen nicht nach. Sie konnte sich nicht mehr halten und rief in ihrer Verzweiflung: ›Mutter Meiré! Mutter Meiré!‹ Sie schrie und schrie, aber ihr Zustand wurde immer schlimmer, und das Kind kam nicht. ›Sie hört nicht‹, sagte die Freundin, ›wahrscheinlich kann sie nicht türkisch; rufe sie mit ihrem griechischen Namen!‹ – ›Muttergottes der Griechen!‹ schrie die Hündin. ›Muttergottes der Griechen!‹ Alles umsonst; die Schmerzen wurden nur noch heftiger. ›Du rufst nicht richtig‹, sagte die Freundin, ›du rufst nicht richtig, Tsafer Chanum! Deshalb kommt sie nicht.‹ Da, in ihrer Todesangst, brüllte die Hündin, die Christenfeindin, so laut sie konnte: ›Meine Panajia!‹ In diesem Augenblick glitt das Kind aus ihrem Leib wie ein Aal.

Das geschah an einem Sonntag. Und was für ein Zufall: Am anderen Sonntag kam meine Mutter in die Wehen. Auch sie hatte schreckliche Schmerzen, die Arme, und schrie. Sie rief die Panajia um Hilfe, aber vergeblich. Mein Vater saß auf der Erde mitten im Hofe und konnte vor Angst weder essen noch trinken. Er konnte die Muttergottes nicht verstehen. Bei der Tsafer Chanum, der Hündin, war sie auf deren Hilferufe sofort herbeigeeilt, um sie zu erlösen, und jetzt …

Am vierten Tage konnte sich mein Vater nicht mehr halten, er nimmt seinen Wanderstab und – hast du nicht gesehen! – ist er schon im Kloster der Muttergottes, der Ermordeten – möge sie uns immer beistehen! Er betritt die Kirche, ohne sich zu bekreuzigen, so wütend war er. Er verriegelt die Tür und stellt sich vor ihre Ikone. ›He, Heilige Jungfrau‹, ruft er, ›du weißt doch, daß meine Frau, die Marulja, dir jeden Samstagabend Öl bringt und deine Lämpchen anzündet. Seit drei Tagen und drei Nächten windet sie sich in Schmerzen und fleht dich um Hilfe an. Hörst du sie nicht? Ich glaube wirklich, daß du taub geworden bist. Handelte es sich um eine Tsafer Chanum, eine türkische Hündin, dann wärest du sicher sofort da, um ihr zu helfen. Aber für meine Frau, die Christin, hast du nur taube Ohren. Wärest du nicht die Gottesmutter, so könntest du was mit diesem Knüppel erleben!‹

Sprach's und zeigte ihr, ohne vorher niederzuknien, den Rücken, um sich zu entfernen. Aber – o Wunder! – in diesem Augenblick knarrte die Ikone, als ob sie zerspringen wollte. So knarren die Ikonen, falls ihr es noch nicht wißt, wenn sie ein Wunder tun wollen. Mein Vater verstand es sofort, er wandte sich um, fiel auf die Knie, bekreuzigte sich und rief: ›Ich habe gesündigt, Panajia, aber jetzt ist alles in Butter!‹

Kaum war er wieder im Dorfe, da erreichte ihn schon die gute Nachricht:

›Möge er lange leben! Deine Frau hat einen Sohn geboren.‹

Mich, den ihr hier vor euch seht, den Onkel Anagnostis. Aber ich kam mit einem etwas zu stolzen Ohr zur Welt, mein Vater hatte ja der Gottesmutter vorgeworfen, sie sei taub. – ›So?‹ wird sie sich gesagt haben. ›Jetzt mache ich dir deinen Sohn taub, damit du in Zukunft nicht mehr lästerst.‹«

Der Onkel Anagnostis bekreuzigte sich:

»Schon recht, Gott sei Dank! Sie hätte mich ja auch blind oder blödsinnig oder bucklig machen können. Oder sie hätte mich auch, Gott behüte, als Mädchen erschaffen können. Schon recht, groß ist ihre Gnade!«

Er füllte die Gläser.

»Groß ist ihre Gnade!« sagte er und hob das Glas.

»Auf dein Wohl, Onkel Anagnostis, möchtest du hundert Jahre alt werden und Urenkel erleben!«

Der Alte goß in einem Zuge das Glas hinunter und wischte sich seinen Schnurrbart:

»Nein, mein Sohn, es genügt! Die Enkel genügen mir. Meine Zeit ist um. Ich bin schon zu alt. Meine Lenden versagen. Was habe ich also noch vom Leben?«

Er schenkte wieder ein, holte aus seinem Gürtel Nüsse und in Lorbeerblätter gewickelte trockene Feigen und verteilte sie unter uns.

»Alles, was ich hatte und nicht hatte, habe ich unter meine Kinder verteilt. Jetzt nage ich am Hungertuche. Ich lasse mir aber deshalb keine grauen Haare wachsen. Gott wird mir schon weiterhelfen.«

»Gott wird schon weiterhelfen«, schrie Sorbas dem Alten ins Ohr, »aber was haben wir davon? Er schenkt uns ja doch nichts, der Geizkragen.«

Der Gemeindevorsteher runzelte die Stirn.

»Laß Gott aus dem Spiele!« sagte er ernst. »Lästere ihn nicht. Er verläßt sich auf uns, der Bedauernswerte.«

Inzwischen brachte seine Frau, unterwürfig, ohne ein Wort zu reden, auf einer irdenen Schüssel die ›unaussprechlichen Teile‹ des Schweins und einen großen bronzenen Krug mit Wein. Sie stellte alles auf den Tisch, faltete die Hände, ohne sich zu setzen, und senkte die Augen. Ich ekelte mich vor dem Fraß, genierte mich jedoch, ihn zurückzuweisen. Sorbas sah mich von der Seite an und lächelte.

»Das ist das zarteste Fleisch«, versicherte er mir, »du brauchst dich nicht zu ekeln.«

Der alte Anagnostis kicherte.

»Tatsächlich. Koste es wenigstens mal! Ei, da läuft dir das Wasser im Mund zusammen. Als Prinz Georg unserem Kloster einen Besuch abstattete, bereiteten ihm die Mönche ein wahrhaft königliches Festmahl. Allen anderen setzten sie Fleischgerichte vor, nur der Prinz bekam einen tiefen Teller voll Suppe. Der Prinz rührte mit dem Löffel die Suppe um und fragte erstaunt: ›Bohnen?‹

›Iß nur‹, sagte der greise Abt. ›Iß und dann laß uns sehen.‹ Der Prinz kostete einen Löffel, zwei, drei, schließlich leerte er den Teller und leckte seine Lippen.

›Das ist ja etwas Prachtvolles«, sagte er, ›herrliche Bohnen, weich wie Brägen!‹

›Das sind keine Bohnen, mein Prinz‹, sagte der Abt lachend, ›wir haben sämtliche Hähne der Provinz kastriert.‹«

Der alte Anagnostis spießte mit der Gabel ein Stück von den Hoden des Schweins auf und reichte es mir.

»Ein fürstlicher Leckerbissen!« sagte er lachend. »Mund auf!«

Ich öffnete meinen Mund, und er steckte ihn mir hinein.

Dann füllte er wieder die Gläser, und wir tranken auf seine Enkel. Die Augen des Großvaters glänzten.

»Was soll dein Enkel mal werden, Onkel Anagnostis?« fragte ich ihn.

»Was er werden soll, mein Sohn? Er wird schon den richtigen Weg finden. Vor allem soll er ein braver Mensch werden, ein guter Familienvater. Er soll Kinder und Enkelkinder zur Welt bringen, und eins von seinen Kindern soll mir ähnlich sein; so daß die alten Leute bei seinem Anblick ausrufen: ›Seht doch, wie er dem Onkel Anagnostis gleicht! Gott hab ihn selig! Er war ein guter Mensch.‹«

»Marulja!« sagte er, ohne seine Frau anzublicken; »Marulja! Der Krug ist leer; bring uns neuen Stoff!«

In diesem Augenblick öffnete das Schwein mit einem kräftigen Stoß die Tür des kleinen Stalles und lief grunzend in den Hof.

»Das arme Tier hat Schmerzen«, sagte Sorbas mitleidig.

»Was du nicht sagst!« rief der alte Kreter und lachte.

»Wenn dir so etwas passierte, würde dir das nicht auch weh tun?«

Sorbas rückte auf seinem Stuhle und brummte entsetzt: »Halt's Maul, du Schafskopf!«

Das Schwein lief im Hofe hin und her und blickte uns böse an.

»Bei Gott, man möchte meinen, es verstehe, daß wir sie aufessen!« sagte der Gemeindevorsteher, dem das bißchen Wein schon zu Kopf gestiegen war.

Aber wir beide, Sorbas und ich, verzehrten still und vergnügt den köstlichen Leckerbissen, wie die Kannibalen, tranken dazu den dunkeln Wein und bewunderten durch die silbergrauen Zweige des Olivenbaumes das Meer, das jetzt, bei Sonnenuntergang, wie eine große Rose zu leuchten begann.

Bohumil Hrabal
Das Gastmahl des abessinischen Kaisers

Dann kam der Tag, da der abessinische Kaiser mit seinem Gefolge bei uns eintreffen und Quartier nehmen sollte, einen ganzen Tag lang hatte ein Lastauto sämtliche Rosen und Asparagusse und Orchideen in den Prager Blumenläden aufgekauft, doch im letzten Augenblick war der Herr Burgkanzler erschienen und hatte die Unterkunft abgesagt, das feierliche Mittagessen aber bestätigt, doch dem Chef war das egal, denn er hatte alle Kosten einkalkuliert, die das Quartier betrafen, auch das Saubermachen, und so bereiteten wir uns also auf das Prunkmahl für dreihundert Personen vor. Wir entliehen uns Kellner und Ober aus dem Hotel Steiner, und für diesen Tag schloß Herr Šroubek sein Hotel und überließ uns seine Kellner, und von der Burg kamen Detektive, dieselben, die mit mir zusammen das Bambino di Praga transportiert hatten, und sie brachten drei Kochmonturen und zwei Kellnerfräcke mit und zogen sich sogleich um, um zu trainieren und sich in der Küche umzusehen, damit keiner den Kaiser vergiftete, und die Kellner wiederum prüften, von wo man in den Restauranträumen den Kaiser am besten im Auge habe, doch als der Chefkoch gemeinsam mit dem Kanzler und Herrn Brandejs die Speisekarte für die dreihundert Gäste zusammenstellte, arbeiteten sie ganze sechs Stunden daran, und Herr Brandejs ließ daraufhin seine Eiskeller mit fünfzig Kalbskeulen, sechs Rindern für die Suppe, mit sechs Fohlen für die Beefsteaks und mit einem Wallach für die Soße bestücken, mit sechzig Schweinen, nicht schwerer als sechzig Kilogramm, mit zehn Spanferkeln, dreihundert Hühnern, die Rehböcke und beide Hirsche nicht gerechnet ...

An der Seite des Herrn Oberkellners Skřivánek stieg ich zum erstenmal in unsere Kellergewölbe hinab, und der Kel-

lermeister zählte noch einmal unter der Kontrolle des Ober-
kellners die Vorräte an Weinen und Kognaks und anderen
Destillaten durch … Mich schauderte, als ich sah, wie gut
bestückt der Keller war, als wären wir die Firma Oplt Weine
und Branntweine en gros. Zum erstenmal sah ich eine ganze
Wand, die von Henkell Trocken starrte und vom Schampus
der Witwe Cliquot bis zur Firma Deinhardt in Koblenz, ganze
Wände voller Kognak der Marken Martell und Hennessy,
Hunderte Flaschen aller möglichen Sorten an schottischem
Whisky, doch ich sah auch seltene Mosel- und Rheinweine,
auch hiesigen Bzenec aus Mähren sowie tschechischen Wein
aus Mělník und Žernoseky, und als der Herr Oberkellner
Skřivánek so von Keller zu Keller ging, streichelte er immer
nur die Flaschenhälse, so hübsch streichelte er sie, als wäre
er ein Alkoholiker, obgleich er eigentlich gar keinen Alkohol trank, noch nie hatte ich gesehen, daß der Herr Skřivánek
getrunken hätte, und im Keller wurde mir auch bewußt, daß
ich den Oberkellner Skřivánek nie hatte sitzen sehen, immer
stand er, zündete sich eine Zigarette an, doch immer im Stehen, hier im Keller sah er mich an und las mir vom Gesicht ab,
woran ich dachte, denn er sagte urplötzlich: »Merk dir eins,
willst du ein guter Oberkellner sein, dann darfst du dich nie
setzen, denn sonst täten dir die Füße weh, und die Schicht
würde für dich zur Hölle …«

Der Kellermeister löschte hinter uns das Licht, und wir
verließen die Gewölbe, doch selbigen Tags kam die Nachricht, der Kaiser von Abessinien habe eigene Köche mitgebracht, die hier bei uns, weil wir die gleichen Goldbestecke
besaßen wie er in Abessinien, eine abessinische Spezialität
zubereiten wollten … Und am Tag, bevor das Festmahl steigen sollte, trafen die Köche ein, sie waren schwarz und
glänzten, doch sie bibberten und hatten einen Dolmetscher
mit, und unsere Köche sollten ihre Gehilfen sein, doch der
Chefkoch nahm die Schürze ab und ging für diesen Tag weg
– er schmollte, war beleidigt, die Köche aus Abessinien aber
begannen, ein paar hundert Eier hart zu kochen und lachten
und grinsten, und dann wieder schleppten sie zwanzig Trut-

hähne herbei und brieten sie in unseren Öfen und rührten in großen Schüsseln irgendwelche Füllungen an, für die sie dreißig Körbe Brötchen und dazu ganze Händevoll Gewürze benötigten. Danach schafften sie auf einer Karre Petersilie herbei, und unsere Köche hackten sie ihnen, und wir alle waren neugierig, was diese schwarzen Jungs machen würden, und als sie Durst bekamen, brachten wir ihnen Pilsner Bier, und sie freuten sich und gaben uns dafür von ihrem Likör zu trinken, aus irgendwelchen Gräsern war er und furchtbar stark und duftete nach Pfeffer und gestoßenem Piment, doch dann bekamen wir einen Schreck, denn sie ließen zwei Antilopen herbeischaffen, die bereits ausgeweidet waren, zogen sie im Nu ab, im Zoologischen Garten hatten sie sie gekauft, und die größten Pfannen, die wir hatten, in denen brieten sie die Antilopen, warfen ganze Batzen Butter dazu, streuten aus einem Sack ihr Gewürz drüber.

Sämtliche Fenster mußten wir offenlassen, soviel Bratendunst gab es, dann füllten sie die Antilopen mit den halbfertig gebratenen Truthähnen samt Fülle, stopften die Hohlräume mit Hunderten von hartgekochten Eiern aus und brieten alles auf einmal – dann jedoch brach fast das ganze Hotel zusammen, sogar der Chef erschrak, weil er darauf nicht vorbereitet war, denn die Köche zogen ein lebendiges Kamel vor das Hotel und wollten es schlachten, doch davor hatten wir Angst.

Der Dolmetscher aber beschwichtigte Herrn Brandejs, und so erschienen Zeitungsleute, und die sorgten dafür, daß unser Hotel ins Blickfeld der Presse geriet. Man fesselte das Kamel, das klar und deutlich blökte: näääh, näääh, was soviel hieß, man solle es nicht töten, doch ein Koch schnitt ihm mit einem Schächtermesser die Gurgel durch, und der Hof war voller Blut, und schon stieg das Kamel an einem Flaschenzug in die Höhe, man riß ihm mit dem Messer die Innereien heraus und löste dann die Knochen, genauso wie bei den Antilopen, und ließ drei Wagen voll Holz anfahren, und der Chef mußte Feuerwehrleute kommen lassen, und die standen mit der Spritze bereit und sahen zu, wie die Köche hurtig Feuer anfachten, ein großes Feuer, als solle Holzkohle gemacht werden, und über diesem Feuer, nachdem die Flamme erloschen und nur die glühende Kohle geblieben war, drehten sie das ganze Kamel über einem Dreibein am Spieß und brieten es, und als sie fast fertig waren, gaben sie in das Kamel die beiden Antilopen hinein, in denen die Truthähne als Fülle steckten, und in diesen waren ohnehin schon eine Füllung und auch Fische, und sie stopften den freien Raum mit Eiern aus und streuten dauernd ihr Gewürz dazu und tranken Bier, denn trotz des Feuers war ihnen immerzu kalt, es erging ihnen wie Brauereikutschern, die im Winter kaltes Bier trinken, um sich aufzuwärmen. Und diese schwarzen Köche, als für die dreihundert Gäste gedeckt war und die Autos vorfuhren und die Portiers die Limousinen öffneten, brachten es nicht nur fertig, auf dem Hof Spanferkel und Lämmer zu backen, sondern sie bereiteten in den Kesseln auch noch Suppen aus so viel Fleisch zu, daß der Chef nicht bedauerte, so viele Vorräte angeschafft zu haben …

Und dann fuhr Haile Selassie vor in Begleitung des Ministerpräsidenten und aller unserer Generäle und sämtlichen Potentaten der abessinischen Truppen, jeder mit Orden behängt, doch der Kaiser kam und nahm uns alle für sich ein, er trug nur eine weiße Uniform, ohne Orden, ganz schlicht, dagegen trugen seine Regierungsmitglieder oder die Atamane seiner Stämme weiße Umhänge, einige hatten große Schwerter dabei, doch als sie Platz nahmen, sah man, daß sie Erziehung hatten, so ungezwungen waren sie. In allen Sälen des Hotels war gedeckt, und neben jedem Teller funkelte das goldene Besteck, reihenweise Gäbelchen und Messer und Löffelchen, und dann wurde Haile vom Ministerpräsidenten herzlich willkommen geheißen. Haile sprach, als bellte er, und der Dolmetscher übersetzte, der Kaiser von Abessinien gebe sich die Ehre, seine Gäste zu einem abessinischen Mahl einzuladen … Ein Mann in einem Kattungewand, die dicke Gestalt von Dutzenden von Metern Stoff umwickelt, klatschte in die Hände, und wir trugen die Vorspeisen auf, welche die schwarzen Köche in unserer Küche zubereitet hatten, kaltes Kalbfleisch mit schwarzer Tunke, ich hatte nur mit dem Finger einen Tropfen von diesem Gebräu gekostet und mußte husten, so scharf war der Extrakt, und ich sah zum erstenmal, wie sich, kaum daß die Kellner elegant die Tellerchen gereicht hatten, unsere goldenen Gabeln hoben, dreihundert goldene Gabeln und Messer blinkten in den Sälen des Restaurants ... Und der Oberkellner gab ein Zeichen und hieß die Gläser mit weißem Moselwein füllen, und schon war mein Augenblick gekommen, denn wie ich sah, hatte man versäumt, dem Kaiser einzuschenken. Ich schob eine Flasche in eine Serviette und – ohne zu wissen, was nun zu geschehen hatte, wenn ich zum Kaiser trat – sank ich aufs Knie wie ein Ministrant, senkte den Kopf, doch als ich aufstand, sahen mich alle an, und der Kaiser drückte mir auf die Stirn, nein in die Stirn, ein Kreuz, so segnete er mich, und ich schenkte ihm ein ...

Und hinter mir stand der Oberkellner des Hotels Šroubek, der der Säumige war, und ich war erschrocken über das, was ich angestellt hatte, und suchte mit den Augen den Oberkellner Herrn Skřivánek und sah, daß er nickte, denn er war froh darüber, daß ich so aufmerksam war ... Ich stellte die Flasche ab und sah, wie langsam der Kaiser aß, wie er nur ein Stückchen kaltes Fleisch in die Soße tunkte, als koste er nur, er nickte und kaute gemächlich und machte mit der Gabel ein Kreuz zum Zeichen, daß er genug habe. Er nahm einen Schluck Wein und wischte sich lange den Bart mit der Serviette ab, und dann wurde die Suppe aufgetragen, und wieder waren diese schwarzen Köche so flink dabei, vielleicht weil sie dauernd froren und Bier tranken, wir kamen kaum nach, die Suppentassen hinzustellen, so rasch folgte eine Kelle auf die andere, sogar die als Köche verkleideten Detektive staunten nicht schlecht ...

Ach ja, fast hätte ich's vergessen: Die Geheimen hatten sich mit den schwarzen Köchen zum Andenken fotografieren lassen, und inzwischen hatten unsere Köche auf dem Hof langsam über der Kohlenglut das gefüllte Kamel am Spieß gedreht, das sie mit einem in Bier getauchten Minzebüschel bestrichen, die schwarzen Köche hatten sich das ausgedacht, als dem Chefkoch die Idee zu dieser Pinselei kam, freute er sich und sagte, wie uns der Dolmetscher übersetzte, dafür könnten die Köche wohl mit dem Maria-Theresia-Orden rechnen, und nach diesem Gang, da fiel allen Köchen und Küchenmägden und Obern und Hilfskellern und Kellnern ein Stein von der Seele, weil die Schwarzen das alles geschafft hatten, obwohl sie immerfort Bier in sich reingegossen hatten ... Ich wurde dadurch ausgezeichnet, daß mich, wie der Dolmetscher sagte, der Kaiser persönlich dazu ausersehen habe, ihm auch weiterhin die Speisen und Getränke zu reichen, und jedesmal sank ich im Frack aufs Knie, servierte und trat dann wieder zurück und gab acht, daß ich auf einen Wink rechtzeitig nachschenkte oder den Teller wegnahm, doch der Kaiser aß so wenig, kaum daß er seine Lippen benetzte, wie ein Obervorkoster schnupperte er nur, aß eine Winzigkeit und nippte vom Wein, um sich dann weiter mit dem Ministerpräsidenten zu unterhalten, und die Gäste rückten in Reihenfolge und Würde immer weiter von dem ab, der dieses Festmahl gab, und je länger es dauerte, um so mehr und gieriger aßen und tranken sie, und ganz unten am Tischende und in den Nischen und in den Nebenräumen aßen sie, als hätten sie immer noch Hunger, sie vertilgten auch die Brötchen, ein Gast verspeiste sogar von drei Blumentöpfen die Blüten der Alpenveilchen, die er mit Salz und Pfeffer bestreute ... und die Detektive standen befrackt wie die Kellner, die Servietten über den angewinkelten Arm gelegt, in den Ecken und Winkeln der Räume und gaben acht, daß keiner eins von unseren Goldbestecken stahl ...

So näherte sich das Mahl seinem Höhepunkt, die schwarzen Köche schliffen ihre langen Säbel, richtige Schächtermesser, dann schulterten zwei Neger den Bratspieß, ein dritter rieb mit Minzebüscheln den eingepfefferten Bauch des Kamels ab, und hinein ging es in die Restaurationsräume ... Sie durchschritten einen Saal und einen Vorraum, und der Kaiser erhob sich und wies mit der Hand auf das gebratene Kamel, und der Dolmetscher übersetzte, das sei eine afrikanische und arabische Spezialität ... eine kleine Aufmerksamkeit des Kaisers von Abessinien ... und zwei Helfer trugen mitten ins Hotel zwei Holzplatten, wie man sie beim Schweineschlachten verwendet, schoben sie aneinander und nagelten sie mit zwei Krampen zusammen, und auf diesen Riesentisch legten die Männer das Kamel, dann brachten sie Messer und schnitten das Kamel mit langen Schnitten in zwei Hälften, und die Hälften wieder in Hälften, und ein gewaltiger Duft breitete sich aus, und in einem jeden der Schnitte befanden sich Teile vom Kamel und von der Antilope und in der Antilope der Truthahn und im Truthahn die Fische und die Füllung und die zusammengebackenen Kränze gekochter Eier ... und die Kellner hielten die Teller hin und servierten vom Kaiser abwärts nach und nach das geröstete Kamel, und ich kniete nieder, und der Kaiser gebot mir mit den Augen, und ich reichte ihm sein Nationalgericht, das vorzüglich sein mußte, denn alle Gäste wurden still, und man hörte nur, was zugleich schön anzusehen war, das Klingen unserer goldenen Gabeln und Messer ...

Dann geschah etwas, was weder wir noch ich und vielleicht nicht einmal der Herr Oberkellner Skřivánek je erlebt hatten: Zuerst erhob sich irgendein Regierungsrat, ein bekannter Feinschmecker, er war so begeistert von dem Essen, dem Kamel, daß er aufstand und zu schreien begann, er schrie, und sein Gesicht loderte vor Begeisterung darüber, wie sehr es ihm schmecke, doch da ihm die Grimassen nicht ausreichten, begann er gewissermaßen herumzuturnen wie auf einem Sportfest, er schlug sich vor die Brust und nahm sich wieder ein Stück aus der Tunke, und jetzt wirkte das Essen so auf ihn, daß sogar die schwarzen Köche mit ihren Schächtermessern innehielten und zum Kaiser hinsahen, doch der Kaiser war derlei anscheinend gewöhnt, er lächelte nur, also lächelten auch die schwarzen Köche, sie lächelten, und auch die Häuptlinge nickten, die in teure Stoffe gewikkelt waren mit Mustern, wie Großmutter sie immer auf der Schürze hatte, oder in farbigem Duvetine, und der Regierungsrat konnte sich nicht fassen und lief hinaus und schrie auf dem Gang und stürzte wieder herein und nahm sich noch ein Stück mit der Gabel, und das war der Höhepunkt, denn er rannte wieder hinaus und schrie, er rannte bis vor das Hotel und schrie dort und tanzte und jauchzte und schlug sich an die Brust und kam wieder zurückgerannt, und in seiner Stimme war Gesang und in seinen Beinen ein Tanz der Danksagung für das so gut zubereitete gefüllte Kamel, und urplötzlich verbeugte er sich vor den drei Köchen, tief, zuerst nach russischer Sitte bis zum Gürtel und dann bis zur Erde ...

Ein anderer Schlemmer wiederum, irgendein pensionierter General, sah nur zur Decke hinauf und gab einen langgezogenen, bangen Ton von sich, ein langes, wonniges Wimmern, das in Kadenzen anstieg. Immer wenn er einen weiteren Bissen nahm, kaute, winselte und wimmerte er und biß von dem Fleisch ab, und nahm er dazu einen Schluck vom Žernoseker Riesling, dann richtete er sich auf und winselte so sehr, daß selbst die schwarzen Köche begriffen und fröhlich riefen: »Yes, yes, Samba, yes.« Und das war anscheinend auch der Grund dafür, daß die Stimmung so weit anstieg, daß der Ministerpräsident und der Kaiser sich die Hände reichten und die Fotografen hereinstürzten und alles fotografiert wurde. Ununterbrochen klackte scharfes Licht, und in seinem bengalischen Glanz drückten sich unsere und die abessinischen Vertreter die Hände ...

Nachdem sich Haile Selassie unter Verbeugungen zurückgezogen hatte, verneigten sich alle Gäste ebenfalls, die Generäle beider Armeen tauschten Orden, dekorierten sich gegenseitig, und Regierungsräte hefteten sich Sterne an die Frackbrust, Sterne und Brustschärpen, die sie vom Kaiser erhalten hatten, und ich, der Kleinste, wurde stracks bei der Hand genommen und zum Kanzler des Kaiserreiches geführt. Er dankte mir mit einem Handschlag für die vorbildliche Bedienung und heftete mir den an Rang gewiß niedrigsten, der Größe nach aber höchsten Orden an, mit einer blauen Schärpe für Verdienste um den Thron des Kaisers von Abessinien, und ich trug den Orden am Frackaufschlag, die blaue Schärpe über der Brust, schlug die Augen nieder, und alle beneideten mich, und wie ich sah, am meisten der Oberkellner vom Hotel Šroubek, der diesen Orden eigentlich hätte bekommen sollen. Als ich seine Blicke bemerkte, hätte ich ihm den Orden am liebsten überlassen, denn er stand kurz vor der Pensionierung und hatte vielleicht nur darauf noch gewartet, denn mit solch einem Orden konnte man irgendwo am Riesengebirge oder im böhmischen Paradies ein Hotel aufmachen, das Hotel zum Orden des abessinischen Kaiserreiches, die Journalisten und Reporter aber knipsten mich und notierten sich meinen Namen, und so stolzierte ich mit dem Orden und der blauen Schärpe umher, und wir sammelten das Geschirr ein und trugen es in die Küche, all die Bestecke und all die Teller.

CLAUDE TARDAT
Die sanfte Süße des ewigen Honigs

Sonntag. Scheißtag.

Sonntag, das ist immer ein großes, schales Loch mitten im Magen, eine Leere, die mit allen Süßigkeiten der Welt nicht zu füllen wäre. Das ist eine unwiderstehliche Lust auf Franzipan mit goldgelber Eiweißkruste zur Teestunde, zwischen der Dumpfheit der mittäglichen Verdauung und der sich ankündigenden abendlichen Langeweile. Ein nutzloser Tag, gewidmet der lauen Wärme des Betts, aus dem ich nicht loskomme, den Träumen ohne Ventil, der endlosen Folge liebevoll zubereiteter Desserts und den Düften des warmen Backofens.

Ein nutzloser Tag, ein Tag wie alle anderen. Ein Tag des Zuckers, ein Tag, an dem mich schreckliche Ungeduld überfällt. An dem ich wollte, der Zucker hätte sein Werk bereits vollendet. Dann triebe mein Körper auf einem Sirupfluß dahin, an der Mündung setzte der Tod dem zähen Sichdehnen der Sonntage ein Ende. Als kandierte Insel schwebte ich dahin, der Schwerkraft enthoben, in der sanften Süße ewigen Honigs.

Was tun? Vielleicht ins Kino gehen.

Nacht von Sonntag auf Montag.

Im Halbdunkel des fast leeren Saals ist das Schokoladeneis des Super-Cornettos zunächst an meinem Hals entlang und dann in dicken verheerenden Rinnsalen bis auf meinen Rock hinuntergetropft. Eine stickige Hitze hat es mir unmöglich gemacht, die Cremelawine, die meine Kleidung mit dunkler schmieriger Marmorierung überzog, rechtzeitig aufzuhalten. Die kostbare Materie ließ den Stoff an meinen Schenkeln festkleben, und ich trauerte dem so verlorenen Vergnügen nach. Wäre ich gelenkig und schlank, hätte ich den Kopf zu meinen Knien beugen und die zerlaufene Schokolade auflecken können. Doch meine Zunge ist für immer vom Rest meines Körpers verbannt. Ich habe meinen Rock hochgehoben, die klebrige Mischung aus Zucker und Schweiß mit dem Finger abgewischt und sie gekostet. Das Salz des Schweißes verdirbt den Geschmack der Schokolade. Das ist schade.

Auf der Leinwand zogen die seichten Bilder eines Films vorbei, der mich nicht interessierte. Eine unbekannte Schauspielerin, wasserstoffblond und mit ausladenden Rundungen (mit meinen jedoch nicht zu vergleichen), bemühte sich, einen angeblich unbestechlichen Helden in Versuchung zu führen. Es war unsäglich geschmacklos und so langweilig, daß man nur noch den Saal verlassen wollte. Demonstrativ gingen die Leute scharenweise hinaus. Mir war es egal. Ich war nicht wegen des Films gekommen, sondern wegen der Bonbons und der Eiscreme in der Pause. Wegen des aufregenden Gefühls, das dieses anonyme Kauen in der Tiefe der Sessel verursachte. Wegen des Tanzes, den die Lippen entlang der Tüte vollführten. Wegen des in der Dunkelheit aussichtslosen Wettlaufs der Zunge gegen das zu schnell schmelzende Eis.

Bei einer Episode mitten in der Wüste, unter dem fast weißen Licht einer erbarmungslosen Sonne, konnte ich das Ausmaß des Schadens auf meinem Rock begutachten. Ich freute mich schon im voraus auf das ergreifende Bild, das ich den Leuten im Tageslicht bieten würde. Die Zuschauer, die für die nächste Vorstellung anstanden, würden das häßliche Entlein vorbeigehen sehen, eingezwängt in elastische Kleider, die die Färbung eines verschmutzten Lätzchens hatten.

Als die Lichter im Saal wieder angingen, habe ich mich in der Flut der Blicke zur Schau gestellt. Sie sind nicht ausgeblieben: rasch, flüchtig, möglichst diskret, doch immer wiederkehrend. Man wagt nicht, mich von Kopf bis Fuß zu mustern, aus Angst, ich könnte es bemerken. Und man denkt: so viel Nachlässigkeit, so viel Sichgehenlassen, wie sie wohl lebt? In ihrem Zustand könnte sie sich wenigstens ein bißchen zurechtmachen.

Niemand ahnt, daß hinter all dem ein bewußter Wille steht, ein ordnendes Prinzip. Wer sieht schon die schokoladene Grimasse, die ich dem dümmlichen Ästhetizismus derer entgegenhalte, die das Leben lieben und es schön finden?

Dienstag. Mitten in der Nacht.

Allein mit meinem lauten Schlucken, meinem Knabbern, die in der nächtlichen Stille noch lauter sind als sonst. Entsetzliche Kakophonie des Kauens. Ich kenne ihre ganze Skala, so oft habe ich schon allein gegessen. Um mir die Zeit zu vertreiben, die mir zum Dickerwerden noch bleibt, höre ich der Wanderung des Zuckers durch mein Inneres zu, diesem langsamen Trauermarsch. Als ich klein war, schloß ich die wenigen Male, die ich mit am Tisch der Erwachsenen essen durfte, mitten während der Mahlzeit die Augen. Aus ihren Mündern erreichten mich erschreckende Laute, Geräusche von Rotationsmaschinen, nervösen Sägen, Wasserfällen, vorbeibrausenden Zügen, sich leerenden Spülbecken, schabenden Insekten. Langsame, ruhige Rhythmen, träge oder frenetisch. Die anstößige, animalische Musik des Nagetiers mit menschlichem Antlitz.

Wie geräuschvoll der Körper ist, wenn der Kopf beginnt, ihm zuzuhören. Und welche rätselhafte Gesellschaft.

Donnerstag abend.

Rue de Rivoli, die Konditorei wird vorwiegend von weiblicher Kundschaft frequentiert. Gepuderte alte Damen, mit geschorenen Pudeln und Chihuahuas ausstaffiert, schlürfen dort eine sehr bittere, sehr dickflüssige Schokolade, die im Stil des XVIII. Jahrhunderts zubereitet wird. Ohne Zusatz von Zucker ist diese Kakaocreme nicht trinkbar. Womit ich sagen will, daß ich davon reichlich in meine Tassen gelöffelt habe. Der Nachmittag war wunderbar. Ich saß mitten in der großen Konditorei, mein Hintern ragte weit über den Voltaire-Sessel hinaus, und ich war der Blickfang dieser Damen, die Königin der Häßlichkeit und der Schlemmerei, schon ohne Alter, ohne Zukunft, allein dem Genuß der Schokolade und der Petits fours mit Grand Marnier hingegeben. Ich war in dieser Operettenkulisse anstößiger und unerwünschter als ihre Schoßhündchen, die vor Langeweile sabberten oder auf den diamantenen Brüsten vor Lüsternheit zappelten. Daß man mich nicht diskret aufgefordert hat, diese Räume zu verlassen, verdanke ich meiner Bluse von Dior und einigen dazu passenden Trinkgeldern. Werde ich mich unter den Schutz der großen Couturiers stellen müssen, um weiterhin Zutritt zu haben zum Garten der Lüste? Werde ich mich in Luxuskostümen präsentieren müssen, selbst wenn ich damit ihrem Ansehen Schande mache, nur, um hier genauso akzeptiert zu werden wie diese lächerlichen, mit Samt und Ledergeflecht geschmückten Vertreter der Hunderasse? Werde ich in den Glanz meiner Kleider Geld investieren müssen, das ich ausschließlich dem Zucker weihen könnte? So ist sie, die große Welt, die sich mit Unvollkommenheit und Unförmigkeit abfindet, sobald ein glanzvoller Name sie umhüllt!

Stets hat Mama meine Garderobe ausgesucht, ohne sich um meine Bequemlichkeit oder meinen Geschmack zu kümmern. Im Stil des spanischen Hofstaats zu einer Statue herausstaffiert, wurde ich bei den seltenen Festlichkeiten mit Kindern zusammengebracht, die genauso herausgeputzt waren wie ich. Einige Fotos bezeugen meine aufkeimende Monstrosität und meine Unfähigkeit, den anderen eleganten Erscheinungen in ihrem Sonntagsstaat zu gleichen.

Mittels raffinierter Schnitte und ausgesuchter Farben haben mit Mama befreundete Couturiers, von ihr um Phantasie und Findigkeit angefleht, kürzlich versucht, meine Rundungen zu entschärfen. Vergeblich. Als unwürdige Tochter einer Frau, die Künstler zu den kühnsten Kreationen zu inspirieren vermag, verleihe ich jedem neuen Kleid sofort das Aussehen eines prall gefüllten Strohsacks, der viel zu eng ist, um dem Druck seines Inhalts standzuhalten.

Sonnabend.

Große Körperwäsche im öffentlichen Bad des Arrondissements. Notwendigkeit verpflichtet. Denn hier bleiben nur der Wasserhahn am Ende des Flurs, die Katzenwäsche auf dem Treppenabsatz, sehr spät am Abend, wenn ich spüre, daß alle Nachbarn schlafen, oder die übervolle Waschschüssel, die ich in mein Zimmer trage, wobei ich versuche, nichts zu verschütten, was sich als immer schwieriger erweist, denn je dicker, desto ungeschickter werde ich auch.

Das öffentliche Bad, von chlorhaltigen Dämpfen verpestet, die mir selbst im Mund den Zuckergeschmack zersetzen. Grelle Beleuchtung. Mein fahler Körper, eingezwängt in die zu kleine Kabine. Eisig weiße Kacheln, so weit der Blick reicht. Ein Leichenhaus. Ich habe nie ein Leichenhaus betreten. Aber ich vermute, es sieht so aus. Die Duschen des Studentenwohnheims sind wahrscheinlich weniger grauenhaft. Ich könnte sie benutzen. Doch nein. Ich ekle mich vor der studentischen Promiskuität. Es reicht schon, daß man sich in den Hörsälen begegnet. Bleibt das große Badezimmer der Familie, zu dem ich freien Zutritt habe. Der Luxus seiner malvenfarbenen Handtücher, der Geißblattseifen, der Badesalze aus Algen und Rosmarin, der Öle aus süßen Mandeln. Mamas parfümiertes Königreich. Und mittendrin ich, ein

Eindringling mit meinen Körpermaßen eines Wals und meiner permanenten Akne.

Kommt nicht in Frage, die Spiegel zu beleidigen.

Sonntag.

Dieses ungeplante Tagebuch, das ich ohne besondere Aufmerksamkeit wegen der überhandnehmenden Stille der Nacht und eines hartnäckigen Drucks in Magenhöhe begonnen habe. Bald werde ich zwanzig Jahre alt. Dieses oder ein anderes Alter, welche Bedeutung hat das schon. Die Tage gleichen einander, die wechselnden Jahreszeiten machen mich schlaff, und ich habe nicht einmal eine Geschichte zu erzählen. Von einem Tag zum anderen nichts als belanglose Ereignisse zu verzeichnen, nur, um ein Leben vorzutäuschen. Die Zeit ist endgültig darin eingeschrieben. Ich war immer alt. Oder genauer, ich war immer alterslos.

Da ich dieses Tagebuch angefangen habe, soll es meinen Tod auf kleiner Flamme bezeugen. Ich habe beschlossen, mich ihm zu stellen mit zuverlässigen, doch angenehmen Mitteln. Mit ein wenig abstoßenden, sicher, aber es sind meine, es ist meine Art, mich zu unterscheiden. Ich gelobe mir feierlich, mir mit Hilfe von Zucker vorsätzlich das Leben zu nehmen.

Ist es wohl notwendig, Daten zu erwähnen? Von jetzt an ist jeder Tag ein Tag des Zuckers.

August Wilhelm Wohlbrück
Wahrhaftigen Gott, ich kann nicht mehr!

Von einem heitern Mittagsmahl,
Wo nach Belieben man konnt' wählen,
Wo's Speisen gab fast ohne Zahl,
Will ein Geschicht'chen ich erzählen. –

Ein dicker Herr sitzt an dem Tisch –
Er kann, ach leider! nichts vertragen –
Ißt Suppe, Fleisch, Ragout und Fisch
Und wehklagt über seinen Magen;
Zwar ißt er rasch, und Eins, Zwei, Drei!
Wird der gehäufte Teller leer,
Doch seufzt er immerfort dabei:
Wahrhaftigen Gott, ich kann nicht mehr! –

's wird Frikassee herumgereicht
Mit Trüffeln, Klößen, ach, so niedlich!
Ich glaub', das Ding verdaut sich leicht,
Es duftet gar zu appetitlich!
Probieren könnte man's denn doch –
Das schmeckt famos, auf meine Ehr!
Hm! ein paar Löffelchen nur noch: –
Wahrhaftigen Gott, ich kann nicht mehr! –

Die fünfte Speise wird gebracht,
So würzreich und so auserlesen,
Fürwahr, das Herz im Leibe lacht,
Das ist noch gar nicht dagewesen! –
Ein kleines Stückchen, zum Versuch –
Ach, wie pikant! und gar nicht schwer;
Schnell noch ein Stück. Nun ist's genug.
Wahrhaftigen Gott, ich kann nicht mehr! –

Gebrat'ne Gans? – Wie delikat!
So braun, so glänzend anzuschauen!
Ein Schenkelchen wär' in der Tat
Mit Sauerkraut noch zu verdauen;
Man trinkt ein Gläschen Wein darauf –
Nein, was ich alles heut verzehr'! –
Jetzt ist's vorbei, ich stehe auf.
Wahrhaftigen Gott, ich kann nicht mehr! –

Ist das nicht Pudding, was der bringt?
Der könnte mich beinah verführen.
Wenn an der West' ein Knopf auch springt,
Den Pudding muß ich noch probieren! –

Die Sauce ist so süß, so schön –
Ein zweites Stückchen noch, Marqueur! –
Nun aber muß ich wirklich gehn:
Wahrhaftigen Gott, ich kann nicht mehr! –

Was gibt's denn da noch zum Dessert?
Ich glaub', 's ist Alexanderkuchen!
Den eß' ich gar zu gern, auf Ehr'!
Davon muß ich ein Stückchen versuchen. –
Das ist ein wahrer Hochgenuß! –
Wenn nur mein Magen besser wär'! –
Na, Käs' und Butter zum Beschluß; –
Wahrhaftigen Gott, ich kann nicht mehr! –

Nun geht er fort. Da fällt ihm ein,
's sind frische Austern annonciert,
Das zieht zum Keller ihn hinein;
»Ein Dutzend nur« – wird kommandiert.
Jetzt sitzt er fest bis Mitternacht.
Manch Dutzend schluckt und schlürft er leer,
Und stöhnt bei jeder Auster sacht:
Wahrhaftigen Gott, ich kann nicht mehr! –

Sprach das Geschichtchen Euch nicht an,
So bitt' ich, zürnt nicht allzusehr,
Ein Schelm tut mehr nur als er kann;
Wahrhaftigen Gott, ich kann nicht mehr! –

In Bacchus' Keller

HAFIS
Saghi, bring Wein herbei,

der Fastenmonat ging vorüber;
reiche den Becher, denn die Jahreszeit
für guten Ruf ging vorüber!
Vorüber ging die teure Zeit,
komm, laß uns bedenken,
was uns das Leben
ohne Becher eingebracht!
Kann man denn, wie Aloe,
immer brennen in der Reue Glut?
Bring Wein herbei, unstillbare
Sehnsucht soll uns nicht verzehren!
Preisgeben will ich mich dem Rausch,
bis ich nur noch das Tor bin,
durch das die Bilder ziehn!
Daß die Neige in deinem Becher
mich beglücke, bete ich
in der Schenke vom Morgen
bis in die Nacht!
Es hat ein Duft, der dein Bote ist,
dies Herz belebt, das erstorben war!
Der Frömmler in seiner Hochmut
fand nicht die rechte Bahn,
doch der Zecher in seiner Bedürfigkeit
fand das Paradies!
Alles bare Geld des Herzens
gab ich hin für Wein,
doch offenbar war es geschwärzt,
drum war es vergeudet!
Hafis, was nützt Belehrung,
fand doch nie den rechten Weg
der Verirrte, dessen Gaumen
nur den süßen Wein gekostet!

Hans Fallada
Am Anfang war der Schnaps

Vorsichtig ging ich den Weg zu meinem Geschäft, vorsichtig, denn ich wollte es um jeden Preis vermeiden, Magda auf der Straße zu treffen. Dann stand ich auf der anderen Straßenseite im Schatten einer Einfahrt und sah zu den fünf Parterrefenstern meiner Firma hinüber. Zwei, mein Chefbüro, waren erleuchtet, und manchmal sah ich auf den Milchglasscheiben die Schattenrisse zweier Gestalten: Magdas und die meines Buchhalters Hinzpeter. ›Sie machen Bilanz!‹ sagte ich mir mit einem tiefen Erschrecken, und doch war diesem Erschrecken ein Gefühl der Erleichterung beigemischt, weil ich nun die Führung des Geschäftes in den tatkräftigen Händen Magdas wußte. Das sah ihr so recht ähnlich, sofort nach Erfahren der schlimmen Nachrichten sich volle Klarheit zu verschaffen, die Bilanz zu ziehen! Mit einem tiefen Seufzer wandte ich mich ab und ging durch die Stadt hindurch, aus ihr hinaus, aber nicht meinem Heim zu. Was sollte ich auf dem Büro, was in meinem Heim? Die Vorwürfe noch aufsuchen, die mir notwendig gemacht werden mußten, eine Rechtfertigung versuchen, dort, wo nichts zu rechtfertigen war? Nichts von alledem – und, indem ich wieder in das langsam immer dunkler werdende Land hinauswanderte, wurde mir mit schmerzhafter Gewißheit klar, daß ich ausgespielt hatte. Ich hatte, endgültig, meine Stellung und meinen Sinn im Leben verloren, und ich fühlte nicht die Kraft in mir, eine neue zu suchen oder gar um die verlorene zu kämpfen. Was sollte ich noch? Wozu lebte ich noch? Da ging ich dahin, wanderte fort von Kontor, Frau, Vaterstadt, ließ das alles hinter mir – aber ich mußte doch einmal wieder heimkehren, nicht wahr? Ich mußte mich Magda gegenüberstellen, ihre Vorwürfe anhören, mich mit Recht Lügner und Betrüger schelten lassen, mußte zugeben, daß ich versagt hatte, auf eine schmähliche und feige Art versagt! Unerträglich war dieser Gedanke, und ich fing an, mit dem Gedanken zu spielen, gar nicht wieder heimzukehren, in die weite Welt hinauszugehen, irgendwo im Dunkel unterzutauchen, in einem Dunkel, in dem man auch untergehen konnte – ohne Nachricht, ohne letzten Ruf. Und während ich mir das alles – in leichter Rührung über mich selbst – ausmalte, wußte ich doch, daß ich mir etwas vorlog, nie würde ich den Mut haben, ohne Zureden, ohne die Geborgenheit des heimischen Herdes zu leben. Nie würde ich auf das gewohnte weiche Bett verzichten können, die Ordnung des Heims, die pünktlichen, nahrhaften Mahlzeiten! Ich würde heimkehren zu Magda, all meinen Ängsten zum Trotz, diese Nacht noch würde ich heimkehren, in mein gewohntes Bett – nichts da von einem Leben draußen im Dunkel, von einem Leben und einem Sterben in der Gosse! – ›Aber‹, sagte ich mir dann wieder und beschleunigte meine eiligen Schritte noch, ›aber was ist denn eigentlich los mit mir? Ich bin doch früher ein leidlich tatkräftiger und unternehmungslustiger Mensch gewesen. Ein wenig schwach war ich stets, aber das habe ich so gut zu verbergen gewußt, daß es bis heute wohl nicht einmal Magda gemerkt hat; woher kommt die Schlaffheit, die mich seit einem Jahr immer stärker befällt, die mir Glieder und Hirn lähmt, die aus mir, einem immer leidlich anständigen Menschen, einen Betrüger an seiner Frau macht, der den Busen seines Hausmädchens mit befriedigter Lüsternheit betrachtet! Der Alkohol kann es nicht sein, ich trinke ja erst seit heute Schnaps, und die Schlaffheit liegt schon so lange über mir. Was ist es nur?‹ – Ich riet hin und her. Ich dachte daran, daß ich soeben die Vierzig überschritten hatte; ich hatte einmal etwas von den ›Wechseljahren des Mannes‹ reden hören – aber ich wußte von keinem Mann meiner Bekanntschaft, der beim Überschreiten der Vierzig sich so verändert hatte wie ich mich. Dann fiel mir mein liebloses Dasein ein, ich hatte immer nach Anerkennung und Liebe gedürstet, in aller gebotenen Heimlichkeit natürlich, und ich hatte sie in einem reichen Maße gefunden, sowohl bei Magda wie bei meinen Mitbürgern. Und nun hatte ich sie allmählich verloren. Ich wußte selbst nicht, wie das alles gekommen war. Hatte ich diese Liebe und diese Anerkennung verloren, weil ich schlecht geworden war, oder war ich schlecht geworden, weil mir diese Aufmunterungen gefehlt hatten? Ich fand auf alle diese Fragen keine Antwort: Ich war es nicht gewöhnt, über mich nachzudenken. Ich ging immer schneller, ich wollte endlich dorthin kommen, wo es Frieden vor diesen quälenden Fragen gab. Endlich stand ich wieder vor meinem Ziel, vor demselben Dorfgasthaus, das ich an diesem verhängnisvollen Vormittag aufgesucht hatte; ich sah durch die Fenster der Wirtsstube nach jenem Mädchen mit den blassen Augen aus, das mein Mannestum nach einem schamlosen Blick so gering eingeschätzt hatte. Ich sah es sitzen unter dem trüben Schein einer einzigen kleinen Glühbirne, mit irgendeiner Näherei beschäftigt, ich sah es lange an, ich zögerte, und ich fragte mich, warum ich gerade es aufgesucht hatte, in einem Gefühl schmerzender, wollusterfüllter Selbsterniedrigung. Und auch auf diese Frage fand ich keine Antwort.

Aber ich war all dieses Fragens müde, ich lief fast den Plattenweg zum Gasthof hinauf, tastete im dunklen Flur nach der Klinke, trat rasch ein, rief mit verstellter Munterkeit:

»Da bin ich, mein schönes Kind!« und warf mich in einen Korbsessel neben sie. All das, was ich eben getan hatte, glich so wenig dem, was ich sonst zu tun pflegte, wich so sehr von meiner früheren Gesetztheit, meinem gemessenen Benehmen ab, daß ich mir selbst mit einem unverhohlenen Staunen zuschaute, ja, mit einer fast ängstlichen Betretenheit, wie man vielleicht einem Schauspieler zuschaut, der eine sehr gewagte Rolle übernommen hat, von der ganz und gar nicht sicher ist, daß er sie auch überzeugend zu Ende spielen kann.

Das Mädchen sah von seiner Näherei auf, einen Augenblick waren die hellen Augen auf mich gerichtet, die Spitze ihrer Zunge erschien rasch im Mundwinkel. »Ach, Sie sind es!« sagte es dann bloß, und in diesen vier Wörtchen lag wiederum ihr Urteil über meine Person.

»Ja, ich bin es, meine Holde!« sagte ich eilig mit jener mir so fremden Zungengeläufigkeit und Anmaßung. »Und ich möchte gerne wieder eins oder zwei oder auch fünf Ihrer so vorzüglichen Stängchen trinken, und wenn Sie es mögen, trinken Sie mit mir.«

»Ich trinke nie Schnaps«, sagte das Mädchen mit kühler Abwehr, stand aber auf, ging an die Theke, holte ein kleines Glas und eine Flasche und schenkte mir am Tisch ein. Sie setzte sich und stellte die Flasche auf den Boden neben sich.

»Übrigens«, sagte sie dann, ihre Näherei wieder aufnehmend, »schließen wir in einer Viertelstunde.«

»Um so schneller werde ich trinken«, sagte ich, setzte das Glas an und trank es aus. »Wenn Sie aber keinen Schnaps trinken«, fuhr ich fort, »so will ich auch gerne eine Flasche Wein oder auch Sekt, wenn es so etwas hier gibt, für Sie bezahlen. Es soll mir nicht darauf ankommen.«

Sie hatte unterdes mein Glas wieder gefüllt, und wieder leerte ich es auf einen Zug. Schon hatte ich alles Vergangene und vor mir Liegende vergessen, ich lebte nur dieser Minute, diesem spröden und doch wissenden Mädchen, das mich mit so offenkundiger Verachtung behandelte. »Sekt haben wir schon«, sagte sie, »und ich trinke ihn auch gerne. Ich mache sie aber darauf aufmerksam, daß ich mich weder betrinken werde, noch wegen einer Flasche Sekt ins Bett bringen lasse.«

Jetzt sah sie mich wieder an, mit einem vollen schamlosen Blick begleitete sie ihre schamlosen Worte. Ich mußte meine Rolle weiterspielen: »Wer denkt an so etwas, meine Hübsche?« rief ich unbekümmert. »Holen Sie sich Ihren Sekt. Sie sollen ihn unbelästigt in meiner Gegenwart austrinken dürfen. Sie sind«, sagte ich stärker, nachdem ich wieder getrunken hatte, »für mich wie ein Engel von einem anderen Stern, ein böser Engel, den mir mein Schicksal in den Weg gesandt hat. Es genügt mir, Sie anzusehen.«

»Anschauen kostet nichts«, sagte sie mit einem kurzen Auflachen, das böse klang. »Sie sind mir ein seltsamer Heiliger, aber ich denke, ich erfahre noch heute abend, warum Sie so – aufgeregt sind.«

Damit schenkte sie mir wieder ein und stand auf, den Sekt zu holen. Diesmal blieb sie länger fort. Sie zog die Vorhänge vor die Fenster, dann ging sie aus dem Hause, und ich hörte sie die Läden, dann die Haustür schließen. Während sie wieder durch die Gaststube ging, sagte sie im Vorübergehen zu mir: »Ich habe schon geschlossen, es kommt doch keiner mehr. Und die Wirtsleute liegen auch schon im Bett.« Dies sagte sie im Vorübergehen, blieb dann stehen und sagte mit spöttischer Betonung: »Aber deswegen brauchen Sie sich keine Hoffnungen zu machen!« Ehe ich noch antworten konnte, war sie wieder gegangen. Ich benützte die Zeit ihrer Abwesenheit, mir ganz schnell zwei, drei Gläser hintereinander aus der Flasche einzuschenken. Dann kam sie zurück mit einer goldgeköpften Flasche in der Hand.

Sie stellte ein Spitzglas vor sich auf den Tisch, löste den Draht geschickt mit einigen Biegungen und drehte den Korken aus der Flasche, ohne es knallen zu lassen. Der weiße Schaum troff über den Rand, sie goß rasch ein, wartete einen Augenblick und goß wieder ein. Dann hob sie das Glas zum Mund.

»Ich trinke nicht auf Ihr Wohl«, sagte sie, »denn dann möchten Sie mit mir anstoßen, und für den Augenblick haben Sie genug getrunken.«

Ich widersprach ihr nicht. Mein ganzer Körper war tatsächlich so von Trunkenheit erfüllt, daß sie wie ein schwärmendes Bienenvolk in ihm zu summen schien: keine Stelle war frei von ihr. Sie setzte das Glas ab, sah mich mit eingekniffenen Augen an und fragte spöttisch: »Nun, wieviel Schnäpse haben Sie sich in meiner Abwesenheit eingeschenkt? Fünf? Sechs?«

»Nur drei!« antwortete ich und lachte. Ich kam überhaupt nicht auf die Idee, mich zu schämen, vor diesem Mädchen vergingen einem solche Gefühle vollständig.

»Wie heißt du übrigens?«

»Willst du öfter kommen?« fragte sie dagegen.

»Vielleicht«, antwortete ich etwas verwirrt. »Wieso –?«

»Wozu willst du sonst meinen Namen wissen? Für die

halbe Stunde, die wir hier noch sitzen, reicht ›kleine Hübsche‹ oder wie du sonst sagst vollkommen ...«

»Also sag deinen Namen nicht«, rief ich, plötzlich gereizt. »Wie egal mir das ist!«

Ich griff zur Flasche und schenkte mir wieder ein. Schon jetzt war mir klar, daß ich völlig betrunken war und daß ich nicht mehr weitertrinken durfte. Dennoch blieb der Hang weiterzutrinken stärker. Das farbige Gespinst in meinem Hirn verlockte mich, die nie betretenen dunklen Dickichte in meinem Innern reizten meinen Fuß; ferne rief leise nach mir eine Stimme, ich wußte nicht was, jedenfalls Lockung ...

»Ich weiß nicht, ob ich öfter hierherkommen werde«, sagte ich hastig. »Ich kann dich nicht ausstehen, ich hasse dich, und trotzdem bin ich heute abend zu dir zurückgekehrt. Heute früh habe ich den ersten Schnaps meines Lebens getrunken, du hast ihn mir eingeschenkt, du hast dich mit ihm eingeschlichen in mein Blut, vergiftet hast du mich! Du bist wie der Geist des Schnapses: schwebend, trunkenmachend, feil ...«

Ich sah sie an, atemlos, selbst am meisten überrascht von diesen Worten, die aus mir sich hinausschleuderten, ich wußte nicht woher ... Sie saß mir gegenüber. Ihre Näherei hatte sie nicht wieder aufgenommen. Die Beine ohne Strümpfe in roten Schuhen hatte sie übergeschlagen, und den Rock ein wenig von den Knien zurückgeschoben. Die Beine waren etwas derb, aber lang und schön gefesselt. An der rechten Wade sah ich ein fast pfenniggroßes braunes Muttermal – das schien mir schön. In der Hand hielt sie eine Zigarette, sie blies den Rauch breit durch die fast geschlossenen Lippen, ohne Zwinkern sah sie mich an.

»Nur weiter, Väterchen«, sagte sie, »du entwickelst dich ... nur weiter ...«

Ich versuchte nachzudenken. Wovon hatte ich eben noch geredet? Das Verlangen, sie zu umarmen, sie zu betasten, wurde fast übermächtig in mir. Aber ich lehnte mich fest in meinen Korbsessel zurück, ich klammerte mich mit meinen Händen an die Lehne. Plötzlich hörte ich mich dann wieder sprechen. Ich sprach ganz langsam und sehr deutlich, und doch war ich atemlos vor Erregung. »Ich bin ein Kaufmann«, hörte ich mich sagen. »Ich hatte ein recht gutes Geschäft, aber jetzt stehe ich vor dem Bankrott. Sie werden mich auslachen, alle, alle, meine Frau zuerst ... Ich habe viele Fehler gemacht, Magda wird sie mir alle vorhalten. Du weißt doch, Magda ist meine Frau ...?«

Sie sah mich unverwandt an, mit ihrem sehr weißen, wie gepuderten Gesicht, das etwas Gedunsenes hatte; hoch und gewölbt standen in ihm über den fast farblosen Augen die dunklen Brauen.

»Aber ich kann noch Geld herausziehen aus dem Geschäft, ein paar tausend Mark. Ich täte es schon, um Magda zu ärgern. Magda will das Geschäft retten. Ist sie mehr als ich? Ich könnte das Geschäft verkaufen, ich weiß auch schon an wen, es ist eine ganz junge Firma. Er würde mir zehn-, vielleicht auch zwölftausend Mark dafür geben, wir würden auf Reisen gehen ... Warst du schon einmal in Paris?«

Sie sah mich an, keine Zustimmung oder Verneinung war auf ihrem Gesicht zu lesen. Ich redete weiter, schneller, atemloser. »Ich war auch noch nicht dort«, fuhr ich fort, »aber ich habe davon gelesen. Es ist die Stadt der baumbestandenen Boulevards, der weiten Plätze, der laubigen Parks ... Als Junge habe ich ein bißchen Französisch gelernt, aber ich kam zu früh von der Schule, die Eltern hatten nicht Geld genug. Weißt du, was das heißt: ›Donnez-moi un baiser, mademoiselle‹?«

Kein Zeichen von ihr, nicht ja, nicht nein.

»Es heißt: ›Geben Sie mir einen Kuß, mein Fräulein.‹ Aber zu dir müßte man sagen: Donnez-moi un baiser, ma reine! Reine, das heißt Königin, und du bist die Königin meines Herzens, du bist die Königin des Giftes, das in Flaschen verkorkt wird, gib mir deine Hand, Elsabe – ich werde dich Elsabe nennen, Königin – ich will deine Hand küssen ...«

Sie goß mir das Glas voll.

»Da, trink das noch, und dann gehst du nach Hause. Genug – du hast genug getrunken, und ich habe genug von dir. Du kannst die Flasche Korn mitnehmen, du mußt die ganze Flasche bezahlen, zum Gaststubenpreis. Das ist kein Nepp, komm mir morgen nicht, daß ich dich geneppt habe; du hast dir selber eingeschenkt, ich weiß nicht, wieviel ...«

»Rede nicht, Elsabe«, sagte ich prahlerisch-weinerlich. »Nie würde ich so etwas tun! Was ist Geld –!«

»Lehre du mich die Männer kennen! Wenn ihr voll und geil seid, schreit ihr: ›Was ist Geld?‹ Und am nächsten Morgen kommt ihr mit dem Gendarmen und schreit von Nepp. Der Korn und der Sekt und meine Zigaretten – das macht zusammen ...«

Sie nannte eine Summe.

»Wenn es nicht mehr ist!« rief ich wieder prahlerisch und riß meine Brieftasche hervor. »Hier hast du –!«

Ich legte ihr das Geld hin.

»Und hier ...«, ich nahm einen Hundertmarkschein und legte ihn daneben, »der ist für dich, weil ich dich hasse und weil du mich vernichtest. Nimm ihn, nimm ihn schon. Ich will nichts von dir, gar nichts! Geh. Ich habe dich schon so im Blut, ich kann dich nie mehr besitzen, als ich dich in mir habe. Wahrscheinlich bist du öde und langweilig, du bist nicht von hier, natürlich aus irgendeiner Großstadt, wo du alles gelassen hast – das sind ja nur Reste!«

Wir standen uns gegenüber, das Geld lag auf dem Tisch, das Licht war düster. Ich schwankte leise über meinen Füßen, die fast halb geleerte Kornflasche hielt ich am Halse in meiner Hand. Sie sah mich an.

»Steck dein Geld ein!« sagte sie flüsternd. »Nimm dein Geld vom Tisch ... Ich will dein Geld nicht ... Geh ...«

»Du kannst mich nicht zwingen, das Geld wieder zu nehmen, ich lasse es liegen ... Ich beschenke dich, Königin des klaren Korns, Elsabe genannt, ich gehe ...«

Ich ging mühsam auf die Tür zu, der Schlüssel steckte von innen, ich mühte mich, ihn im Schloß zu drehen ...«

»Du«, sprach sie dicht hinter mir, »du ...«

Ich drehte mich um. Ihre Stimme war leise gewesen, aber voll und sanft, alles Spröde war aus ihr gewichen.

»Du ...« wiederholte sie, und in ihren Augen war jetzt Farbe und Licht, »du – willst du?«

Jetzt war ich es, der sie nur schweigend ansah.

»Zieh deine Schuhe aus, sei leise auf der Treppe, die Wirtsleute dürfen dich nicht hören. Komm, mach schnell ...«

Schweigend tat ich, wie sie mir geheißen. Ich wußte nicht, warum ich es tat. Ich begehrte sie jetzt nicht, so begehrte ich sie nicht.

»Gib mir die Hand!«

Sie knipste das Licht aus und führte mich an der einen Hand, in der anderen Hand hielt ich noch immer die Kornflasche. In der Schankstube war es völlig dunkel, ich schlich ihr nach. Durch ein kleines staubiges Fenster fiel auf die verwinkelte enge Stiege Licht vom Mond. Ich schwankte, ich war sehr müde. Ich dachte an mein Bett daheim, an Elsabe, voller Wünsche an den weiten Weg nach Haus.

Es war alles zuviel. Der einzige Trost war die Flasche Korn in meiner Hand, sie würde mir Kraft spenden. Am liebsten wäre ich stehengeblieben und hätte schon jetzt einen Schluck aus der Flasche genommen, so müde war ich. Die Stufen knarrten, die Tür zur Kammer ächzte leise, als sie geöffnet wurde. Auch in der Kammer war Mondschein. Ein Bett, das zerwühlt war, ein eiserner Waschständer, ein Stuhl, ein Kleiderrechen an der Wand ...

»Zieh dich aus«, sagte ich leise, »ich komme dann gleich.« Und mehr zu mir: »Gibt es hier Sterne?«

Ich trat ans Fenster, das den Blick in einen Obstgarten freigab. Ich öffnete einen Flügel; lau wie eine zarte Liebkosung kam die Frühlingsluft herein, voll von Düften und sanftem Wind. Unter dem Fenster lag das schräge Teerdach eines Schuppens.

»Das ist gut«, sagte ich wieder leise, »dieses schräge Dach ist sehr gut ...«

Ich konnte den Mond nicht sehen, er stand hinter dem Hausdach mir zu Häupten. Aber sein Licht erfüllte mit einem weißlichen Schein den Himmel, nur die stärksten Sterne waren zu sehen und auch sie nur matt. Ich war unzufrieden und gereizt.

»Komm schon«, rief sie ärgerlich vom Bett her. »Mach ein bißchen schnell! Denkst du, ich brauch keinen Schlaf?« Ich drehte mich um, ich neigte mich über das Bett. Sie lag auf dem Rücken, bis zum Halse zugedeckt. Ich streifte die Decke zurück und legte einen Augenblick mein Gesicht gegen ihre nackte Brust. Kühl und fest. Sachte atmend, kühl und fest. Es roch gut – nach Haar und Fleisch.

»Mach doch zu!« flüsterte sie ungeduldig. »Zieh dich aus – laß den Unsinn! Du bist doch kein Schüler mehr!«

Mit einem tiefen Seufzer richtete ich mich auf. Ich ging an das Fenster, nahm die Flasche und schwang mich hinaus auf das Schuppendach. Ich hörte einen ärgerlichen, zornigen Ruf hinter mir. Aber ich ließ mich schon hinab in den Garten.

»Besoffener alter Trottel!« rief sie oben, dann schlug das Fenster zu.

Ich stand zwischen Büschen, ich roch den Duft des Flieders. Die Frühlingsnacht war ganz rein. Ich setzte die Flasche an den Mund und trank lange –.

ERICH KÄSTNER
Ich bin so blau wie hundertzwanzig Veilchen

Schloß H., 31. August, nachts,
bzw. 1. September, morgens

»Und wir zogen mit Gesang
aus dem einen Restaurant
in das nächste Restaurant
usw.«

Ich bin so blau wie hundertzwanzig Veilchen! (Klingt fast wie eine Schlagerzeile.) Aber das ist bezeichnend für meine wissenschaftliche Gründlichkeit, die sich auch auf außerwissenschaftlichen Gebieten, obwohl man geltend machen könnte, Karl und ich wären dem Alkohol in dessen zahlreichen Erscheinungsformen mit durchaus wissenschaftlicher Akribie …

Der Teufel hole den Satz! Dabei wollten wir uns gar nicht betrinken! Wir wollten nur von Salzburg und voneinander Abschied nahmen, Karl und ich. Wir bummelten gefühlsselig über die herrlichen Plätze und durch die alten, geheimnisvollen Gassen. Es war eine märchenhafte Sommernacht. Manchmal schien der Mond, manchmal nur eine Laterne, und uns war beides recht.

Wir gingen kaum; wir ließen uns gehen. Zwei befreundete Silhouetten, so schritten wir in dem magischen Kreis dahin, der Salzburg heißt. Wir standen schweigend vor silberglänzenden, rauschenden Brunnen – und gerade das hätten wir nicht tun dürfen!

Nur weil die Brunnen rauschten bzw. weil wir diesem Rauschen, d. h. dem akustischen Effekt, der dadurch entsteht, daß sich Flüssigkeit schnell bewegt …

Wieder so ein hoffnungsloser Satz, der nicht leben und nicht sterben kann! Kurz, wir bekamen Durst, und in einer italienischen Weinstube fing es an. Mit Asti vom Faß und einem Fiasco Chianti, doch ein Fiasko kommt selten allein.

Nein, zuerst waren wir im Peterskeller und tranken Prälatenwein. Eigentlich lauter leichte, bekömmliche Sachen! Vielleicht hätten wir den Whisky nicht trinken sollen, den wir in einer Bar schrägüber vom Österreichischen Hof vereinnahmten bzw. verausgabten. Oder die Ohios und Martinis, zu denen uns der Amerikaner einlud, der neben Karl saß. Andrerseits, man kann einem Menschen, der extra deswegen von Übersee kommt, so etwas unmöglich abschlagen!

Sonst fährt der Mann verbittert heim und erzählt dort, Karl und ich seien unhöfliche Menschen; und bei der bekannten Neigung, Eindrücke zu verallgemeinern, könnte das für ganz Europa zu Komplikationen, die heute mehr denn je vermieden werden sollten ... Schon wieder Kurzschluß. Ich bin auf mein Gesicht neugierig, das ich morgen früh machen werde, wenn ich lese, was ich jetzt schreibe!

Deswegen mußten wir auch mit dem Amerikaner noch ins »Casino« gehen. Es war eine nahezu diplomatische Mission. Denn jeder Mensch ist im Ausland ein Botschafter seiner Heimat. Wir benahmen uns also wie Botschafter. Karl bestellte eine Flasche Sekt, dividiert durch drei Männer? Aus diesem Grunde tranken wir noch eine Flasche.

Dann faßte der Amerikaner den löblichen Vorsatz, die Bank zu sprengen, und entfernte sich, weil die Bank in einem anderen Raum stand. Und Karl und ich gingen an die frische Luft. Daß wir hierbei auf die Straße nach Mülln und in den Augustinerkeller gerieten, dafür kann kein Mensch! (Wir haben auch niemandem Vorwürfe gemacht.)

Ein paar Gläser Bier können nie schaden, am wenigsten in warmen, schönen Sommernächten unter Lampions in einem alten Wirtshausgarten. Biergläser waren es eigentlich nicht, sondern irdene Maßkrüge. Und lauter Leute am Tisch, die sich auf Bier verstanden; oben drüber dunkelblauer, gestirnter Himmel, mit einer Apfelsinenscheibe Mond darin, wie in einer Bowle – hinreißend!

Auf dem Heimwege haben wir dann, wenn ich nicht irre, gesungen. Karl hakte sich bei mir unter und sagte: »Damit du nicht umfällst.« Dabei wollte er sich nur an mir festhalten! Er ist ein lieber Kerl, aber er gehört leider zu den Leuten, die nie zugeben werden, daß sie einen in der Krone haben.

Da bin ich anders. Wenn ich einen Schwips gehabt hätte, dann hätte ich das unumwunden zugegeben. Daß ich keinen hatte, ist, obgleich ich einen ganzen Stiefel vertrage, bis zu einem gewissen Grade Zufall. Es hätte umgekehrt ebensogut, nein, es hätte ebensogut umgekehrt sein können, aber es war nicht umgekehrt!

Was ist eigentlich nicht umgekehrt? Oh, mein Schädel! So oft hab' ich mir ein schlechtes Gedächtnis gewünscht. Denn das meiste verdient vergessen zu werden. Und nun hab' ich das schlechte Gedächtnis. Hoffentlich nur heute. Denn es gibt so vieles, woran man sich noch lange erinnern möchte. (Ich scheine mir eben irgendwie widersprochen zu haben.)

Dann blieb Karl plötzlich stehen, breitete die Arme weit aus und deklamierte: »Hic habitat felicitas!«

Ich fragte: »Wer wohnt hier?«

»Felicitas«, sagte er.

»In diesem Hause dort drüben?« fragte ich ganz bescheiden.

Er antwortete nichts als: »Ignorant!«

Das kränkte mich und ich rief: »Ich kann doch nicht alle Mädchen kennen, zum Kuckuck!«

»Oh«, sagte er nur.

Ich lenkte ein. »Wenn du willst, können wir ja einmal klingeln. Vielleicht hat sie einen leichten Schlaf, wacht auf und guckt ein bißchen aus dem Fenster!«

Er schauderte.

»Oder ist sie verheiratet?« fragte ich behutsam.

Und nun wollte er mich in die Salzach werfen. Es unterblieb eigentlich nur, weil die Salzach nicht in der Nähe war. Was wir dann gemacht haben, weiß ich nicht mehr. Ich vermute, daß wir weitergegangen sind. Sonst stünden wir jetzt noch vor dem Haus. Da ich aber im Schloß eingetroffen bin, kann ich unmöglich ... Du liebe Güte, ob Karl noch dort steht?

Nein, nein. Nachdem ich an dem Hause geklingelt und ziemlich laut nach Felicitas gerufen hatte, rissen wir ja aus! Wie die Schuljungen. Und dann? Halt, es dämmert!

Im Mirabellengarten, am Zwergen-Rondell, hielt Karl eine Rede! An die steinernen Zwerge. Ganz recht. So war's.

»Meine Herren Zwerge«, sagte er.

Ich setzte mich ins Gras und meinte: »Eine Frau Zwerg ist auch dabei. Sei höflich!«

»Meine Herren Zwerge«, wiederholte Karl.

»Sie kennen Salzburg länger als jeder betrunkene Mensch, der sich auf Ihrer Wiese breitmacht. Sie kennen es länger als ich und sogar länger als ... als ...«

»Baedeker«, schlug ich vor.

»Als Baedeker, jawohl. Sie haben Salome Alt gekannt, als sie noch jung war und in diesem schönen Garten mit einem Ihrer Herren Kirchenfürsten lustwandelte.«

»Lusthandelte«, verbesserte ich gewissenhaft.

Karl geriet in Feuer. »Sie haben Mozart gekannt, als er noch bei seinem Papa Klavierstunden hatte! Ich habe Vertrauen zu Ihnen, meine Herren. Sie sind klein, aber oho! Gestatten Sie, daß ich du zu Ihnen sage?«

»Bittschön«, brummte ich.

»Sie werden sich vielleicht fragen, warum ich mich mit meinem Anliegen nicht an die vorzüglich gewachsenen Damen aus Stein wende, die seit Jahrhunderten am Eingange des Gartens auf Sockeln stehen und nichts anhaben.«

»Ach wo«, sagte ich. »Zwerge interessiert so etwas überhaupt nicht. Aber vergiß nicht, daß du sie duzen wolltest.«

Karl nickte und klopfte einem der Zwerge kollegial auf den steinernen Buckel. »Liebe Liliputaner und Liliputanerinnen«, meinte er dann. »Ihr könntet eurer kleinen Stadt einen großen Gefallen tun. Wenn einmal jemand vom Festspielkomitee hierherkommen und sich wie wir mit euch unterhalten sollte ...«

»Ausgeschlossen«, erklärte ich.

»So richtet ihm einen schönen Gruß von mir aus.«

»Von mir auch!« rief ich. »Unbekannterweise!«

»Und sagt ihm ...«

»Noch einen schönen Gruß?«

»Sagt ihm, Österreich habe so viele Genies gehabt ...«

»Das weiß der Mann doch schon!«

»Und nur deren Heiterkeit passe völlig zur Heiterkeit dieser Stadt, genau wie nur ihre Melancholie sich zu dieser Landschaft, wenn sie trauert, schicke.«

»Hoffentlich können sich die Zwerge das alles merken«, meinte ich besorgt.

»Warum spielt man keinen Raimund? Warum nicht Nestroy? Warum nicht noch mehr Mozart? Wie? Warum statt dessen ...«

»Woher sollten denn das die Pikkolos wissen!« sagte ich ärgerlich und stand auf.

»Hab' ich nicht recht?« fragte er.

»Natürlich hast du recht«, meinte ich. »Außerdem soll man Betrunkene nicht reizen.«

»Ich wäre betrunken?«

»Wieso, wäre? Du bist es!«

»Ich bin nüchtern, wie ... wie ...«

Mir fiel auch kein angemessener Vergleich für den Grad seiner Nüchternheit ein.

»Aber du, du bist blau!« rief er.

»Ich? Ich bin nüchtern wie ... Ich war noch nie so nüchtern wie heute!«

»Ich auch nicht!«

»Dann möchte ich die beiden Herren mal besoffen sehen«, sagte jemand hinter uns. Ich erschrak.

Aber es war kein Zwerg.

Sondern ein Wachmann.

JÖRG FAUSER
Where Are You Tonight?

Rosa steht hinter dem Tresen ihrer Bar und zerstößt das Eis für den Bacardi Crusta.

Am frühen Abend ist das Lokal fast immer leer. Der Rausschmeißer sitzt mit einem Bier neben der Tür und studiert die Turf-Gazetten für das Meeting in Daglfing. Der Schnapslieferant verhandelt mit dem Geschäftsführer wegen einer neuen Marke Aquavit. Ein zufällig hereingeschneiter Gast, ein feister Produktenvertreter aus der Provinz, hockt im Mantel auf dem Rand eines Sessels unter einem Neonlicht, das ihm zu schummrig ist, über einem Bourbon mit Ginger Ale, der ihm zu stark scheint, und riskiert ab und zu einen Blick auf die von Topfpalmen und Säulen halbverdeckte Leinwand im Hintergrund, über die ein Pornofilm flimmert. Zwei Mädchen in geschlitzten Seidenröcken sitzen in einer offenen Nische und lesen sich die Horoskope aus den Boulevardblättern vor. Eine professionelle Stimmung liegt in dem Raum, in den kein Laut aus der Außenwelt dringt.

»Nun«, sagt Rosa nach einer Weile lächelnd zu Tristano, der kerzengerade auf einem Barhocker sitzt und sich dabei mit einer Hand auf den Tresen stützt, »braucht der Schriftsteller wieder eine Ansprache?«

Rosa ist eine junge Frau von vierzig. Sie hat eine grazile Figur und einen festen Busen. Schwarze Haare rahmen ein ovales Gesicht mit mandelförmigen Augen, hohen Backenknochen und brauner Haut. Die meisten ihrer Falten könnten von ihrem Lachen gezeichnet worden sein, das sich durch ein zartes Beben ihrer Nasenflügel ankündigt und auch die Wurzeln ihrer Haare und die Hügel ihrer Brüste zu elektrisieren scheint. Sie hält nicht viel von Schminke, trägt aber massenhaft Schmuck und lackiert sich ihre Fingernägel so dunkel, daß sie im Schummerlicht der Bar schwärzlich glitzern. Ihr langes, schulterfreies Kleid aus olivgrünem Taft paßt zur Farbe ihrer Augen. Um ihren Hals liegt eine rote Korallenkette, an ihren Ohren blitzen schwere goldene Ringe. Manche halten sie für eine Zigeunerin, und solange dieser Glauben den Umsatz hebt, beläßt sie es dabei; sie stamme aber, hat sie Tristano erzählt, aus einer Pastorenfamilie in Norddeutschland. Sie sei Schauspielerin in Flensburg, Tänzerin in Pinneberg, Stripperin in Kassel, Callgirl in Gießen und Ehefrau in Bad Homburg von der Höhe gewesen; jetzt hat sie, wie sie sagt, von den Männern die Nase voll, führt eine Bar im Bauch von München, gilt als Agentin mehrerer Nachrichtendienste, frequentiert in der Saison die Spielkasinos an der Côte d'Azur und veröffentlicht unter einem Pseudonym Gedichte in kurzlebigen Avantgarde-Zeitschriften. Dem Schriftsteller Tristano gestattet sie hin und wieder in ihrer Bar eine blaue Stunde, bis die betuchten Gäste kommen, dem Trinker einen Flirt, bevor das Geschäft losgeht.

»Nicht der Schriftsteller«, sagt Tristano mit einem Blick, der zwischen Rosas Busen und den Flaschen in ihren Händen schwankt, »braucht eine Ansprache, sondern der Trinker, der Trinker als lonely boy. Sie kennen mich doch, Rosa, ich bin mal wieder auf Achse.«

Die beiden sind, wie konservative französische Ehepaare, beim Sie geblieben, das Rosa für intimer hält als das professionelle Du der Bardame.

»Wenn Sie soviel trinken, Johnny, werden Sie es schwer haben, eine passende Frau zu finden.«

Sie gießt den Bacardi Crusta in zwei Gläser.

»Trotzdem: zum Wohl!«

Sie stoßen an und trinken.

»Danke, Rosa, der tut gut. Seh ich vielleicht aus, als sei ich besoffen?«

»Nein, Sie sehen nie so aus, und Sie verhalten sich auch nie so, Sie sind immer bei klarem Bewußtsein, und das mag ich ja an Ihnen. Aber auch wenn Sie bei Bewußtsein sind, bei Verstand sind Sie doch nicht, und schon gar nicht bei Trost, und das merken die Frauen. Sie spüren die Abweichung von der Normalität, das Kranke, wenn Sie mich richtig verstehen, und davor haben die meisten nun mal Angst.«

Tristano zwirbelt seinen Schnurrbart. Er fühlt sich vollkommen gesund, er strotzt geradezu vor Gesundheit, aber Rosa ist eine Frau, sie ist vielleicht die Frau schlechthin, ihr stimmt man gerne zu.

»Vielleicht haben Sie recht. Aber wenn ich bei Ihnen bin, denke ich nicht an andere Frauen. Sprechen wir lieber von Träumen! Wovon träumen Sie? Träumen Sie oft von der Jugend? Ich schon. Wenn sie nur mehr hergegeben hätte, finden Sie nicht auch? Mit jedem Haar, das mir ausfällt, fällt mir ein Traum aus. Das macht das Schreiben nicht gerade einfacher, oder? Übrigens sehen Sie heute wieder blendend aus.«

»Lassen Sie die Komplimente«, sagt Rosa, »der Charmeur steht Ihnen nicht, Johnny. Und von der Jugend träume ich fast nie. Was war die Jugend? Feuchte Briketts, kratzende Unterwäsche, Bibelstunden, besoffene Onkel, die mir ihre Geilheit antrugen, Angst vor dem Leben, das war die Jugend. Vergessen wir sie. Wissen Sie, daß in jedem Augenblick auf der Erde die Sonne aufgeht? Aus diesen Augenblicken lebe ich. Zum Wohl, Herr Schriftsteller. Lassen Sie die Vergangenheit den Schakalen, konzentrieren Sie sich auf das, was jetzt ist und worüber Sie morgen schreiben, und denken Sie daran: Nach jedem Ihrer Sätze geht über irgendeinem Hügel die Sonne auf. Denken Sie daran beim Schreiben und beim Trinken und denken Sie daran, wenn Sie die Frau, die Sie brauchen, suchen. Und«, fügt sie lächelnd hinzu, »denken Sie auch in Rosas Bar daran.«

Sie drückt auf eine Taste des Bandgeräts, das über dem Tresen aufgestellt ist. Einer ihrer Lieblingssongs klingt in den Raum, Dylans Where Are You Tonight?

There's a babe in the arms of a woman in rage
And a long-time golden-haired stripper on stage
And she winds back the clock and she turns back the page

Of a book that no-one can write
Oh, where are you tonight?

»Schön«, sagt Tristano, der mit der Musik nichts anfangen kann, nach einer Weile, »aber Ihnen als Poetin, als Gastronomin dazu, vor allem als Königin der Nacht gerinnt ja auch nicht fast jeder Sonnenaufgang zur Erinnerung und jede Erinnerung zur Qual, Sie zaubern noch, wie Theophrast das vom Luchs behauptet hat, aus der Notdurft Ihre Diamanten ...«

»Tristano«, unterbricht Rosa ihn mit gespielter Strenge, »Sie lassen sich gehen. Das werde ich nicht tolerieren. Ich mag Sie, weil ich Sie bei aller Romantik und Flauserei für einen Mann halte, der sein Geschäft viel unerbittlicher gegen sich selbst betreibt als die Produktenvertreter und Steuerhinterzieher und Volksvertreter, die ich hier sonst betreue. Aber lassen Sie diese Unerbittlichkeit niemals zum Selbstzweck werden und lassen Sie sich vor allem nicht von sich selbst zu Tränen und sprachlichen Ungenauigkeiten rühren, ich könnte mit Ihnen kein Wort mehr wechseln und kein Glas mehr leeren.«

Sie lacht. Ihr Gesicht strahlt. Ihr Leib vibriert. Der Taft knistert elektrisch.

»Ende der Predigt«, sagt sie und nimmt eine Zigarette. »Ich fürchte, die Jugend sitzt bei mir auch tiefer, als ich mir das wünsche.«

Tristano gibt ihr Feuer. »Sie haben natürlich recht«, sagt er, »ich bin mir auch unleidlich, wenn ich meiner Wehmut nicht Herr werde, aber verdammt und zugenäht! da ist sie und glotzt mich wie eine wiederkäuende Kröte aus jedem Glas an, das ich leere. Sie wissen doch, der Alkohol verroht, aber er betört auch, und zwar oft an ganz falschen Stellen, und die Sprache präzisiert, aber sie exaltiert auch, und oft zur falschen Zeit. Na, lassen wir das, Sie sind ja vom Fach, was schwätze ich denn daher«, er lächelt etwas verbissen und hängt dann noch einen Schlenker an: »Tschechow hat das ohnehin viel besser gesagt, hören Sie sich diesen Satz an, ich habe ihn neulich irgendwo gelesen: Mein Leben ist traurig, ist schwer, eintönig, weil ich ein Künstler bin, ein seltsamer Mensch, seit frühester Jugend zerrissen durch Neid, Unzufriedenheit mit mir selbst, Zweifel an meiner Arbeit, ich bin arm, ich bin ein Vagabund. Tja, würde Bornheim, Sie kennen ja Bornheim, ich mußte ihn vorhin leider urplötzlich verlassen, ihn und seinen etwas überwürzten Orient, immer bei mir dieser plötzliche Drang, mitten im Satz aufzuspringen und mich woanders hinzubegeben und so immer in einem weg von einem Ort zum anderen zu taumeln, dabei hasse ich doch jede Bewegung, im Gegensatz zu Ihnen, liebe Rosa, ja, würde Bornheim sagen, da hängt der Hammer am Arsch.«

Aber Rosa hörte ihm nicht zu, sie geht mit ihrem Geschäftsführer und dem Lieferanten die Bestellisten durch. Der einsame Gast hat inzwischen Gesellschaft bekommen, eines der Mädchen, eine Blondine, sitzt auf der Armlehne seines Fauteuils und kratzt gelangweilt mit einem langen blutroten Fingernagel an einem goldenen Polsterknauf. Über ihren Busen versucht der Gast noch immer, sich einen schlüssigen Eindruck von dem Pornostreifen zu verschaffen, der ohne Ton über die Leinwand rieselt. Aber sein Gesicht drückt völlige Ratlosigkeit aus. Tristano würde es ihm so erklären:

Auf Palmblättern, auf Tamarindenknospen, auf Asterblüten, im Goldregen, auf der Zunge des Goldenen Kalbs ihr Schritt, ihre Schenkel, ihre Scham, ein Vorgang mit geblähten Nüstern und gespreizten Gliedern, und von irgendwo weht ein Fön eine Haarlocke ins Bild, und ein Hauch von Sahnetorte und Badeöl teilt sich mit, und unter reichlicher Verwendung von Sputum und Magensaft kommt ein Jüngling zum Abgang und ein Linsengericht auf den Markt: Cut! Kopieren! Gestorben! Quasimodo, dein Buckel schmilzt, schalt die Höhensonne ein! Grind unter den Nägeln, zerschürfte Haut, zerbissene Zunge, Cold Cream auf den falschen Wimpern und der Purpur auf den Lippen, die Wollust mimten, war auch nicht kußecht: Alles ist Schwund.

»Was ist's, das geschehen ist? Eben das hernach geschehen

wird. Was ist's, das man getan hat? Eben das man hernach wieder tun wird; und geschieht nichts Neues unter der Sonne.«

Tristano trinkt seinen Bacardi Crusta, er spürt einen gelassenen Rausch, vollkommen unter Kontrolle, wach und entspannt zur gleichen Zeit. Was ist's, das geschehen ist? Nichts Neues, in der Tat, und daraus kann man auch, siehe Rosa, Kraft und Zuversicht schöpfen. Und schreiben, letztlich gibt es nur das Schreiben, ab morgen gibt es nur noch das Schreiben, die trunkene Nüchternheit dieses Berufes: Ein paar hingekritzelte Worte, und schon sieht man in der Ferne einen Nebel, es ist der Rauch über den Tempeln Jerusalems.

Nichts Neues unter der Sonne, aber immer noch angemessenen Ausdruck für das Alte, Bleibende. Es ist alles gleich, alles wird gut, auch die Verwahrungen in den Rinnsteinen nächst dem Elfenbeinturm und der Erfassungskaserne, beide aus Scheiße, auch sie werden gut und sind übrigens alles, was dir bleibt, was du bist, haben sie dir gegeben, diesen Rest deines Lebens mit dem Rauch aus Jerusalem. Trink, Tristano, schau diesen Rauch: und dann schreib.

Ein Finger berührt seinen Arm, Lack schimmert, Ringe funkeln, Rosas Parfüm an Tristanos Haar: »Johnny, Sie machen doch nicht in meiner Kneipe schlapp?«

Rosa lächelt, der Lieferant wiehert, der Geschäftsführer lacht dreckig, diesen verkommenen Schmierfink mal in die Finger kriegen ... Tristano schüttet hastig den Rest Bacardi in die Kehle. Noch immer flimmert zwischen Säulen und Topfpalmen der Pornofilm. Der Produktenvertreter hat eine Hand am Knie der Blondine. Ihre Seide raschelt. Es wird Zeit für den Sekt. Mit dem ausdruckslosen Gesicht eines Bluffers beim Poker kreuzt der Rausschmeißer den Favoriten für das achte Rennen an. Rosa mixt noch einen Drink. Sie hört als einzige dem Sänger zu:

There's a lion in the road, there's a demon escaped
There's a million dreams gone, there's a landscape being
    raped

As her beauty fades and I watch her undrape
I won't, but then again, maybe I might
Oh, if I could just find you tonight.

Rosa schenkt ein. »One more for the road, Johnny, dann müssen wir unsern Plausch beenden. Cheerio!«

»Auf das Ihre! Und wenn ich einmal bliebe? Warum soll auch ich mir nicht ein bißchen Porno zu Gemüt führen, einer Mizzi Schampus in den Ausschnitt schütten, statt mit Flattermanns mit Blaumanns feiern, kurz: ein Bürger unter Bürgern sein?«

»Sie wissen, daß ich das nicht erlaube.«

»Leben wir nicht in einem freien Land?«

»Machen Sie sich nicht lächerlich.«

»Ich führe noch manches Tänzchen auf, Madame!«

»Aber nicht in meiner Bar.«

»Und Bornheim? Der darf hier nächtelang mit verfaulten Rosenblüten aus den Gärten dieses bornierten Scheich Maadi um sich werfen ...«

»Scheich Saadi hieß der Mann, und er war ein Poet und Erforscher der menschlichen Seele ...«

»Sie zitieren ja schon den Klappentext! Er hat Sie förmlich durchtränkt mit diesen albernen Dreigroschen-Sentenzen! So was goutieren Sie also, so ein Zimt paßt Ihnen in Ihre Bar, na, servus!«

»Ihr Freund Bornheim ist Geschäftsmann und ein Raconteur dazu, durchaus paßt er mir in meine Bar.«

»Und was ist mit Dunkel? Nun sagen Sie bloß, der hat hier eine Außenredaktion des Realist aufgemacht. Stehen Sie schon unter Vertrag bei ihm?«

»Dunkel ist Politiker, ein kommender Mann.«

Tristano stellt mit heftiger Gebärde sein Glas ab. »Nun hören Sie aber auf! Dunkel ist Politiker! Wollen Sie mich auf den Arm nehmen? Wissen Sie, was der ist? Ein verkrachter Sportreporter, der einen auf Anarcho macht! Rosa, Sie fallen doch auf alles Gedruckte herein und vor allem auf die, die drucken lassen! Außer mir, natürlich! Shittypoint! Dunkel, der tickt doch nicht richtig. Dieser Citizen Kane im Westentaschenformat! Dieser Möchtegern-Bakunin! Dieser irrelevante Agitprop-Stiesel! Da ist ja meine Belletristik staatsgefährdender als dem sein Anarchismus! Na, mal im Ernst, Rosa, das sind ja alle beide ganz solide Trinker, aber ich will ab heute Johnny Realist heißen, wenn einer davon ein kommender Mann sein soll!«

»Regen Sie sich nicht auf, Johnny. Dieser Dunkel ist ein ganz gewiefter Junge, der es weit bringen wird. Frauen haben dafür einen Instinkt.«

»So? Na, geschenkt. Soll er es weit bringen. Aber warum darf ich, der ich Sie verehre, nicht in Ihrer Bar meine Bedürfnisse beleuchten, einer wie alle sein, den kommenden Mann markieren ...«

»Gerade das dürfen Sie eben nicht, und gerade deshalb nicht. Sie dürfen ja etwas ganz anderes.«

Tristano räuspert sich, er weiß, er bewegt sich auf rutschiger Kippe: »So? Was darf ich denn schon? Nach Hause gehn und von den Exzessen träumen, die der Mafia-Mime und der Sport-Anarchist in Ihrer Bar aufführen ...«

»Sie dürfen am Abend als erster eintreten, das erste Wort an mich richten, den ersten Crusta mit mir trinken, mein erstes und aufrichtigstes Lächeln empfangen, und Sie sind zu nichts verpflichtet, dürfen als erster gehen und sich dies alles für die ganze Nacht bewahren, wenn Sie wollen, für immer.«

Tristano lächelt sie an, sein Lächeln ist sogar als Lächeln zu erkennen, ah, sie haben ihn hierher verschleppt in den Bauch Babylons, seine Gebärerinnen, aber sie haben ihn nicht allein gelassen, dankbar umfaßt er das Glas und schlürft den flüssigen Frost, der nach Süden schmeckt.

Auf Palmregen, auf Tamarindenblüten, auf Asterzungen hechelnder Atem, zitternde Glieder, ein Hauch von Nasenspray in mancher Scham. Die Fesseln klirren an den Füßen, die Geschmeide klingeln an den Locken, durchnäßt hängen die Ruten im Wind. Wo das Geschäft blüht, blüht nicht durchweg die Lust, auch teilt sich nur selten eine Ewigkeit mit. Aber doch ein Schmalz bleibt hängen an mancher

Scheide, und aus purpurner Brust fährt ein Stöhnen, das nicht immer gespielt klingt. Die Wimpern brennen; die Geschmeide schmelzen; die Schminke verkrustet zu Dreck. Und wenn die Linsen gezählt und die Samenkörner ermittelt sind, darf die Klappe fallen: Cut! Kopieren! Gestorben!

»Es fährt alles an *einen* Ort; es ist alles von Staub gemacht und wird wieder zu Staub.«

Der Produktenvertreter, Sekt im Glas, die Blondine im Schoß, seufzt überm Kostenvoranschlag, vielleicht vor Glück; der Rausschmeißer gähnt, im letzten Rennen ist alles Schwund; der Lieferant trinkt einen Cognac auf Kosten des Hauses; der Geschäftsführer kontrolliert die Kassenbons; Tristano schwelgt in Rosa; und Rosa? Rosa, Poetin, Gastronomin, vielleicht Agentin, gewiß Königin der Nacht, sie lächelt, den beringten Zeigefinger auf den Lippen, Tristano zu, der als erster gehen darf.

»Auf Ihr Wohl, Madame Rosa!«

»Auf Ihr Wort, Herr Schriftsteller! Und denken Sie daran: Auch in diesem Augenblick geht irgendwo die Sonne auf.«

»Also trinken wir auf die Sonne.«

»Aufs Überleben, aufs angemessene Überleben.«

There's a new day at dawn and I've finally arrived
If I'm there in the morning, baby, you'll know I've survived
I can't believe it, I can't believe I'm alive
But without you it just doesn't seem right
Oh, where are you tonight?

Die Tür fliegt auf, zwei Herren in Pelz treten ein. »Hallo Rosa!«

»Schätzchen!«

»Na, Männer, was soll's sein?«

»Bei dem Wetter, Röschen? Zwei Eisbrecher, haha!«

Tristano gleitet vom Barhocker.

Ludwig Fels
In Afrika waren wir schon

Er ging über den Parkplatz. Der Boden war eine graue, grießige Brühe, Auspuffschlamm, der Himmel ein wogender Brei, keine Farbe in der Luft. Das Gehen tat ihm ein bißchen gut. Der Bus war nicht da. Georg überlegte, welche Kneipen an seinem Weg lagen, und beschloß, in jeder etwas zu trinken und irgendein Lied in die Musicbox zu drücken. Weit vor ihm schleiften Viktor und Esen den alten Karl der Stadt entgegen. Sie liefen schnell, um aus dem föhnigen Wind zu kommen. Im Schutz der ersten Häuser warteten sie auf ihn.

»Schleich doch nicht gar so langsam!« rief Viktor.

»Wir zischen noch eins«, sagte der alte Karl. Er hing zwischen Esen und Viktor, die ihn stützen mußten. »Verflucht, meine Alte haut mir den Christbaum aufm Buckel auseinander, wenn ich so heimkomm.«

»Kaffee«, sagte Esen, »Vivil, gutes Wasser, Frau nicht böse!«

»Hör dir den an«, sagte der alte Karl, »dem seine Fahne stinkt freilich nicht bis in die Türkei.«

Zuerst gingen sie in die »Jägersruh«. Dort wärmten sie sich auf, leerten ihre Blasen, und der alte Karl kotzte einen kleinen Schwall in die Brunzrinne. Georg hielt ihn fest. Es würgte ihn von den Dämpfen und Schwaden. Er stellte den alten Karl wieder auf die Beine, klopfte ihm den knochigen Rücken und hielt ihm die Hände unter den Wasserhahn. In der Gaststube wurden sie von Viktor mit Schnaps aufgemöbelt.

»Ich merk nie, wann ich genug hab«, sagte der alte Karl und tupfte sich die Tränen aus den Augen. »Im Krieg, die Russen, die hatten Wodka in den Feldflaschen. Herrgott noch mal, wenn wir die erbeutet hatten, wurde der Schützengraben zum Tanzsaal. Das war eine Zeit, da wißt ihr nichts davon. Ihr habt immer bloß Mitleid mit den Juden, aber wird sind auch verreckt, gottsjämmerlich krepiert, damit das klar ist. Ich bin auch nicht für den Adolf gewesen, aber gegen ihn schon gar nicht. Hitler«, wandte er sich an Esen, »kapierst, Adolf Hitler? Euch hätten wir auch noch erobert. In Afrika waren wir schon.«

»Nix Hitler!« sagte Esen. »Ist Schmidt!«

»Du kannst in deiner Moschee jodeln«, sagte der alte Karl, »aber an einem deutschen Stammtisch hast du dein Maul zu halten, Zitronenfresser, gräuslicher. Wie heißt du eigentlich?«

»Er heißt Esen«, sagte Georg, »weißt du doch.«

»Nichts für ungut!« sagte der alte Karl. »Manchmal geht der Gaul mit mir durch. Ihr seid arm, und wir sind blöd! Keiner ist vollkommen.«

»Ist ja gut«, sagte Viktor.

»Nichts ist gut«, sagte der alte Karl. »Betrogen hat sie mich, meine alte Schachtel, wie ich an der Front gewesen bin. Das hat mich besiegt, drum mag ich keinen Krieg mehr!«

Dann zogen sie weiter: ein wahrhaft seltsames Gespann. Der alte Karl, an dem die Ohren zu flattern schienen, furchte mit schleifenden Füßen den zertrampelten Schnee, wollte sich nicht führen lassen, prallte gegen Passanten, rempelte nach allen Seiten, verbeugte sich wiehernd vor den Schaufenstern und sang auf Teufel komm raus ungereimtes Zeug. Viktor ging traumtänzerisch sicher durch die Leute, dünn wie ein Stock und mit wirbelnden Haaren; lässig dirigierte er hin und wieder den alten Karl. Georg betrachtete neidvoll die schlanke Gestalt, hielt sie für schön. Esen schlotterten die Kleider am Leib. In seinem blauen Gesicht zuckte der Schnauzer wie eine zerzauste Mondsichel; in regelmäßigen Abständen spuckte er zischend durch eine Zahnlücke in den Rinnstein. Esen war der einzige, mit dem sich Georg messen konnte.

Im »Wildschütz« reizte dicker Qualm die Augen, Kartler schlugen auf die Tische ein. Georg bestellte eine Runde. Er fühlte sich dumpf und irgendwie woanders, er wurde nicht klar, kam nicht zu sich, nicht auf die Höhe. Die andern waren mordsfidel, als fehlte ihnen nichts.

»Wißt ihr«, sagte Viktor, »ihr seid eine müde Bande, ein rechter Lahmarschhaufen. Ich weiß, das Kaff hier ist Mist. Keine Studenten. Keine Scene. Da läuft nichts ab. Die quatschen hier doch alle bloß vom Hennenficken. Nix drin mit Trips'n'Flips! Wo ich herkomm, da habens die Puppen mit den Teddybären getrieben: tierisch geil, eh!«

»Warum bist du weg?« fragte Georg.

»Weil ich hier in eine Fotze verknallt war. War!« sagte Viktor.

»Ich sauf einen Schluck auf euer Wohl«, sagte Georg und gab sich Mühe, heiter zu grinsen. »Die Weiber können mir gestohlen bleiben!«

»Sie sind dir gestohlen worden!« sagte Viktor. »Du kümmerst dich zuviel ums Fressen und Saufen. Du darfst nageln, was wir dir übriglassen, und mußt noch froh und dankbar dafür sein. Sei ehrlich, Mann, du hast doch nichts drauf auf dem Gebiet.«

»He«, sagte Georg, »hab ich dir was getan?«

Viktor lachte schallend. »Du mir? Du bist mir zu brav, mein Lieber!« sagte er. »Du mußt dir erst noch das Horn abstoßen. Dann darfst du vielleicht freundschaftlich mit mir verkehren.«

»Ich will keinen Streit«, sagte Georg.

»Warum?« fragte Viktor.

»Ich bin kein Schläger.«

»Du bist ein Garnichts, bist du!«

»Schwamm drüber!« sagte der alte Karl. »Saufts, ihr Bankerten!«

»Deutschland!« sagte Esen.

Sie hoben die Gläser, stießen an.

»Nichts für ungut, Bleistein«, sagte Viktor.

Draußen war es dunkel geworden. Alle Geschäfte hatten geschlossen. Die Weihnachtsbeleuchtung schimmerte matt. Viktor riß eine bereifte Plastikkugel von einem der Bäume, die als Straßenschmuck aufgestellt waren, und schoß sie fort wie einen Ball. Hinter manchen Fenstern lauerten Kindergesichter.

Im »Roten Ochsen« fanden sie kaum noch Platz. Sie mußten sich an einen Tisch zu anderen Gästen setzen, die unwillig brummend zusammenrückten. Die grüne Tischdecke sah aus wie eine odelgedüngte Wiese. Es dauerte lange, bis die Wirtin an den Tisch kam.

»Wir schließen gleich«, sagte sie.

»Komm, Edith«, sagte Viktor, »mir und meinen Freunden gibst du schon noch was.«

»Na ja«, sagte die Wirtin.

»Hier wohne ich«, sagte Viktor.

Georg saß da wie ein Denkmal. Er lächelte, rauchte, hielt sein Glas umklammert. Wenn er den Blick hob, sah er Viktor, der die Reden des alten Karl wegfächelte und den Türken mit Schweigsamkeit bedachte.

»Ich freu mich, daß ihr da seid«, sagte Georg und legte einen kalten Klang in seine Stimme. »Ich will keine schlechte Erinnerung mitnehmen. Prost, Viktor, ich schluck gern mit dir!«

»Meinetwegen, Elefantenbaby! Wenn du dann noch die Zeche zahlst, bist du mein Kumpel, auf ewig.«

Georg schleppte sich zur Musicbox. Viktor stand plötzlich hinter ihm. Georg warf eine Mark ein, Viktor drückte die Titel. Als sie wieder am Tisch saßen, war Esen eingeschlafen. Einer der Männer sagte, man solle den beschnittenen Hammelfresser über Nacht ins Scheißhaus einsperren.

»Und deine Alte dazu«, sagte Viktor.

»Du Rotzer!« sagte der Mann.

Viktor schüttete ihm einen vollen Aschenbecher ins Gesicht und sein Bier hinterher.

»Willst du das Glas auch noch in die Fresse?« fragte er. Der Mann schüttelte sein verschmiertes Gesicht und wischte sich an einem Tischtuchzipfel ab.

»Ihr meint wohl, wir haben Angst vor eurem Gorilla?« fragte einer der anderen Männer.

»Kameraden«, sagte Viktor salbungsvoll, »ihr kommt mir grad recht. Nichts ist schöner, als einem alten Nazischwein eins in die dumme Fresse zu haun. Ich bin nämlich ein Terrorist, hab Eierhandgranaten im Sack, damit spreng ich euch den Kalk und die Asche aus dem Schädel. Wenn noch einmal einer von euch aufmuckt, werde ich zur Wildsau, Freunde, für euch zieh ich mir erst gar nicht die Jacke aus.« Er war sitzen geblieben, bequem zurückgelehnt, verschränkte die Arme, leckte sich die Lippen. Der alte Karl zeigte ein stieres Geschau. Esen war nicht aufgewacht. Die anderen Männer schwiegen starr und düster. Aus ihren Mienen sprach, daß sie sich die Schande nicht verzeihen, ihre Feigheit nicht vergessen würden.

»Trinken wir lieber auf Frieden und Freiheit!« sagte Georg, der die Spannung nicht mehr aushielt.

Die Wirtin brachte dem tropfnassen Mann, dem schwarze Bierrinnsale aus den Haaren sickerten, einen Lappen; Viktor stiftete eine Wiedergutmachungsrunde.

Georg trank aus. »Ich geh jetzt!« sagte er, winkte der Wirtin und zahlte die Striche auf seinem Deckel. »Laßts euch gutgehn!«

Viktor, der alte Karl und Esen hoben die Hände zum Abschied. Georg nahm seine Tasche und ging.

Norbert C. Kaser
Ich krieg ein Kind

ich krieg ein kind
ein kind krieg ich
mit rebenrotem kopf
mit biergelben fueßen
mit traminer goldnen haendchen
& glaesernem leib
wie klarer schnaps

zu allem lust
& auch zu nichts

ein kind krieg ich
es schreiet nie
lallet sanft
ewig sind
die windeln
von dem kind
feucht & naß

ich bin ein faß

Umwölkt von blauem Dunst

KURT SCHWITTERS
Ein Zigarettenende

Die Zigarette lag im Gras,
Zertreten und zu Tode wund.
Der Wind war kalt, der Boden naß,
Doch heiß ihr brennend roter Mund.

Jungfräulich weiß war einst ihr Leib,
Eh' ihre Wärme man mißbraucht'
Aus Gier oder zum Zeitvertreib;
Und all ihr Sein in Nichts verraucht.

Noch einmal zischt im Todeskampf
Der welke Rest, achtlos verschmäht,
Verlöscht dann still im eig'nen Dampf
Und wird vom Wind hinweggeweht.

Italo Svevo
Die Zigarette

Der Arzt, mit dem ich über meine Raucherleidenschaft gesprochen habe, riet mir, ihre Entwicklung darzustellen und diese Arbeit damit zu beginnen: »Schreiben Sie nur, schreiben Sie! Sie werden sehen, wie bald man dazu kommt, sich selber zu erkennen.«

Ich glaube, daß ich über das Rauchen ruhig hier an meinem Tisch schreiben kann; daß es dazu nicht erst nötig ist, träumend in jenem Klubsessel zu liegen. Zwar weiß ich nicht, wie ich beginnen soll. Alle Zigaretten, die ich je geraucht habe, mögen mir beistehen. Sie glichen alle der einen, die ich hier in der Hand halte.

Sofort fällt mir etwas ein, das ich schon lange vergessen hatte: Die ersten Zigaretten meiner Jugend sind heute nicht mehr im Handel. Sie wurden um das Jahr 70 in Österreich erzeugt und in kleinen, mit dem Doppeladler geschmückten Schachteln verkauft. Halt: eine solche Schachtel weckt sofort in mir die Erinnerung an mehrere Personen. Ich sehe ihre Züge so deutlich, daß ich mich auch gleich ihrer Namen entsinne; sonst aber interessiert mich die Begegnung kaum. Dennoch versuche ich, mehr zu erreichen. So lege ich mich wieder in den Klubsessel. Die Gestalten verblassen, verzerren sich zu Karikaturen, die über mich aus vollem Halse lachen. Ich gehe entmutigt an meinen Tisch zurück.

Eine dieser Gestalten ist Guiseppe, ein junger Bursche mit etwas heiserer Stimme. Er war damals so alt wie ich. Die andere Gestalt ist mein jüngerer Bruder, der nun seit vielen Jahren tot ist. Guiseppe mußte, wahrscheinlich von seinem Vater, viel Geld haben, denn er schenkte uns jene Zigaretten. Ich weiß genau, daß er meinen Bruder reichlicher bedachte als mich. Ich war also genötigt, mir selber mehr zu verschaffen, und so kam es, daß ich stahl. Im Sommer ließ mein Vater gewöhnlich seine Weste auf einem Stuhl im Speisezimmer liegen. In einer der Taschen war immer etwas Kleingeld zu finden: ich nahm mir nur die zehn Kreuzer, die zum Kauf der heißersehnten Schachtel reichten. Sofort begann ich mit der ersten Zigarette und rauchte alle zehn hintereinander. Die Beute, die den Dieb verraten konnte, mochte ich nicht allzulange bei mir behalten.

Das alles schlief in der Erinnerung. Jetzt erst erwachte es, weil ich weiß, daß es vielleicht von Bedeutung sein kann. Da habe ich also den Ursprung dieses Lasters aufgedeckt. Vielleicht (kann man es wissen?) bin ich dadurch schon geheilt. Ich zünde mir – nur zum Versuch – eine letzte Zigarette an. Möglich, daß ich sie voll Ekel gleich wieder fortwerfe.

Nun erinnere ich mich, wie es war, als mich mein Vater eines Tages beim Durchsuchen seiner Weste überraschte. Mit einer Frechheit, die ich heute abscheulich finde (wer weiß, ob dieser Abscheu nicht für meine Kur bedeutsam ist) und die ich nie mehr aufbrächte, sagte ich: »Ich wollte einmal wissen, wieviel Knöpfe so eine Weste hat.« Mein Vater lachte über meinen Hang zur Mathematik oder zur Schneiderei und merkte gar nicht, daß meine Hand in seiner Westentasche stak. Zu meiner Ehre kann ich sagen, daß dieses Lachen, das meiner vermeintlichen Harmlosigkeit galt, genügte, mich von weiteren Diebstählen abzuhalten. Das heißt: ich stahl zwar weiter, aber ohne es zu wissen. Es kam oft vor, daß mein Vater die halbgerauchten Virginiazigarren am Rand von Tischen oder Schränken liegenließ. Ich dachte, daß dies seine Art sei, sie fortzuwerfen, und daß unsere alte Magd Catina sie ohnedies wegräumen würde. So rauchte ich sie heimlich. Aber schon wenn ich sie einsteckte, überlief mich ein Schauer, da ich wohl wußte, wie übel mir davon werden würde. Dann rauchte ich so lange, bis meine Stirn in kalten Schweiß und mein Magen in Zuckungen geriet. Man kann nicht behaupten, daß ich in meiner Jugend zuwenig Energie besessen hätte.

Ich erinnere mich, daß mich mein Vater auch von diesem Übel geheilt hat. Einmal kam ich müde und schweißgebadet von einem sommerlichen Schulausflug nach Hause. Meine Mutter half mir beim Auskleiden, hüllte mich in einen Bademantel und legte mich auf ein Sofa zur Ruhe. Dann setzte sie sich zu mir und nahm eine Näharbeit in die Hand. Ich war dem Schlaf schon nahe, aber der Augenblick des Hinübergleitens in die Traumwelt wollte nicht kommen, da meine Augen noch voll Sonne waren. Ich fühle so deutlich die Süße, in diesem Alter nach irgendeiner gewaltigen Anstrengung auszuruhen, daß es mir vorkommt, als läge ich noch immer dort neben dem lieben Körper, der heute nicht mehr lebt.

Es war in dem kühlen und großen Zimmer, in dem wir als Kinder spielten und das jetzt in zwei Hälften geteilt ist, da unsere Zeit mit dem Raum spart. In der Erinnerung an diese Szene vermisse ich meinen Bruder. Ich wundere mich darüber – hatte er nicht an dem Schulausflug und an der Rast nachher auch teilgenommen? Vielleicht schlief er am anderen Ende des riesigen Sofas. Ich betrachte diesen Platz, aber es kommt mir vor, als sei er leer. Ich sehe nur mich, in einer Ruhe, die süß ist; ich bemerke noch meine Mutter und schließlich meinen Vater, dessen Worte im Raum widerhallen. Er war eingetreten und hatte mich nicht gleich bemerkt. Er rief laut:

»Maria!«

Meine Mutter bewegte fast unmerklich die Lippen und deutete mit der Hand auf mich, den sie in tiefem Schlaf glaubte. Ich aber war über die Grenze seines Reiches noch nicht geglitten und sah und hörte noch alles klar. Es gefiel mir aber, daß mein Vater auf mich Rücksicht nehmen mußte, und deshalb rührte ich mich nicht.

Mein Vater sagte leise und traurig: »Ich glaube, ich verliere den Verstand. Ich bin fast sicher, vor einer halben Stunde eine angerauchte Zigarre auf diesem Schrank liegengelassen zu haben. Jetzt finde ich sie nicht mehr. Es muß schlimm mit mir stehen. Die Dinge schwinden aus meiner Erinnerung.«

Meine Mutter unterdrückte ein Lachen, aus Angst, mich aufzuwecken. Sie erwiderte, gleichfalls leise:

»Es war doch niemand nach dem Mittagessen in diesem Zimmer.«

Mein Vater brummte: »Das weiß ich. Gerade darum glaube ich ja verrückt zu werden!«

Er drehte sich um und ging hinaus. Nun öffnete ich halb die Augen und sah die Mutter an. Sie saß wieder über ihre Arbeit gebeugt und lächelte noch. Wahrscheinlich glaubte sie nicht an eine Krankheit meines Vaters, da sie so über seine Angst lächeln konnte. Ich habe dieses Lächeln in der Erinnerung festgehalten und erkannte es sofort wieder, als ich es einmal auf den Lippen meiner Frau fand.

Später erschwerte nicht mehr Geldmangel die Befriedigung meines Lasters; um so verlockender wurde es durch das Verbot.

Ich rauchte viel und suchte dazu alle möglichen Verstecke auf. Besonders erinnere ich mich an einen finsteren Keller, wo ich einmal nach einer halben Stunde von furchtbarem Unwohlsein überfallen wurde. Ich befand mich dort mit zwei anderen Jungen, und ich entsinne mich nur ihres Knabenanzuges: zwei kleine Hosen, die stramm gestrafft sind. Die Körper sind von der Zeit in nichts aufgelöst worden. Wir hatten viele Zigaretten und veranstalteten ein Wettrauchen. Ich gewann und verbarg heroisch mein Unwohlsein, die Folge dieses seltsamen Experimentes. Schließlich gingen wir wieder hinaus in die frische und sonnige Luft. Ich schloß die Augen, um nicht sofort ohnmächtig hinzufallen. Dann erholte ich mich langsam und freute mich laut meines Sieges. Einer der beiden Kleinen sagte: »Mir macht es gar nichts, daß ich verloren habe. Ich rauche nur, solange es mir Spaß macht.«

Dieses gesunden Wortes entsinne ich mich deutlich; das Kindergesicht aber, das damals vor mir war, habe ich vergessen.

Damals konnte ich noch nicht sicher sagen, ob ich die Zigarette, ihren Geschmack und den Zustand, den ich dem Nikotin verdankte, liebte oder haßte. Später habe ich verstanden, daß ich das alles haßte, was die Sache noch viel schlimmer gemacht hat. Dies wurde mir plötzlich bewußt, als ich ungefähr zwanzig Jahre alt war und einige Wochen lang an starken Halsschmerzen und hohem Fieber litt. Der Arzt verordnete mir Bettruhe und verbot das Rauchen absolut. Ich erinnere mich genau des Wortes »absolut«! Es machte tiefen Eindruck auf mich, und das Fieber verlieh ihm Gestalt: ich sah den leeren Raum und hatte nichts, um dem ungeheuren Druck widerstehen zu können, den leere Räume stets erzeugen.

Als der Arzt fort war, blieb mein Vater noch bei mir (meine Mutter war schon seit vielen Jahren tot), rauchte seine Zigarre und leistete mir ein wenig Gesellschaft. Bevor er fortging, legte er leicht die Hand auf meine glühende Stirn und sagte: »Nicht rauchen, du!«

Da kam über mich eine ungeheure Erregung. Ich dachte: »Es schadet mir, ich will es nie mehr tun. Nur ein einziges und letztes Mal will ich noch rauchen.« – So zündete ich mir eine Zigarette an. Sofort verließ mich jede Erregung, obwohl das Fieber noch stärker wurde und ich bei jedem Zug meine Kehle brennen fühlte, als würde ein glühendes Holzstück hineingestoßen. Mit der Gewissenhaftigkeit, mit der man ein Gelöbnis einhält, rauchte ich die Zigarette zu Ende. Und unter ungeheuren Schmerzen rauchte ich während meiner Krankheit noch viele andere. Mein Vater kam und ging und rauchte selber seine Zigarre und sagte dabei: »Bravo! Noch ein paar Tage ohne zu rauchen, und du bist gesund!«

Dieser Satz genügte. Ich brannte vor Erwartung, daß er aus dem Zimmer gehe, um rasch, rasch zu meiner Zigarette zu kommen. Ich stellte mich oft schlafend, um ihn früher von mir wegzubringen.

Dieses Leiden verschaffte mir mein zweites: die ohnmächtige Bemühung, das erste loszuwerden. Täglich wechselten Zigaretten und strenge Vorsätze, nicht mehr zu rauchen, miteinander ab. Ja, um alles zu sagen, im allgemeinen ist es heute auch nicht anders. Die unendliche Reihe der »letzten Zigarette«, die damals, in meinem zwanzigsten Lebensjahr, anfing, ist heute noch nicht abgeschlossen. Freilich sind die Vorsätze nicht mehr so streng. Ich bin älter geworden und nachgiebiger gegen meine Schwächen. Wenn man alt wird, lächelt man über das Leben und alles, was es enthält. Heute kann ich offen sagen, daß ich viele Zigaretten rauche ... die noch lange nicht die letzten sind.

Auf dem Titelblatt eines Wörterbuches finde ich folgende kalligraphierte und mit seltsamen Schnörkeln versehene Bemerkung: »Heute, am 2. Februar 1886, gebe ich das juristische Studium auf und fange mit der Chemie an. Letzte Zigarette!!«

Es war eine letzte Zigarette, die für mich bedeutsam blieb. So viel Hoffnung hängte ich daran!

Ich erkannte plötzlich, wie fern und abseits das Kirchenrecht vom wirklichen Leben lag, ließ es ärgerlich im Stich und warf mich einer Wissenschaft in die Arme, die mir das Leben selber zu sein schien, wenn auch in einer Glasphiole eingeschlossen. Im Rauch dieser letzten Zigarette erstand der Wunsch nach irgendeiner aktiven (auch manuellen) Betätigung und nach klarem, trockenem und exaktem Denken.

Aber später, als ich wieder an die Reihe der Kohlenstoffverbindungen nicht glauben konnte, kehrte ich zum Jus zurück. Das war leider ein großer Irrtum! Auch er wurde mit einer »letzten Zigarette« gefeiert, deren Datum ich gleichfalls in irgendeinem Buch vermerkt finde. Auch diese Zigarette blieb nicht ohne Bedeutung. Ich fügte mich darein, zu den Problemen und Varianten des Mein, Dein und Sein mit den allerbesten Absichten zurückzukehren, und sagte mich endgültig von den Kohlenstoffverbindungen los. Es schien bewiesen, daß ich für das chemische Studium nicht geeignet war, allein schon wegen meiner ungeschickten und unsicheren Hände. Wie hätten die auch anders sein können, da ich unaufhörlich wie ein Türke rauchte?

Eben jetzt, da ich darüber nachzudenken beginne, befallen mich Zweifel: habe ich deshalb von der Zigarette niemals lassen können, weil ich ihr alle Schuld an meiner Unfähigkeit zuschrieb? Wäre ich wirklich der ideale, lebenstüchtige

Mensch geworden, wenn ich das Rauchen aufgegeben hätte? Vielleicht hat mich gerade dieser Zweifel an mein Laster gefesselt. Es ist ja so bequem, sich groß zu glauben – vermöge einer latenten Größe. Ich versuche diese hypothetische Erklärung meiner Jugendschwäche ohne rechte Überzeugung. Jetzt, da ich alt bin, da man nichts mehr von mir fordert, gelange ich noch immer von einer Zigarette zu einem guten Vorsatz und von einem guten Vorsatz zu einer Zigarette. Was sollen mir jetzt noch gute Vorsätze? Möchte ich gar wie jener alte Apostel der Hygiene, den Goldoni auf die Bühne gestellt hat, in voller Gesundheit sterben, nachdem ich mein ganzes Leben lang krank gewesen bin?

Als ich Student war, wechselte ich einmal die Wohnung und mußte die Wände des Zimmers, das ich verließ, neu tapezieren lassen, weil ich sie über und über mit Daten bedeckt hatte. Ich verließ das Zimmer wie einen Friedhof meiner guten Vorsätze. Ich hatte sie alle dort begraben und hielt es nicht mehr für möglich, an demselben Ort noch einmal neue zu schmieden. Ich bin überzeugt, daß die Zigarette anders und bedeutsamer schmeckt, wenn sie die letzte sein soll. Auch andere können einen eigenen Geschmack haben, aber nie einen so intensiven. Die letzte Zigarette hat das Aroma des Gefühls eines Sieges über sich selbst, der Hoffnung auf eine baldige Ära voll Kraft und Gesundheit. Andere Zigaretten besagen, daß man seine eigene Freiheit besitzt, indessen man raucht, und daß gleichwohl jene Ära voll Kraft und Gesundheit weiter in hoffnungsvoller Nähe bleibt, wenn auch auf etwas später verschoben.

Die Daten auf den Zimmerwänden waren von äußerster Buntheit. Teilweise hatte ich sie mit Ölfarben aufgetragen. Mein Vorsatz, von Ehrlichkeit durchdrungen, fand seinen rechten Ausdruck in der Kraft der Farbe, die alle Farben vorhergegangener Vorsätze überschreien und zum Verblassen bringen sollte. Mit bestimmten Daten beschäftigte ich mich intensiv, da ihre Ziffern sonderbar miteinander harmonierten. Einem Datum aus dem vorigen Jahrhundert schrieb ich die Fähigkeit zu, mein Laster zu beenden: »Der neunte Tag des neunten Monats des Jahres 1899.« Ein bezeichnendes Datum, nicht wahr? Das neue Jahrhundert schenkte mir Daten, die wieder von anderer musikalischer Übereinstimmung waren: »Der erste Tag des ersten Monats des Jahres 1901.« Heute noch glaube ich, daß ich imstande wäre, ein neues Leben zu beginnen, käme nur einmal so ein Datum wieder.

Aber im Kalender ist an Daten kein Mangel. Mit etwas Phantasie könnte man eigentlich jedes mit einem guten Vorsatz in Einklang bringen. Dieses zum Beispiel schien mir einen kategorischen Imperativ zu enthalten: »Der dritte Tag des sechsten Monats des Jahres 1912, 24 Uhr.« Wie das klingt: als hätte jede Zahl den Einsatz der vorhergegangenen verdoppelt.

Über das Jahr 1913 war ich einen Augenblick lang stutzig. Da fehlte ja der dreizehnte Monat, der mit der Jahreszahl übereinstimmen sollte. Aber man glaube nicht, daß so viele mathematische Beziehungen in einem Datum nötig sind, um zu einer »letzten Zigarette« Anlaß zu geben. Viele Daten, die ich in Büchern oder auf Bildern, die ich liebe, vermerkt gefunden habe, sind doch gerade durch ihre innerliche Beziehungslosigkeit auffallend. Zum Beispiel: »Der dritte Tag des zweiten Monats des Jahres 1905, 6 Uhr!« Sieht man genauer hin, so hat auch dieses seine besondere Beziehung: jede Zahl verneint ganz einfach die vorhergehende. Auch viele Ereignisse, genaugenommen alle seit dem Tod des Papstes Pius IX. bis zur Geburt meines Sohnes, erschienen mir wichtig genug, um durch den lang gewohnten, unabänderlichen Vorsatz zelebriert zu werden. Meine Verwandten staunen über mein unerhörtes Gedächtnis für die glücklichen und unglücklichen Jahrestage der Familie und halten mich deshalb für einen teilnehmenden und guten Menschen!

Um vor mir selber nicht dumm zu erscheinen, versuchte ich, meiner fixen Idee der letzten Zigarette einen philosophischen Sinn zu unterschieben. Man sagt mit großer Gebärde: »Nie, nie mehr!« Und was geschieht mit der Gebärde, wenn man sein Versprechen hält? Diese Gebärde bleibt eben nur dann in der Welt, wenn man den Vorsatz immer wieder erneuert. Und außerdem ist ja die Zeit für mich nicht jenes Unbegreifliche, das niemals stehenbleibt. Zu mir, zu mir allein kommt sie zurück.

Die Krankheit ist Überzeugung. Ich wurde mit dieser Überzeugung geboren. Von der Krankheit, an der ich im Alter von zwanzig Jahren litt, wüßte ich nichts mehr, hätte ich nicht mit einem Arzt darüber gesprochen. Es ist merkwürdig, wie man sich an gesprochene Worte besser erinnert als an Gefühle, die niemals zu einer sprachlichen Form gelangt sind.

Ich besuchte diesen Arzt, der nervöse Leiden auf elektrischem Wege heilen sollte. Ich hoffte, die Elektrizität würde mir vielleicht die Kraft verleihen, das Rauchen aufzugeben.

Der Arzt hatte einen dicken Bauch. Sein asthmatischer Atem begleitete das Geräusch der Elektrisiermaschine. Sie wurde gleich bei meinem ersten Besuch in Tätigkeit gesetzt. Ich hatte erwartet, daß der Arzt durch das Studium meines Körpers das Gift entdecken würde, das mein Blut verdarb. Ich war enttäuscht. Er erklärte, ich sei von ganz gesunder Konstitution. Ich klagte über schlechte Verdauung und mangelnden Schlaf, er aber nahm an, daß mein Magen zu wenig Säure entwickle und daß die peristaltischen Bewegungen (er wandte diesen Ausdruck so oft an, daß ich ihn nie wieder vergaß) zuwenig lebhaft seien. Er verschrieb mir eine Säure, die mich ruiniert hat; seither leide ich an einem Überschuß an Säure.

Da wurde mir plötzlich klar, daß er niemals von selbst das Gift in meinem Blut entdecken werde. Ich äußerte meine Vermutung und fragte ihn direkt, ob das Nikotin nicht schuld an meinem Zustand sei. Ich wollte ihm helfen. Mit Mühe hob er seine breiten Schultern.

»Peristaltische Bewegungen, Säure, das Nikotin hat nichts damit zu tun!«

Ich wurde siebzigmal elektrisiert. Wahrscheinlich hätte die Behandlung noch lange fortgedauert, wenn ich ihr nicht selbst ein Ziel gesetzt hätte. Ich erwartete ein Wunder, wenn ich zu diesen Ordinationen ging. Ich hoffte, den Arzt davon zu überzeugen, daß er mir endlich das Rauchen verbieten müsse. Wer weiß, wie alles geworden wäre, hätte mich in meinen guten Vorsätzen ein ärztlicher Befehl bestärkt.

Diesem Arzt schilderte ich meine Krankheit ungefähr so: »Ich kann nicht studieren. Wenn ich, was selten vorkommt, zeitig zu Bett gehe, bleibe ich bis zum Läuten der ersten Morgenglocken wach. Darum pendle ich auch zwischen dem juristischen und dem chemischen Studium hin und her: beide Wissenschaften erfordern eine feste Tageseinteilung, ich aber weiß nie, wann ich aufstehen kann.«

Herr Äskulap, die Augen unausgesetzt auf seine Quadranten statt auf seinen Patienten gerichtet, erklärte dezidiert: »Die Elektrizität heilt jede Schlaflosigkeit.«

Dann sprach ich so mit ihm, als verstünde er bereits etwas von Psychoanalyse, deren Wege ich als einer der ersten schüchtern ging. Ich berichtete ihm von meinen Miseren mit Frauen. Eine einzige genügt mir nicht. Auch nicht viele. Alle begehre ich! Auf der Straße bin ich unendlich leicht erregbar. Alle, die vorbeigehen, gehören mir. Ich mustere sie frech, in dem Bedürfnis, mich brutal zu gebärden. Ich entkleide sie in Gedanken. Ich lasse ihnen nur die Schuhe. Ich umschließe sie mit meinen Armen und bin erst dann beruhigt, wenn ich sicher bin, sie ganz erkannt zu haben.

Vergebliche Berichte! Worte in die leere Luft gesprochen! Der Doktor schnaufte und sagte dann: »Ich will nur hoffen, daß die elektrische Behandlung Sie von dieser Krankheit nicht heilen wird. Das fehlte noch! Ich würde keine Rumkorffsche Spule mehr anrühren, wenn ich eine solche Wirkung befürchten müßte.«

Er erzählte mir etwas, das er für sehr witzig hielt: Ein Patient, der ein ähnliches Leiden hatte wie ich, ging zu einem berühmten Arzt und bat ihn um Heilung. Die Heilung gelang vollständig. Aber bald darauf mußte der Arzt die Stadt verlassen, weil der geheilte Patient drohte, ihm das Fell über die Ohren zu ziehen.

Ich schrie: »Meine Erregung ist nicht die normale! Sie stammt von einem Gift, das mir in den Adern brennt!«

Der Arzt murmelte teilnahmsvoll: »Niemand ist mit seinem Los zufrieden.«

Um ihn zu überzeugen, tat ich selber das, was er versäumt hatte. Ich sammelte sämtliche Symptome meiner Krankheit und studierte sie eingehend.

Meine Zerstreutheit! Auch sie hinderte mich am Studium. Als ich mich in Graz auf meine erste Staatsprüfung vorbereitete, notierte ich mir sorgsam alles, was ich bis zur letzten dieser Prüfungen brauchte. Was geschah? Kurz vor der ersten Prüfung bemerkte ich plötzlich, daß ich Sachen gelernt hatte, die erst viele Jahre später in Betracht kamen. So konnte ich diese Prüfung gar nicht machen. Natürlich, ich hatte auch die andern Dinge nur flüchtig gelernt; daran war ein Mädchen aus der Nachbarschaft schuld, das übrigens nur in frecher Art mit mir kokettierte, ohne mir mehr zu gewähren. Sowie sie am Fenster erschien, verschwand der Text vor meinen Augen. Was für ein Esel war ich, mich an solche Dinge zu verlieren! – Ich sehe heute noch deutlich im gegenüberliegenden Fenster ihr kleines, weißes Antlitz: oval, von zarten, roten Locken eingerahmt. Ich sah sie an: und schon war's mir, als müßte ich diese Weiße und dieses rötliche Gold sofort auf mein Kissen legen.

Herr Äskulap brummte: »Koketterie ist nur normal und gesund. In meinem Alter werden Sie nicht mehr kokettieren.«

Heute weiß ich genau, daß ihm der Begriff des Kokettierens überhaupt fehlte. Ich bin jetzt siebenundfünfzig Jahre alt und kann mit Sicherheit sagen, daß ich noch auf dem Sterbebett meiner Pflegerin begehrende Blicke zuwerfen werde, sollte diese nicht meine Frau sein und sollte meine Frau eine halbwegs hübsche Pflegerin zulassen! Oder ich müßte durch die Psychoanalyse geheilt sein. Oder ich müßte das Rauchen aufgegeben haben.

Ich sprach aufrichtig, wie zu einem Beichtvater: Frauen gefielen mir nur in ihren Einzelheiten, nicht an sich, als Ganzes. Bei der einen liebte ich die kleinen, in zierlichen Schuhen steckenden Füße, bei der andern den schlanken oder vollen

Hals und die kleinen Brüste. So fuhr ich fort, die anatomischen Bestandteile einer Frau aufzuzählen. Der Arzt unterbrach mich: »Alles das zusammen bildet eine ganze Frau.«

Darauf antwortete ich etwas, das mir wichtig erschien: »Die gesunde und normale Leidenschaft liebt die ganze Frau, auch ihren Geist und ihre Seele.«

So eine Leidenschaft war mir bis jetzt fremd geblieben. Doch als ich etwas Ähnliches zu fühlen glaubte, machte mich auch dies nicht gesund. Es scheint mir wichtig festzustellen, daß ich die Spuren der Krankheit dort entdeckte, wo ein Fachmann nichts als Gesundheit sah. Nun hat sich meine Diagnose bestätigt.

Ich fand jemanden, der mich und meine Krankheit besser begriff: einen Freund, der nicht Arzt war. Dieser gab meinem Leben eine neue Melodie, die heute noch nachklingt.

Es war ein reicher Mann, der seinen Müßiggang hinter Studien und literarischen Arbeiten verbarg. Er sprach besser, als er schrieb. So konnte die Welt niemals erfahren, was für ein guter Kopf er war. Er war kräftig und dick. Als ich ihn kennenlernte, lag er gerade einer energischen Abmagerungskur ob, die sich schon nach wenigen Tagen als erfolgreich erwies. Dermaßen, daß man gern neben ihm auf der Straße ging, um, wie neben einem Kranken, die eigene Gesundheit besser zu fühlen. Ich beneidete ihn um seine Energie, die ihn alles erreichen ließ, was er wollte, und leistete ihm während seiner ganzen Kur Gesellschaft. Er erlaubte mir, seinen Bauch zu befühlen, der täglich kleiner wurde. Ich sagte, neidisch und mißgünstig und in der Absicht, seinen guten Vorsatz zu verderben: »Ja, aber sagen Sie mir: Was wollen Sie nach dieser Kur mit so viel Haut anfangen?«

Mit einer Unbedingtheit, die in seinem abgemagerten Antlitz komisch wirkte, antwortete er mir: »In zwei Tagen beginne ich mit der Massage.«

Seine Kur war Schritt für Schritt vorausbestimmt. Niemand konnte daran zweifeln, daß er alles aufs genaueste einhalten werde.

Dies bewog mich, ihm mein Vertrauen zu schenken. Ich

schilderte ihm meine Krankheit. Auch dieser Schilderung erinnere ich mich genau. Ich schloß damit, daß es mir leichter wäre, auf die drei täglichen Mahlzeiten zu verzichten als auf die Zigaretten; denn dazu muß man sich immer wieder mit derselben Anstrengung entschließen, jeden Augenblick, den ganzen Tag lang. Und wenn man mit diesen aufreibenden Entschlüssen ununterbrochen beschäftigt ist, bleibt einem für nichts anderes mehr Zeit; bekanntlich ist nur Julius Cäsar imstande gewesen, sich mit mehreren Problemen gleichzeitig zu beschäftigen. Zwar verlange ja niemand von mir irgendeine Arbeit, solange mein Verwalter Olivi am Leben sei. Aber es gehe jedenfalls nicht an, daß ein Mensch von meiner Sorte nichts anderes auf der Welt tue als träumen oder ohne jegliches Talent Violine spielen.

Der ehemals dicke, nunmehr abgemagerte Mann fand nicht gleich eine Antwort. Als Mensch, der die Methode schätzt, dachte er erst lange nach. Dann erklärte er mir in doktrinärem Ton, zu dem ihn seine Überlegenheit allerdings berechtigte, daß meine Krankheit, meine fixe Idee nicht durch die Zigarette selbst, sondern durch den Vorsatz bedingt sei. In mir hätten sich im Lauf der Jahre zwei Menschen entwickelt: der eine befahl, der andere war Sklave, der, sobald die Zügel locker wurden, aus Lust an der Freiheit dem Willen des Herrn entgegenarbeitete. Es sei notwendig, ihm vollkommene Freiheit zu geben. Gleichzeitig aber müsse ich der Krankheit so gegenübertreten, als ob sie mir völlig fremd und neu wäre. Ich solle sie nicht bekämpfen, sondern vernachlässigen; ich müsse sie vergessen, ihr gewissermaßen den Rücken drehen, wie einer Gesellschaft, die meiner unwürdig ist. Einfach, nicht wahr?

Wirklich, die Sache erschien mir einfach. Es gelang mir mit großer Anstrengung, jeden Vorsatz in mir zu töten, und ich muß zugeben, daß ich es dann tatsächlich mehrere Stunden lang fertigbrachte, nicht zu rauchen. Sowie aber mein Mund vom Rauch gereinigt war, fühlte ich mich so unschuldig wie ein Neugeborenes, und ich bekam wieder eine primitive Lust nach einer Zigarette. Die rauchte ich dann: sie erzeugte schlechtes Gewissen und damit zugleich den Vorsatz, den ich hatte töten wollen. Es war ein anderer, ein längerer Weg, aber er führte zum selben Ziel.

Olivi, die Kanaille, schlug mir eines Tages vor, dem Vorsatz durch eine Wette Kraft zu geben.

Ich glaube, daß Olivi stets so ausgesehen hat wie heute. Ich jedenfalls habe ihn immer nur so gesehen: ein wenig gebückt, aber von kräftiger Konstitution, und immer so alt wie heute, wo er achtzig Jahre zählt. Er arbeitete für mich und tut es noch jetzt. Aber ich liebe ihn nicht. Ich glaube nämlich, daß er mich selbst dadurch vom Arbeiten abgehalten hat.

Also wir wetteten! Die Wette verlor, wer von uns beiden zuerst rauchen würde. Der mußte zahlen, dann konnten wir beide wieder tun, was wir wollten. So versuchte er, die Erbschaft meiner Mutter, die ich selbst verwaltete, zu schmälern, er, der die Aufgabe hatte, mich an der Verschwendung meines väterlichen Erbteils zu verhindern!

Jedenfalls – die Wette erwies sich als äußerst schädlich. Jetzt war es damit vorbei, einmal Herr und einmal Sklave zu sein. Jetzt war ich nur noch Sklave. Sklave dieses Olivi, den ich nicht liebte. Ich rauchte sofort. Erst dachte ich daran, ihn zu betrügen und im geheimen viel zu rauchen. Aber wozu dann die Wette? Ich suchte lieber intensiv nach einem schönen Datum für eine letzte Zigarette, einem Datum, das zum Tag der Wette in irgendeiner Beziehung stünde, und glaubte, Olivi würde die Wette darauf eingehen. Aber ich fuhr fort zu rebellieren. Vom vielen Rauchen wurde mir angst und bange. Um mich endlich zu befreien, ging ich zu Olivi und gestand.

Der Alte lächelte, steckte das Geld ein, zog sofort eine große Zigarre aus seiner Tasche und zündete sie mit unendlichem Wohlbehagen an. Ich zweifle aber nicht daran, daß er seinerseits die Wette eingehalten hat. Andere sind eben aus anderem Stoff gemacht.

Mein Sohn wurde drei Jahre alt. Da hatte meine Frau eine gute Idee. Sie riet mir, in ein Sanatorium zu gehen, wo man mir mein Übel abgewöhnen würde. Ich war sofort damit einverstanden, vor allem deshalb, weil mein Sohn, wenn er zu eigener Urteilskraft herangereift wäre, einen geklärten und ruhigen Mann in mir finden sollte. Ein zweiter Grund war, daß es mit Olivis Gesundheit abwärtsging und er mich zu verlassen drohte. So hätte ich plötzlich gezwungen sein können, an seine Stelle zu treten. Und ich glaubte, zu einer solchen Tätigkeit kaum fähig zu sein – mit all dem Nikotin im Leibe.

Erst hatten wir die Absicht, in die Schweiz zu gehen, die klassische Heimat aller Sanatorien. Dann erfuhren wir durch Zufall, daß ein gewisser Doktor Muli in Triest eine solche Anstalt eröffnet hatte. Ich ließ erst meine Frau mit ihm verhandeln. Er versprach ihr, mir ein kleines Appartement zu reservieren, wo ich von einer Assistentin und mehreren andern Wärtern überwacht werden würde. Als meine Frau mir das wiedererzählte, lächelte sie und brach sogar in schallendes Gelächter aus bei dem Gedanken, daß ich eingesperrt werden sollte. Ich lachte herzlich mit. Zum erstenmal half sie mir bei meinen Heilungsversuchen. Bisher hatte sie meine Krankheit nicht ernst genommen und gemeint, das Rauchen sei eine sonderbare und nicht allzu langweilige Art, sein Leben zu verbringen. Sie schien mir nach unserer Hochzeit recht angenehm überrascht zu sein, daß ich meiner Freiheit nicht nachweinte. Hatte ich doch ganz anderen Dingen nachzuweinen!

Wir fuhren an jenem Tag ins Sanatorium, an dem Olivi dezidiert erklärte, er bleibe keinesfalls noch länger als einen Monat in meinem Dienst. Es war Abend, als wir zu Doktor Muli kamen. Wir hatten zu Hause etwas Wäsche in einen Koffer getan.

Doktor Muli, ein hübscher junger Mann, empfing uns persönlich an der Tür. Es war Hochsommer. Er war klein, nervig; in seinem sonnverbrannten Gesicht funkelten zwei schwarze Augen. Er war von vorbildlicher Eleganz, vom Scheitel bis zur Sohle weiß gekleidet. Ich zollte ihm Bewunderung, die übrigens gegenseitig war.

Ich erriet bald den Grund seiner Bewunderung und sagte,

ein wenig irritiert: »Sie glauben wohl weder an die Notwendigkeit dieser Kur noch an den Ernst, mit dem ich sie auf mich nehme?«

Mit einem leichten Lächeln, das immerhin verletzend war, erwiderte der Doktor: »O nein, warum? Vielleicht ist die Zigarette für Sie persönlich schädlicher, als sie es nach der Meinung der Ärzte im allgemeinen ist. Es ist mir nur unverständlich, warum Sie nicht versucht haben, die Zahl der Zigaretten einzuschränken, anstatt das Rauchen *ex abrupto* aufgeben zu wollen. Man darf ja rauchen. Man darf nur nicht übertreiben.«

Wahrhaftig, im vergeblichen Bemühen, das Rauchen gänzlich aufzugeben, hatte ich an die Möglichkeit, weniger zu rauchen, gar nicht gedacht. Nun aber war der Ratschlag nur dazu angetan, meinen Vorsatz wankend zu machen. Ich sagte daher ein mannhaftes Wort: »Lassen Sie mich doch die Kur versuchen, da sie nun einmal beschlossen ist.«

Der Doktor lachte etwas von oben herab: »Versuchen? Sobald Sie sich einmal der Kur unterziehen, muß sie gelingen. Ohne Gewaltanwendung gegen die Wärterin Giovanna werden Sie von hier kaum fortkommen. Außerdem würden die Formalitäten, die dies erfordert, so lange dauern, daß Sie inzwischen Ihr Laster schon längst vergessen hätten.«

Nun standen wir in dem für mich reservierten Appartement. Um dahin zu gelangen, mußte man erst in den zweiten Stock hinauf, dann wieder ins Erdgeschoß hinunter.

»Sehen Sie? Diese Tür hier versperrt den Teil des Erdgeschosses, in dem sich der Ausgang befindet. Nicht einmal Giovanna hat die Schlüssel. Auch sie muß, wenn sie ins Freie will, erst in den zweiten Stock hinaufsteigen. Und sie allein hat die Schlüssel zu der Tür, durch die wir vom Treppenflur hereinkamen. Außerdem übt im zweiten Stock immer ein Wärter Aufsicht. Keine schlechte Einrichtung für ein Sanatorium für kleine Kinder und Wöchnerinnen, nicht wahr?«

Und er begann zu lachen, wahrscheinlich bei dem Gedanken, daß ich mit kleinen Kindern zusammen eingesperrt werden sollte.

Er rief Giovanna und stellte sie mir vor. Ein kleines, verkümmertes Weib von undefinierbarem Alter. Sie mochte zwischen vierzig und sechzig Jahren sein. Graue Haare, kleine, lebhaft leuchtende Augen. Der Doktor sagte: »Das ist der Herr, mit dem Sie boxen müssen: Darauf machen Sie sich nur gefaßt.«

Sie sah mir forschend ins Gesicht, errötete und rief mit schriller Stimme: »Ich werde meine Pflicht tun, aber nicht mit Ihnen raufen. Wenn Sie mich bedrohen, rufe ich sofort den Wärter, der ein Riese ist. Sollte Ihnen das nicht recht sein, so gehen Sie, wohin Sie wollen. Ich will Ihretwegen meine Haut nicht riskieren!«

Später erfuhr ich, daß ihr der Doktor für die Erfüllung ihrer Aufgabe reichen Lohn versprochen hatte. Dadurch war sie so eingeschüchtert worden. Jetzt aber ärgerten mich ihre Worte. Eine nette Situation, in die ich mich da freiwillig begeben hatte!

Ich rief: »Zum Teufel mit Ihrer Haut!« und wandte mich dann an den Doktor: »Ich wünsche, daß diese Frau mich nicht belästigt. Ich habe einige Bücher mitgebracht und brauche absolute Ruhe.«

Der Doktor wies Giovanna zurecht, worauf sie sich zu entschuldigen versuchte. Es gelang ihr aber nur, mich noch mehr zu reizen.

»Ich habe zwei kleine Töchterchen, und für diese muß ich leben.« – »Ich fände es gar nicht der Mühe wert, Sie umzubringen«, erwiderte ich in einem Ton, der die Arme sicherlich nicht beruhigte.

Der Doktor schickte sie aus dem Zimmer, indem er ihr auftrug, im oberen Stockwerk etwas zu holen. Um mich zu beruhigen, schlug er vor, mir jemand anderen an Stelle Giovannas zu schicken. Er fügte noch hinzu: »Sie ist kein schlechter Mensch. Wenn ich ihr nahelege, weniger aufdringlich zu sein, werden Sie sich nie mehr über sie zu beklagen haben.«

Ich tat, als wäre es mir gleichgültig, wer mich bewacht, und erklärte mich mit Giovanna zufrieden. Da ich aber doch sehr aufgeregt war, zog ich zur Beruhigung die vorletzte Zigarette aus der Tasche und rauchte sie mit großer Gier. Dem Doktor erzählte ich, daß ich nur zwei Stück mitgebracht hätte. Schlag Mitternacht wolle ich aufhören zu rauchen.

Meine Frau und der Arzt nahmen zu gleicher Zeit von mir Abschied. Sie sagte lächelnd: »Da es einmal soweit ist, sei stark.«

Dies Lächeln, das ich sonst so liebte, erschien mir jetzt wie purer Hohn. Gerade in diesem Augenblick entstand in mir ein völlig neues Gefühl, das mein mit solchem Ernst begonnenes Unternehmen schnell zum Zusammenbruch führen sollte. Ich hatte schon vorher ein unangenehmes Gefühl verspürt, und jetzt, wo ich allein war, wurde es mir klar: ich war eifersüchtig auf den jungen Arzt. Er war schön und frei! Seine Kollegen nannten ihn »Venus de medicis«. Weshalb hätte ihn meine Frau nicht lieben sollen? Beim Hinausgehen hatte er den Blick auf ihre elegant bekleideten Füße gesenkt. Zum erstenmal seit meiner Heirat war ich eifersüchtig. Traurig! Sicherlich war daran nur schuld, daß man mich schmählich gefangenhielt. Dagegen wehrte ich mich! Das Lächeln meiner Frau war so wie immer gewesen. Keineswegs Hohn darüber, daß ich von zu Hause fortmußte. Es stimmte zwar, daß sie es war, die mich einsperren ließ, obwohl sie mein Laster gar nicht wichtig nahm; aber sie hatte es wohl nur getan, um mir zu helfen. Und dann: Vergaß ich bereits, daß es gar nicht so leicht war, sich in meine Frau zu verlieben? Der Arzt hatte ihre Füße gewiß nur betrachtet, um zu sehen, welche Schuhe er seiner Geliebten kaufen sollte. Und ich rauchte sofort die letzte Zigarette; dabei war es noch gar nicht Mitternacht, sondern erst elf Uhr: für eine letzte Zigarette eine unmögliche Stunde.

Ich schlug irgendein Buch auf. Ich las, ohne zu verstehen, ich sah Erscheinungen. Die Seite, die mir unter die Augen kam, verwandelte sich in eine Fotografie des Doktor Muli, den eine Gloriole voll strahlender Schönheit umrahmte. Mein Widerstand war gebrochen! Ich rief Giovanna. Vielleicht würde mich ein kleines Gespräch wirklich beruhigen.

Sie kam und maß mich mit mißtrauischen Augen. Dann

rief sie mit ihrer schrillen Stimme: »Glauben Sie ja nicht, mich an der Erfüllung meiner Pflichten irgendwie hindern zu können.«

Ich erfand lauter Lügen, um sie zu besänftigen. Ich erklärte, daß ich nicht im entferntesten an so etwas dächte, nur hätte mich das ewige Lesen gelangweilt, und ich schlug ihr eine kleine Plauderei vor. Gleichzeitig bat ich sie, mir gegenüber Platz zu nehmen. O Gott, wie ihr Altweibergesicht und ihre Augen, die doch noch jung und beweglich waren, wie die eines gehetzten Tieres mich anwiderten. Ich hatte Mitleid mit mir, der ich in solcher Gesellschaft leben mußte. Ich bin übrigens, auch wenn ich frei bin, außerstande, mir meine Gesellschaft selbst zu wählen. Es sind die anderen, die meine Gesellschaft suchen. Meine Frau zum Beispiel.

Ich bat Giovanna, mich ein bißchen zu unterhalten. Sie sagte, sie wüßte nichts, was mich irgendwie interessieren könnte. Ich drängte sie, etwas von ihrer Familie zu erzählen, und fügte hinzu, daß doch jeder auf dieser Welt so etwas hätte. Da gehorchte sie und erzählte sofort, daß sie ihre beiden Töchter ins Armenhaus geben mußte.

Ihre Erzählung amüsierte mich. Die so mit dem Armenhaus für sie erledigten achtzehn Monate Schwangerschaft reizten mich sogar zum Lachen. Aber die Erzählerin war stark polemisch veranlagt. Als sie mir beweisen wollte, daß ihr nichts anderes übrigbliebe, da ihr Gehalt zu klein sei, und daß Doktor Muli ein himmelschreiendes Unrecht an ihr begehe, wenn er erkläre, daß zwei Kronen täglich für sie genügten, da doch das Armenhaus ihre ganze Familie erhalte – da konnte ich nicht weiter zuhören. Sie aber schrie: »Und die übrigen Bedürfnisse? Die Kinder sind zwar genährt und gekleidet, aber es fehlt ihnen alles, was sie sonst noch brauchen.«

Und nun ging es los. Sie zählte alles auf, was sie selber für ihre Kinder besorgen mußte. Ich erinnere mich nicht mehr genau, was es war, denn ich lenkte meine Aufmerksamkeit auf andere Dinge, um meine Ohren vor ihrer entsetzlichen Stimme zu bewahren. Ich glaubte, ein Recht auf Vergeltung zu haben: »Könnte ich nicht eine Zigarette bekommen, nur eine einzige? Ich würde sie mit zehn Kronen bezahlen. Allerdings erst morgen, denn ich habe heute keinen Kreuzer bei mir.«

Giovanna erschrak heftig über meinen Vorschlag. Sie begann wieder zu schreien, erhob sich und wollte hinauseilen, wahrscheinlich um den Wärter zu rufen.

Ich mußte auf mein Vorhaben verzichten, um sie zum Schweigen zu bringen. Und nur um etwas zu sagen und mir eine Haltung zu geben, fragte ich obenhin: »Aber in diesem Gefängnis wird es doch wenigstens was zum Trinken geben?«

Giovanna erwiderte zu meinem größten Erstaunen in gewöhnlichem Gesprächston und ohne zu schreien: »Gewiß. Bevor der Doktor fortging, hat er mir diese Flasche Cognac für Sie gegeben. Hier ist sie, wie ich sie bekommen habe. Sehen Sie, ganz unversehrt.«

Ich wußte jetzt, daß mir nichts anderes mehr übrigblieb, als mich zu betrinken. Dahin hatte mich das Vertrauen zu meiner Frau gebracht!

Sofort schien es mir, als lohne mein Laster nicht mehr der Mühe, die ich mir mit ihm gab. Ich rauchte nun schon seit einer halben Stunde nicht mehr, dachte auch überhaupt nicht daran und war nur mit Gedanken über meine Frau und den Doktor Muli beschäftigt. Ich war also vollkommen geheilt, dafür aber unheilbar lächerlich!

Ich öffnete die Flasche und goß mir ein Gläschen von der gelben Flüssigkeit ein. Giovanna sah mir mit offenem Mund zu. Ich wagte nicht, ihr etwas anzubieten.

»Bekomme ich noch mehr Cognac, wenn diese Flasche leer ist?«

In höflichem Konversationston versicherte Giovanna: »Soviel Sie wollen! Die Verwalterin ist angewiesen, wenn nötig, auch noch um Mitternacht aufzustehen, um Ihren diesbezüglichen Wünschen nachzukommen!«

Ich bin nie geizig gewesen, und so hatte Giovanna sofort ihr vollgefülltes Gläschen. Sie leerte es, bevor sie noch danke sagen konnte. Und gleich darauf stierten ihre lebhaften Augen wieder die Flasche an. Damit brachte sie mich selber auf den Gedanken, sie betrunken zu machen. Aber das war nicht so leicht!

Ich kann nicht alles wiedergeben, was sie mir nach mehreren Gläsern Cognac in ihrem unverfälschten Triestiner Dialekt erzählte. Ich hatte das Gefühl, neben jemandem zu sitzen, dem ich sicherlich mit Vergnügen zuhören würde, wenn mich nicht gerade andere Gedanken beschäftigten.

Zunächst erklärte sie mir, wie sie Gefallen an der Arbeit finden würde. Alle Menschen auf der Welt müßten das Recht haben, täglich ein paar Stunden in einem bequemen Lehnstuhl, jenem ähnlich, in dem sie gerade saß, zu verbringen und eine Flasche guten Schnaps, natürlich nur solchen, der nicht schadet, zu trinken.

Auch ich wollte etwas sagen. Ich fragte sie, ob ihre Arbeit so eingerichtet war, als ihr Mann noch lebte.

Sie begann zu lachen. Von ihrem Mann hatte sie mehr Prügel als Liebkosungen bekommen. Verglichen mit dem, was sie damals arbeiten mußte, kam ihr ihre jetzige Arbeit wie ein Ruhestand vor. Auch bevor ich mit meiner Kur in dieses Haus gekommen war.

Hierauf wurde Giovanna philosophisch und fragte, ob ich glaubte, daß die Toten sehen, was die Lebenden tun. Ich bejahte kurz. Aber sie wollte mehr wissen: ob die Toten, wenn sie drüben ankommen, im nachhinein alles erfahren, was sich hier unten ereignet hat, als sie noch lebten.

Einen Augenblick lang amüsierte mich diese Frage. Giovannas Stimme war weich geworden. Sie hatte sie gedämpft, um von den Toten nicht gehört zu werden. Ich fragte: »Sie haben Ihren Mann betrogen?«

Sie bat mich, nicht zu schreien. Dann gestand sie mir, ihren Mann betrogen zu haben, aber nur in den ersten Monaten ihrer Ehe. Später habe sie sich an die Prügel gewöhnt und ihren Mann geliebt.

Um das Gespräch nicht einschlafen zu lassen, fragte ich weiter: »Ihre erste Tochter stammt also von dem andern?«

Mit der gleichen gedämpften Stimme gestand sie, daß sie dies schon wegen der Ähnlichkeit für wahrscheinlich halte. Aber es schmerze sie sehr, ihren Mann betrogen zu haben. Sie sagte das lachend, denn das sind Dinge, über die man immer lacht, obgleich sie uns doch zeitlebens weh tun. Sie bedauerte es erst seit dem Tod ihres Mannes, denn früher hatte es ja keinerlei Bedeutung, da er nichts davon wußte.

Mit einer gewissen verwandtschaftlichen Sympathie versuchte ich, ihren Schmerz zu lindern, und sagte: »Ich glaube wohl, daß die Toten alles wissen, daß ihnen aber das meiste davon ziemlich egal ist. Nur die Lebenden leiden darunter!« rief ich dann und schlug mit der Faust auf den Tisch.

Bei dieser Gelegenheit verrenkte ich mir die Hand. Nichts ist geeigneter, neue Gedanken zu erwecken, als physischer Schmerz. Da schien mir noch Rettung möglich. Während mich die Vorstellung peinigte, daß meine Frau meine Gefangenschaft dazu ausnützen könnte, mich zu betrügen, hielt sich der Arzt in Wirklichkeit vielleicht noch in der Anstalt auf. Unter diesen Umständen hätte ich meine Ruhe wiedergefunden. Ich bat also Giovanna, den Doktor zu holen, und gab vor, daß ich ihn dringend sprechen müsse. Eine ganze Flasche versprach ich ihr als Belohnung. Sie wehrte ab, sie sei gar nicht trunksüchtig. Dennoch gehorchte sie sofort, und ich konnte sie polternd die Holzstiege zum zweiten Stock hinaufsteigen hören. Bald danach stieg sie wieder herunter, glitt aber aus, wobei sie aufschrie und einen lauten Spektakel aufführte.

»Hol dich der Teufel!« murmelte ich mit Inbrunst. Wenn sie sich nur den Hals bräche. Das würde meine Lage wesentlich vereinfachen.

Aber bald kam sie wieder lächelnd auf mich zu. In ihrem Zustand spürt man körperliche Schmerzen nicht mehr stark. Sie behauptete, dem Wärter, der eben schlafen gegangen sei, Weisungen gegeben zu haben, damit er jederzeit zur Stelle sein könnte, wenn man ihn brauchte. Bei diesen Worten drohte sie mit dem Finger, lächelte aber dazu, wie um die Drohung zu mildern. Etwas sachlicher sagte sie dann, daß der Doktor, seitdem er mit meiner Frau fortgegangen war, nicht mehr gesehen worden sei. Also zusammen waren sie gegangen! Der Wärter harre selbst schon seit einigen Stunden auf seine Rückkehr, weil ein Kranker seine Hilfe brauchte. Länger wolle er nun nicht warten.

Ich sah sie prüfend an, um herauszubekommen, ob das Lächeln, das ihr Antlitz verzerrte, ihr gewöhnliches war oder etwas Besonderes verbarg; ob es etwa daher kam, daß sich der Doktor bei meiner Frau befand anstatt bei mir, dem Patienten. Mich packte ein Zorn, der mein Gehirn in wirblige Drehung brachte. Wie immer stritten sich zwei Personen in mir, von denen die eine einsichtsvoller war und sagte: »Du Esel! Warum glaubst du, daß deine Frau dich gerade jetzt betrügt? Wenn sie das gewollt hätte, hätte sie es wirklich nicht nötig gehabt, dich vorher einzuschließen.«

Die andere, sicherlich die, die rauchen wollte, nannte mich zwar gleichfalls einen Esel, aber nur um dann noch lauter zu schreien: »Bedenk doch, wie bequem es ihnen die Abwesenheit des Gatten macht! Mit dem Doktor, der von dir bezahlt wird!«

Giovanna, die unaufhörlich trank, sagte: »Ich habe vergessen, die Tür zum zweiten Stockwerk abzusperren. Aber ich mag nicht mehr hinaufsteigen. Schließlich ist ja immer jemand oben, und es würde Ihnen übel bekommen, wenn Sie versuchen sollten durchzubrennen.«

»Natürlich!« erwiderte ich mit ein wenig Heuchelei, die genügte, die Ärmste in ihrem augenblicklichen Zustand zu täuschen. Dann trank ich gierig noch einen Cognac und erklärte, daß ich mir jetzt, wo ich soviel Alkohol zur Verfügung hätte, gar nichts aus den Zigaretten machte. Sie glaubte mir aufs Wort. Ferner sagte ich, daß es ja gar nicht mein Wunsch sei, mir das Rauchen abzugewöhnen, sondern der meiner Frau. Sie müsse nämlich wissen, daß ich mich nach der zehnten Zigarette in furchtbarer Weise verwandle. Jede Frau, die mir in solch einem Augenblick gegenüberträte, befände sich in direkter Gefahr.

Giovanna lachte laut und warf sich geräuschvoll in einen

Sessel: »Was? Ihre Frau ist es, die Ihnen die zehn Zigaretten, die Sie brauchen, verbietet?«

»Gewiß tut sie das! Wenigstens mir hat sie's verboten!«

Sie war gar nicht so dumm, diese Giovanna, mit soviel Cognac im Leib. Ihr Lachen schüttelte sie so sehr, daß sie fast vom Sessel fiel. Als sie wieder reden konnte, malte sie sich mit abgebrochenen Sätzen, inspiriert durch meine Krankheit, ein wirklich seltsames Bild aus.

»Zehn Zigaretten ... halbe Stunde ... man richtet den Wecker ... und dann ...«

Ich berichtigte: »Um zehn Zigarette zu rauchen, brauche ich ungefähr eine Stunde. Dann eine weitere Stunde, um die Wirkung abzuwarten ...«

Plötzlich wurde Giovanna ernst und erhob sich ohne jede Mühe aus ihrem Sessel. Sie sagte, sie müsse zu Bett gehen, weil ihr der Kopf weh tue. Ich bat sie, die Flasche mitzunehmen, da ich davon schon mehr als genug hätte. Dafür sollte sie mir – so fügte ich heuchlerisch hinzu – am nächsten Tag einen guten Wein besorgen.

Sie aber dachte gar nicht an den Wein. Bevor sie mit der Flasche aus dem Zimmer ging, warf sie mir einen Blick zu, der mir Angst einflößte.

Sie hatte die Tür offengelassen. Einige Minuten später fiel ins Zimmer ein Päckchen, das ich sofort aufhob. Es waren Zigaretten, elf Stück. Um sicherzugehen, war die arme Giovanna verschwenderisch geworden. Ordinäre Zigaretten waren es, »Ungarische«. Die erste, die ich zu rauchen begann, war ausgezeichnet. Ich fühlte mich äußerst erleichtert. Zunächst glaubte ich, daß ich mich nur darüber freute, es diesem Hause ordentlich gezeigt zu haben. Das Haus war vielleicht gut genug, um kleine Kinder einzuschließen, aber nicht einen Mann wie mich. Dann kam mir der Gedanke, daß ich auch meiner Frau ordentlich mitgespielt hatte. Warum hätte sich sonst meine Eifersucht in eine ungefährliche Neugier verwandelt? Ich blieb ruhig auf meinem Platz sitzen und rauchte die ekelhaften Zigaretten.

Nach einer halben Stunde erinnerte ich mich, daß ich aus

diesem Hause fliehen mußte, in dem Giovanna auf ihren Lohn noch wartete. Ich zog meine Schuhe aus und trat auf den Korridor. Die Tür zu Giovannas Zimmer war angelehnt. Aus den lauten und regelmäßigen Atemzügen schloß ich, daß Giovanna eingeschlafen war. Vorsichtig stieg ich zum zweiten Stock hinauf, wo ich mir hinter der Tür, auf die Doktor Muli so stolz gezeigt hatte, die Schuhe wieder anzog. Dann gelangte ich auf einen anderen Korridor und schickte mich an, die Stiegen langsam hinunterzusteigen, um keinen Verdacht zu erregen.

Schon war ich auf dem Treppenflur des ersten Stocks angelangt, als eine Dame in eleganter Wärterinnentracht auf mich zukam und höflich fragte: »Bitte, suchen Sie jemand?«

Sie war recht hübsch. Ich wäre gar nicht abgeneigt gewesen, die zehn Zigaretten an ihrer Seite zu Ende zu rauchen. Ich lächelte sie an, ein wenig frech: »Ist der Herr Doktor Muli nicht hier?«

Sie machte große Augen: »Um diese Zeit ist er niemals hier.«

»Können Sie mir sagen, wo man ihn im Augenblick treffen kann? Bei mir zu Hause liegt ein Kranker, der ihn dringend braucht.«

Sie gab mir höflich die Adresse des Doktors, die ich mehrere Mal vor mich hinsagte, als wollte ich sie memorieren. Ich hatte es nun gar nicht mehr eilig fortzukommen, aber die Dame drehte mir unwillig den Rücken. So wurde ich geradezu aus meinem Gefängnis hinausgeworfen.

Unten öffnete mir eine Frau sofort das Tor. Ich hatte keinen Kreuzer bei mir und sagte leise: »Das Trinkgeld gebe ich Ihnen das nächste Mal.«

Keiner kennt seine Zukunft. Mir wiederholt sich die Zeit: es war leicht möglich, daß ich hier noch einmal durchging.

Die Nacht war warm und klar. Ich nahm den Hut ab, um noch besser zu spüren, daß ich im Freien war. Ich sah so bewundernd zu den Sternen empor, als lernte ich sie erst eben kennen. Morgen, fern vom Sanatorium, würde ich endlich aufhören zu rauchen. Vorläufig aber verschaffte ich mir in einem Café, das noch offen war, gute Zigaretten. Es war doch unmöglich, meine Karriere als Raucher mit den Zigaretten der armen Giovanna zu beschließen. Der Kellner, der die Zigaretten brachte, kannte mich und gab sie mir auf Kredit.

Vor meiner Villa angelangt, zog ich wie rasend an der Glocke. Erst erschien die Magd am Fenster und dann, nach etwas längerer Zeit, meine Frau. Während ich noch unten wartete, dachte ich vollkommen kalt: »Es scheint, daß der Doktor Muli da ist.« Kaum aber hatte mich meine Frau erkannt, als schon die ganze stille Straße von ihrem Lachen widerhallte, das nicht geheuchelt sein konnte und das allein genügte, jeden Verdacht zu zerstreuen.

Oben brachte ich noch einige Zeit damit zu, in allen Ekken herumzuschnüffeln. Meiner Frau versprach ich, am nächsten Tage alle meine Erlebnisse zu erzählen, die sie übrigens zu erraten glaubte. Sie fragte: »Warum legst du dich nicht schlafen?«

Ich entschuldigte mich: »Mir scheint, daß du während meiner Abwesenheit diesen Kasten an einen andern Fleck gerückt hast.«

Ich habe oft das Gefühl, daß die Möbel in meinem Haus umgestellt werden. Meine Frau tut dies auch wirklich manchmal. Ich sah aber in alle Ecken, ob sich nicht etwa die kleine, elegante Gestalt des Doktors dort irgendwo verborgen hielt.

Meine Frau hatte für mich eine gute Nachricht. Als sie vom Sanatorium nach Hause gegangen war, hatte sie Olivis Sohn getroffen und von ihm erfahren, daß sich der Alte viel besser fühle, seitdem er eine von seinem neuen Arzt verschriebene Medizin benützte.

Im Einschlafen überdachte ich noch alles. Ich war froh, dem Sanatorium entronnen zu sein, denn nunmehr blieb mir genügend Zeit, mich langsam zu kurieren. Mein Sohn, der gerade im Nebenzimmer schlief, war sicherlich noch lange nicht soweit, um mich zum Vorbild zu nehmen oder über mich ein Urteil fällen zu können. Es war absolut nicht nötig, sich zu übereilen.

ALBERT COSSERY
Arnaba

Plötzlich schlug ihm das grelle Tageslicht brutal entgegen und bereitete seinem Tatendrang ein abruptes Ende. Seine Augen hatten sich an das Dämmerlicht der überdachten Terrasse gewöhnt, so daß er sich jetzt nicht mehr zurechtfand in diesem lichtdurchfluteten und wogenden Universum, das sich vor ihm auftürmte wie eine unüberwindbare Barriere. Die Gasse, in der er sich befand, war ungewöhnlich eng und voller Hindernisse. Gestalten, die wie versteinert gegen die Mauern gelehnt saßen oder standen, breiteten eine unvordenkliche Trägheit aus, mit der sie den Verkehr lahmlegten. Auf dem Boden vor den Eingängen der baufälligen Häuser wimmelte es von Kindern, die kleinen Kriechtieren ähnelten und deren schleimig-tränende Augen von Fliegen übersät waren. Zusammengekauerte Frauen wuschen ihre Lumpen in großen Blechschüsseln; andere bereiteten das Essen auf einem Petroleumkocher zu, der soviel Lärm machte wie eine Lokomotive. Von Zeit zu Zeit beschimpften sie ihre zu lebhaften Sprößlinge in einer Lautstärke und mit einer Heftigkeit, die keinerlei Nachsicht duldete.

Angesichts all dieser Hindernisse, die sich ihm in den Weg stellten, wurde Gohar von Schwindel ergriffen. Es würde ihm niemals möglich sein, sich einen Weg durch diese kompakte Masse zu bahnen, die unüberwindlicher war als eine hohe Bergkette. Der Gedanke an die Droge jedoch und die Angst, Yéghen zu verpassen, ließen ihn seine Schwäche überwinden. Es war lebenswichtig für ihn; ohne zu zögern stürzte er blindlings los und bahnte sich seinen Weg, ohne die Schreie und Verwünschungen zu beachten, die ihn begleiteten. Allerdings schien es ihm, als würde die Luft um ihn herum schwerer werden und als seien die menschlichen Wracks, die ihm den Durchgang versperrten, von einer feindseligen Unbekümmertheit beseelt. Das Bordell lag nicht sehr weit entfernt, aber Gohar hatte den Eindruck, als würde sich der Weg dorthin auf seltsame Weise in die Länge ziehen. Die eine Hand um den Gehstock geklammert, die andere in einer kindlichen Verteidigungshaltung nach vorn ausgestreckt, kämpfte er sich einem Schlafwandler gleich voran. Ein Radieschenverkäufer rief ihn bei seinem Namen und bot ihm mit gewählten Worten an, sich zu bedienen. Gohar schenkte ihm keinerlei Beachtung; er hatte Wichtigeres zu tun, als Radieschen zu essen. In seiner Eile, endlich Yéghen zu treffen, vergaß er selbst seine übliche Höflichkeit.

Etwas später erblickte er von weitem das Haus und beruhigte sich ein wenig. Das Bordell von Set Amina war für Gohar kein Ort des käuflichen Vergnügens; er hatte es noch nie als Kunde betreten, sondern nur, um Aufgaben von hohem literarischen Wert nachzukommen. Es war, um ehrlich zu sein, eine außergewöhnlich unterhaltsame Tätigkeit, die für ihn symbolischen Wert besaß. Das Abfassen der Geschäftsbriefe für Set Amina und manchmal der Liebesbriefe für eine der Huren, die weder lesen noch schreiben konnten, betrachtete er als eine Aufgabe von allgemein menschlichem Interesse. Auf diese Weise wahrte er trotz seines offensichtlichen Niedergangs immer noch den Nimbus des allmächtigen Intellektuellen, der ihn früher, als er noch Geschichte und Literatur an der berühmtesten Universität des Landes gelehrt hatte, umgab. Aber das, was ihn damals so verabscheuenswürdig machte – das ganze akademische Wesen seiner Persönlichkeit –, war jetzt verschwunden. In diesem Milieu, in dem sich das Leben in seiner ursprünglichen Form zeigte und nicht durch Konformismen und herrschende Konventionen degeneriert war, täuschte Gohar niemanden; er war nicht mehr dazu verpflichtet, die ewigen philosophischen Lügen von sich zu geben, an die er damals bedauerlicherweise selbst geglaubt hatte.

Diese Freiheit des Denkens, die sein neuer Beruf ihm ermöglichte, war für ihn eine nicht versiegende Quelle der Freude, einer üppigen und maßlosen Freude. Die Unerschöpflichkeit der menschlichen Facetten, die ein Freudenhaus des Alten Viertels zu bieten vermochte, versetzten ihn in einen Zustand anhaltender Begeisterung. Wie weit er doch die fruchtlosen und tödlichen Streitereien der Menschen und ihre verschleierten Vorstellungen von der Vernunft und vom Leben hinter sich gelassen hatte. All die großen Geister, die er jahrelang bewundert hatte, erschienen ihm jetzt wie widerliche Giftmischer ohne jegliche Autorität. Das Leben nur zu lehren, ohne es selbst zu leben, war das abscheulichste Verbrechen der Unwissenheit.

Diese Arbeit, die als kleine Gefälligkeit angesehen wurde, warf im übrigen nur einen geringen Gewinn für ihn ab, denn diese hochqualifizierten Dienstleistungen vergütete ihm Set Amina von Zeit zu Zeit mit einem Zehn-Piaster-Stück. Das war sein einziges Einkommen, und es reichte vollauf zum Leben. Seine Wohnung kostete ihn nicht viel; und was sein Essen betraf, so waren die Kaufleute im Viertel nur zu glücklich, ihm alles, was er brauchte, zu schenken. Die Gespräche mit ihm hatten sie allesamt verzaubert; einige von ihnen sahen in ihm sogar eine Art Prophet und brachten seiner gelassenen Weltsicht besondere Wertschätzung entgegen. Allerdings nutzte Gohar diese glückliche Fügung niemals aus. Er bat nie um etwas. Wenn er etwas annahm, dann vor allem deshalb, weil er diese großzügigen Spender nicht beleidigen wollte.

Vollkommen außer Atem, blieb er stehen.

Hinter dem Eisentor, das mit Kletterpflanzen bewachsen war, die es vor neugierigen Blicken schützten, wirkte das einstöckige Haus mit seiner schmalen, gelbgestrichenen Fassade gutbürgerlich. Ein kleiner Hof aus festgestampftem Lehmboden, in dem Abfälle herumlagen, trennte es von der Gasse. Gohar öffnete das Eisentor, faßte seinen Gehstock in der Mitte, rückte seinen Tarbusch zurecht und stieg dann mit der ganzen Selbstsicherheit, deren er fähig war, die Treppe hinauf, die ins Erdgeschoß führte. Die Tür war von innen verschlossen; Gohar klopfte zweimal mit seinem Stock gegen die Tür und hielt den Atem an. Nichts rührte sich; es schien niemand dazusein. Eine unheilverkündende Stille lastete auf Gohars Seele. Sicherlich war niemand da. Vielleicht war Yéghen schon lange wieder weg! Eine Woge der Beklommenheit durchfuhr ihn, alle seine Organe versagten gleichzeitig ihren Dienst, so als habe man ihm eine tödliche Spritze gesetzt.

Es dauerte lange, bis sich die Tür schließlich doch öffnete. Gohar atmete tief durch. Das Mädchen, das vor ihm stand, war ausstaffiert wie eine Zuckerpuppe auf einem Jahrmarktsstand.

Sie hatte einen kurzärmeligen, rosafarbenen Morgenmantel aus Seide an, der mit breiten grünen Rankenmustern bestickt war; sie war sehr stark geschminkt und trug goldene Armreifen. Lange braune Haare umrahmten ihr Gesicht, das von einer fremdartigen und ursprünglichen Schönheit war und den volkstümlichen Gesichtern auf den Wandmalereien in den Cafés der Einheimischen ähnelte. Ihre zu stark mit Kajal nachgezogenen Augen wirkten künstlich. Gohar kannte sie; sie war neu angestellt und erst vor kurzem aus ihrem Heimatdorf hierhergekommen. Sie mochte vielleicht sechzehn Jahre alt gewesen sein und hieß Arnaba. Seitdem sie hier arbeitete, stritten sich alle Kunden um sie; sie warteten stundenlang, bis sie frei war.

Gohar begrüßte sie, und sie lächelte. Wenn sie lächelte, sah sie aus wie ein als Frau verkleidetes kleines Mädchen.

»Du bist es«, sagte sie. »Tritt ein. Es ist niemand da. Set Amina macht Besorgungen in der Stadt. Die Mädchen hat sie mitgenommen.«

Gohar ging in den Vorraum, der als Wartezimmer diente. Wieder trat er in ein Halbdunkel ein und fühlte, wie sich seine überreizten Nerven beruhigten. Er hatte sich aber noch nicht wieder völlig abgeregt: Yéghen konnte er nirgendwo entdecken.

»Ist Yéghen nicht da?« fragte er.

»Vorhin hat er noch auf dem Sofa geschlafen«, sagte das Mädchen, während sie sich umsah. »Er muß weggegangen sein.«

Gohar wurde bleich vor Enttäuschung. Er wollte sie schon fragen, ob sie nicht wüßte, wohin Yéghen gegangen sei, aber er besann sich eines anderen.

»Ich werde hier auf ihn warten; vielleicht kommt er ja zurück.«

»Warte auf ihn, wenn du willst.«

»Bist du allein im Haus?«

»Ja. Ich bin nicht mit den anderen fort, weil ich mir die Haare waschen wollte. Jetzt bedauere ich es; sie haben eine Droschke genommen.«

Einen Augenblick schien sie zu zögern, dann ging sie in eines der an den Vorraum grenzenden Zimmer und schloß die Tür hinter sich. Gohar blieb allein zurück. Er ließ seinen Blick umherschweifen, um eine Sitzgelegenheit ausfindig zu machen. Die Wände des Wartezimmers waren nackt, und es war einfach, fast provisorisch möbliert. Lediglich ein mit einem Schonbezug von undefinierbarer Farbe bedecktes Sofa, vier oder fünf Korbsessel und ein runder Tisch, auf dem ein großer Aschenbecher mit einer Reklameaufschrift thronte, waren zu sehen. Die übliche Einrichtung eines Freudenhauses im Alten Viertel. Jetzt, ohne seine buntgemischte Kundschaft, seine Atmosphäre der Ausschweifung und der käuflichen Freuden, machte es einen traurigen Eindruck. Gohar stieß einen Seufzer aus, wählte einen Sessel und setzte sich. Die düstere Trostlosigkeit dieses Wartezimmers übte eine heimtückische, fast verletzende Wirkung auf ihn aus. Zu dieser Tageszeit war er noch nie hiergewesen; alles an diesem Ort erschien ihm fremd und feindselig. Er klemmte seinen Gehstock zwischen die Beine, nahm noch eine Pfefferminzpastille aus seiner Tasche und begann sie widerwillig zu lutschen.

Sein quälender Gedanke an die Droge hatte sich ein wenig verflüchtigt, so als bildete der Umstand, sich am selben Ort zu befinden, an dem sich kurz zuvor Yéghen aufgehalten hatte, eine Sicherheit, eine moralische Gewißheit gegenüber dem Schicksal. Er dachte mit aufrichtiger Zuneigung an ihn. Die Gefühle und die Sympathie, die er Yéghen entgegen-

brachte, hatten ihren Grund nicht nur in der Droge; er empfand für ihn eine Liebe, wie man sie einer lebendigen Idee
entgegenbringt. Yéghen war ein miserabler Dichter, er
führte ein ehr- und ruhmloses Leben, das aus Bettelei und
heiteren Zwistigkeiten bestand. Sein unmäßiger Drogenkon-
sum hatte ihn mehrmals ins Gefängnis gebracht. Über ihn
kursierte ein infames Gerücht: er wurde verdächtigt, seine
eigenen Drogenlieferanten an die Polizei zu verraten. Dieser
Ruf eines Spitzels fügte ihm bei den Drogenhändlern den
größten Schaden zu; sie mißtrauten ihm alle. Im Grunde genommen war es schwierig, dieses Gerücht auf seinen Wahr-
heitsgehalt hin zu überprüfen, da sich Yéghen niemals die
Mühe gemacht hatte, sich zu entlasten. Wie dem auch sei,
selbst wenn er ein Verräter war, so verlor er doch nie seinen
Humor und seine Großzügigkeit. Er war sich immer treu geblieben. Seine Fähigkeit, über quälende Gedanken und Gewissensbisse hinwegzugehen, machten ihn zu einem angenehmen Gefährten. Die Schändlichkeit seiner Handlungen
minderten seinen Wert in keiner Weise; alle Erniedrigungen,
die das Schicksal ihm auferlegte, akzeptierte er mit unbändi-
gem Optimismus. Er besaß keine Würde, aber das hinderte
ihn nicht daran zu leben. Was Gohar vor allem anderen an
ihm bewunderte, das war seine richtige Einstellung zum Leben: zum würdelosen Leben. Einfach nur zu leben, das
reichte ihm zum Glück.

Beim Gedanken an El Kordi, an die Überbewertung seines
mehr eingebildeten als tatsächlichen Unglücks sowie an
seine fortwährende Suche nach menschlicher Würde, lächelte Gohar. »Diese Suche nach Würde ist die nutzloseste
aller Eigenschaften des Menschen«, dachte er. All diese
Menschen, die um Würde rangen! Welche Würde! Nur wegen solcher Albernheiten war die Menschheitsgeschichte ein
anhaltender, blutiger Alptraum. Als wäre das Leben nicht an
sich schon eine Würde. Nur die Toten sind unwürdig. Wertschätzung empfand Gohar allein für lebende Helden. Und
die scherten sich bestimmt nicht um so etwas wie Würde.

Für ihn kam es überhaupt nicht in Frage, in sein Zimmer

zurückzukehren; die Klageweiber stießen bestimmt immer noch ihre dämonischen Schreie aus. Der bloße Gedanke an diese entsetzlichen weiblichen Wesen, die sich einem gekauften Schmerz hingaben, ließ ihn erschaudern. Er fühlte, wie sein Kopf schwer wurde, und nur mit Mühe konnte er die Augen offenhalten. Das Haus war in eine heimtückische Stille getaucht, die Gohar wie ein Betäubungsmittel durchdrang. Wäre da nicht sein Wunsch gewesen, endlich Yéghen zu treffen, er hätte sich vom Schlaf übermannen lassen. Trotzdem schloß er die Augen in der Absicht, sich zu sammeln, und er versuchte gegen sein wachsendes Unbehagen anzukämpfen.

So verging einige Zeit; er hatte nicht gehört, wie das Mädchen die Tür geöffnet hatte.

»Schläfst du?«

Gohar öffnete die Augen. Arnaba stand regungslos in der Tür. Das helle Tageslicht, das ihr Zimmer durchflutete, zeichnete durch den Stoff des Morgenmantels hindurch die Linien ihres nackten, festen Körpers ab. Gohar zögerte einen Moment lang; er dachte zu träumen, dann sagte er:

»Nein, ich habe mich nur ausgeruht.«

»Könntest du mir einen Brief schreiben?« fragte das Mädchen.

Jetzt ging sie auf ihn zu, bewegte sich aber immer noch im Lichtrahmen der offenen Tür. Je näher sie ihm kam, desto schwächer wurde das Licht, das sie umgab, und schon bald verschluckte das Halbdunkel den Blick auf ihre Nacktheit. Gohar rieb sich die Augen; diese laszive Erscheinung hatte ihn außerordentlich erregt. Mit einem geheimnisvollen Lächeln auf ihren geschminkten Lippen blieb sie schließlich vor ihm stehen. Sie sah wirklich aus wie ein perverses kleines Mädchen.

»Wem willst du einen Brief schreiben?«

»Meinem Onkel; er wohnt auf dem Land. Ich habe ihm noch nicht geschrieben, seit ich hier bin. Er wird sich Sorgen machen.«

Gohar schwieg. Im Augenblick stellte das Schreiben eines

116

Briefes keine einfache Aufgabe dar; er war außerstande, sich zu konzentrieren oder einen Stift zu halten. Es widerstrebte ihm jedoch, einer Bitte nicht nachzukommen. Arnaba schien sein Zögern zu erahnen und interpretierte es auf ihre Weise.

»Ich bezahle dich dafür«, sagte sie.

»Ich werde den Brief schreiben«, sagte Gohar. »Hast du alles, was man zum Schreiben braucht?«

»Ja. Ich danke dir für deine Freundlichkeit. Komm in mein Zimmer, dort ist es angenehmer.«

Schwerfällig stand er auf und folgte ihr in das Zimmer. Es war das typische Zimmer einer billigen Hure; ein großes Bett mit einem Eisengestell, ein Sofa, ein Stuhl und ein Spiegelschrank. Es roch nach Puder und billigem Parfum. Das mit einem pistaziengrünen Plumeau bedeckte Bett war unbenutzt: Sie hatte heute noch nicht gearbeitet. Gohar beeilte sich, die Fensterläden zu schließen; seine schmerzenden Nerven verlangten nach Halbschatten; nur so konnte er sich gegen den Schmerz schützen. Arnaba kramte im Spiegelschrank herum und holte ein Blatt Papier sowie einen Stift hervor, die sie Gohar gab, dann setzte sie sich auf die Bettkante und betrachtete ihn sehr neugierig.

Gohar ließ sich auf das Sofa fallen, stellte seinen Gehstock unmittelbar neben sich und bereitete sich auf das Abfassen des Briefes vor. Er wartete darauf, daß sie ihm diktierte, was er schreiben sollte, aber sie schien den Grund seiner Anwesenheit vergessen zu haben. Sie verhielt sich wie jemand, der erwartet, sich irrsinnig zu amüsieren. Sie lächelte immer noch wie ein kleines perverses Mädchen.

»Du wolltest Yéghen sehen?«

»Ja«, sagte Gohar. »Ich muß ihn in einer geschäftlichen Angelegenheit treffen.«

»Ist es sehr dringend?«

»Sehr dringend. Aber das macht nichts, er wird schon noch kommen.«

»Es tut mir leid, daß er nicht da ist. Vielleicht kommt er ja schon bald zurück.«

Gohars Leiden wurde unerträglich; es breitete sich in seinem ganzen Körper aus, wenn der Name Yéghens nur genannt wurde.

»Kennst du ihn gut?« fragte er.

»Wen? Yéghen? Oh, er amüsiert mich sehr. Er scheint ein Dichter zu sein; er selbst hat es mir gesagt.«

»Das stimmt«, sagte Gohar. »Er ist sogar ein großer Dichter.«

»Das ist wirklich lustig! Sag mal, ist es bei Dichtern so üblich, daß sie Geld von den Mädchen haben wollen?«

Plötzlich war Gohars Interesse geweckt. Er wußte nicht, daß Yéghen sich auch als Zuhälter betätigte. Das war ihm neu.

»Wieso? Wollte er Geld von dir?«

»Ja. Er hat mir da so eine Geschichte von seiner Mutter erzählt. Sie scheint gestorben zu sein, und jetzt braucht er Geld für das Begräbnis. Er hat mir anvertraut, daß er den Leichnam seit einer Woche bei sich zu Hause aufbewahrt. Was hältst du von der Sache?«

Trotz seiner dramatischen Lage hätte Gohar beinahe laut aufgelacht. Es stand fest, daß die ganze Geschichte erlogen war; er kannte Yéghen gut genug, um zu wissen, daß er dazu fähig war, alles mögliche zu erfinden, um seinen vielen Bewunderern ein wenig Geld aus der Tasche zu ziehen. Insbesondere wenn es darum ging, Geld für den Kauf von Drogen aufzutreiben, grenzte Yéghens Einbildungskraft manchmal an Irrsinn.

»Und hast du ihm welches gegeben?«

»Ich bin doch nicht verrückt«, sagte das Mädchen. »Alles Geld, das ich verdiene, schicke ich meinem Onkel, bei dem ich aufgewachsen bin. Er hat mir geraten, mich vor Zuhältern in acht zu nehmen.«

»Du bist ein gewissenhaftes Mädchen«, sagte Gohar.

»Du machst dich über mich lustig«, sagte das Mädchen lachend.

»Ganz und gar nicht. Das meine ich vollkommen ernst.«

Gohar dachte nach. Das leidenschaftliche Interesse, das Yéghens bewegtes Leben stets bei ihm weckte, führte dazu, daß er in allen Einzelheiten über den Mechanismus seiner verrückten Unternehmungen nachdachte. Hinter dieser Geschichte von zweifellos schwarzem Humor verbarg sich unübersehbar eine von Elend und Armut geprägte Wirklichkeit. Daß es mit Yéghen so weit gekommen war, daß er Geld für den erfundenen Leichnam seiner Mutter erbettelte, verwunderte ihn nicht besonders: Er verdächtigte ihn noch sehr viel zynischerer Dinge. Das konnte ganz einfach bedeuten, daß ihm das Geld ausgegangen war. Demzufolge war es sehr wahrscheinlich, daß er selbst auch keine Drogen mehr hatte. Diese Entdeckung war niederschmetternd für Gohar. Plötzlich hatte er Lust, dieses Zimmer zu verlassen und sich auf die Suche nach Yéghen zu begeben; er tat es aber nicht.

Er sah das Mädchen an.

Sie saß, die Beine leicht gespreizt, auf der Bettkante, der Morgenmantel umspielte locker ihren Körper, und ihre festen Brüste zeichneten sich durch den Stoff ab wie zwei reife Granatäpfel. Gohar betrachtete sie gleichgültig, aber trotzdem machte ihn die Schönheit des Mädchens verlegen. In diesem Dämmerlicht, das noch den Geruch der jüngsten Ausschweifungen ausströmte, erlangte sie eine eigenartige Bedeutung. Das Lächeln, das ihre geschminkten Lippen umspielte, schien ihn in eine Falle locken zu wollen. Gohar benahm es den Atem. Die Nähe dieses kühn dargebotenen jungen Fleisches ließ ein sehr unbestimmtes, fast abstraktes Begehren in ihm aufsteigen. Schon lange hatte er nicht mehr den Wunsch verspürt, mit jemandem zu schlafen, hatte er sich jede körperliche Intimität mit anderen Menschen versagt. Sein Leben beschränkte sich auf die einfachsten Dinge, es war keinen Ausbrüchen der Leidenschaft mehr ausgeliefert; es verlief ohne Erschütterungen, wie ein ruhiger Traum. Allein die Droge besaß Bedeutung. Wieder kam ihm das unerträgliche Bedürfnis nach der Droge zu Bewußtsein, und er mußte leicht keuchen. Würde er noch lange warten müssen? Er hatte das Gefühl, als würden seine lebenswichtigen Organe ihren Dienst versagen, träge und schlaff werden. Unter Aufbringung all seiner Kräfte riß er sich zusammen und bekam die

Krämpfe, die seinen Körper durchzuckten, in den Griff. Er mußte so schnell wie möglich einen ganz bestimmten Zweifel ausräumen.

»Wann wollte er Geld von dir?«

»Heute morgen«, antwortete das Mädchen. »Wir haben uns ein wenig miteinander unterhalten; er wirkte traurig und entmutigt.«

Jetzt bestand kein Zweifel mehr: Yéghen sah nur dann traurig und entmutigt aus, wenn er keine Drogen mehr hatte. Nur in diesem Fall ließ sein Optimismus nach. Einen Moment lang hätte sich Gohar beinahe der Verzweiflung hingegeben, aber das Vertrauen, das er in den unbegrenzten Einfallsreichtum Yéghens setzte, hielt ihn davor zurück. Letztlich würde Yéghen schon einen Weg finden, um sich die Droge zu besorgen; er verfügte über tausend Möglichkeiten, schwierige Situationen zu meistern. Gohar glaubte an Wunder. Nicht an die großartigen Wunder ohne unmittelbare Wirkung, sondern an die einfachen Wunder des täglichen Lebens. Und die Droge war eines dieser Wunder.

»Was soll ich ihm schreiben, deinem Onkel?«

Arnaba gab ihr sinnliches Lächeln und ihr mädchenhaftes Gebaren auf, um einen nachdenklichen und tiefgründigen Gesichtsausdruck anzunehmen.

»Was man eben so schreibt«, sagte sie. »Berichte ihm, daß ich mich gut betrage, daß es mir hier gefällt und daß ich hart arbeite. Ich glaube, das reicht.«

Gohar senkte den Kopf und tat so, als würde er zu schreiben anfangen, in Wahrheit aber war er noch nicht dazu imstande. Das Blatt Papier hatte er auf seine Knie gelegt, der Stift zitterte in seiner Hand, und er zerbrach sich den Kopf über eine passende Eingangsformulierung. Schließlich war dieser Mann ja nicht sein Onkel. Wie würde also eine Hure ihrem Onkel schreiben? Gohar schwankte zwischen mehreren Formulierungen. Mit familiären Sentimentalitäten kannte er sich nicht aus.

Er hob den Kopf und sah das Mädchen erneut an. Von dem Begehren, das sie kurze Zeit zuvor bei ihm geweckt hatte, war nichts geblieben; dieser verlassene Körper auf dem pistaziengrünen Plumeau in seiner lässigen und provokativen Haltung interessierte ihn überhaupt nicht mehr. Etwas anderes zog seine ganze Aufmerksamkeit auf sich: die goldenen Armreifen, mit denen die nackten Arme des Mädchens geschmückt waren.

Diese goldenen Armreifen hatten ihn in einen ungewöhnlichen Gefühlszustand versetzt, er konnte sich nicht mehr von ihrem Anblick losreißen. Einen kurzen Augenblick lang war er wie geblendet; er legte die Hand auf seine Stirn, schüttelte sich und kämpfte mit aller Kraft gegen die Verführung durch einen furchtbaren Gedanken an, der sich unwillkürlich seiner bemächtigte. Wild verzweifelt versuchte er, ihn aus seinem Bewußtsein zu vertreiben, aber er widerstand all seinen Bemühungen. Dieses ganze Gold entsprach in seinen Augen dem Wert einer so unendlich großen Menge Drogen, daß man sich monatelang, vielleicht sogar jahrelang den heitersten Genüssen hingeben könnte. Gohar versuchte die genaue Menge an Drogen abzuschätzen, die man sich mit einem solchen Vermögen kaufen könnte, aber die Unermeßlichkeit seiner Aufgabe entmutigte ihn, und er brach seine Berechnungen ab. Sein Traum zu reisen übermannte ihn von neuem, nicht jedoch wie ein weit in die Zukunft entrücktes Vorhaben, sondern mit der ganzen Intensität eines realisierbaren Unternehmens. Die Reise nach Syrien wurde zu einer naheliegenden und greifbaren Wirklichkeit. Bis in die kleinsten Einzelheiten stellte er sich diese Reise in das Land seiner Träume vor, in dem das Haschisch auf den Feldern wuchs wie gewöhnlicher Klee. Die Verführung seines Geistes durch diese Bilder von einer anderen Welt versetzten ihn fast in ein Delirium. Einen Augenblick lang sah er sich selbst, wie er über das Mädchen herfiel, um ihr die Armbänder zu entreißen; aber in genau diesem Moment bewegte Arnaba den Arm, und das Klappern der goldenen Armreifen in der Stille des Zimmers schreckte ihn auf. Er erwachte plötzlich aus seiner Betäubung und begann fieberhaft zu schreiben.

Arnaba verspürte ein Gefühl heiteren Stolzes; sie war sich sicher, daß das seltsame Verhalten Gohars nur der Ausdruck seiner fleischlichen Lust sein konnte. Sie wußte um ihre Schönheit, und das Zittern des Mannes ließ sich für sie nur durch das Begehren erklären, das sie in ihm weckte. Sie war ein Mädchen vom Land, unwissend und einfach, entbehrte jeglichen Unterscheidungsvermögens und war mit den Prinzipien einer ursprünglichen Sexualität verwachsen. Für sie bestand der einzige Grund für die Verwirrung Gohars in seinem Begehren, und sie hatte den Entschluß gefaßt, aus Dankbarkeit mit ihm zu schlafen.

Gohar schrieb stumm, wobei es ihn viel Mühe kostete, sich zu konzentrieren. Trotz der Einfachheit der verwendeten Formulierungen fiel es ihm schwer, seine Sätze abzufassen. Eine ihm unbekannte Qual setzte ihm zu. Schon eine ganze Zeit lang fand er Gefallen an der absurden Versuchung, eine Gewalttat zu begehen. Obwohl Gewalt eigentlich das war, was seinem Denken am fernsten lag. Wie kam er nur darauf? Er hatte das Gefühl, nicht mehr er selbst zu sein, als sei ein anderer an seine Stelle getreten, um das Verbrechen zu begehen, das er später von ganzem Herzen verdammen würde. Es schien so, als würde ihn ein ungewöhnliches Geschick erbarmungslos aus seiner Bahn und in ein unsinniges menschliches Abenteuer stürzen wollen.

»Vergiß nicht, ihm zu schreiben, daß ich ihm demnächst Geld schicken werde.«

Gohar zuckte zusammen; während der Zeit, in der er nicht auf sie geachtet hatte, war das Mädchen unbemerkt zu ihm auf das Sofa gerutscht. Ihre plötzliche Anwesenheit in seiner unmittelbaren Nähe erschreckte ihn; er wurde von einer furchtbaren Angst ergriffen.

»Welches Geld?« stieß er verdutzt aus.

»Tu doch nicht so, als wüßtest du nicht, welches Geld!«

»Doch ja, natürlich. Entschuldige bitte, ich bin etwas zerstreut.«

Trotz der Macht ihres Fleisches hätte Arnaba nie geglaubt, daß ihre Reize einen Mann derart erregen könnten;

ihre Eitelkeit verleitete sie dazu, ihre Überlegenheit noch weiter auszuspielen. Der Nachmittag versprach doch noch erfreulicher zu verlaufen als eine Droschkenfahrt mit Set Amina und den anderen Mädchen. Vor noch nicht allzu langer Zeit hatte sie es bedauert, nicht mitgefahren zu sein; jetzt hatte sie etwas Besseres gefunden. Sie rückte noch näher zu Gohar heran, lehnte ihren Kopf an seine Schulter, als würde sie den Brief entziffern wollen, und streichelte ihm gekonnt mit der Hand über das Knie. Da er an allen Gliedern zitterte, begriff sie, daß er am Ende seiner Kräfte war; daraufhin fing sie an zu lachen; ein nervöses und kindisches Lachen.

»Du schreibst gut«, sagte sie. »Man merkt, daß du auf die Schule gegangen bist.«

Ohne sie anzusehen, antwortete er:

»Ja. Und du, bist du etwa nicht in die Schule gegangen?«

»Warum hätte ich in die Schule gehen sollen?« fragte sie verächtlich. »Ich bin eine Hure. Wenn man einen hübschen Hintern hat, braucht man nicht schreiben zu können.«

»Du hast recht«, sagte Gohar. »Ich habe noch nie etwas Richtigeres gehört.«

»Immer machst du dich über mich lustig. Aber das macht nichts, ich finde dich sehr nett.«

Die Gefahr wurde immer faßbarer, aber seltsamerweise gerade deshalb unwirklich, weil sie unmittelbar bevorstand. Gohar war wie benommen. Der Faszination durch die goldenen Armreifen ausgeliefert, reagierte er nicht mehr auf die Berührungen des Mädchens. Diese Armreifen hatten in seinen Augen einen immateriellen Wert bekommen; sie waren zum Sinnbild für die Droge geworden, der er seit dem Morgen hinterherjagte.

Hastig beendete er den Brief.

»Kannst du unterschreiben?«

»Nein«, sagte das Mädchen. »Setze einfach meinen Namen drunter. Ich heiße Arnaba.«

»Ich weiß«, sagte Gohar. »Ein hübscher Name.«

Er unterschrieb den Brief, fragte das Mädchen nach der Adresse ihres Onkels und schrieb sie auf den Umschlag. Jetzt war er fertig; er würde gehen können, dieser morbiden Verführung entkommen.

»Hier ist der Brief«, sagte er.

»Ich danke dir. Behalte ihn, du könntest ihn für mich einwerfen. Ich gebe dir das Geld für die Briefmarke.«

Zurückgehalten von ihm unbekannten, verderblichen Banden, wagte Gohar es noch nicht, sich zu bewegen. Sollte er das Klirren der Armreifen nochmals hören, würde er vor Angst sterben; die Furcht vor diesem unheilvollen Geräusch setzte seinen ganzen Körper unter Spannung. Einen Augenblick lang hegte er den Verdacht, das Mädchen mache absichtlich unbedachte Bewegungen mit den Armen. Hatte sie etwas bemerkt? Nein. Dann hätte sie bestimmt das ganze Viertel mit ihrem Geschrei auf sich aufmerksam gemacht; für ein solches Spiel war sie nicht stark genug.

Arnaba stand als erste auf; sie ging ein paar Schritte im Zimmer auf und ab, fing zu lachen an, trat dann auf Gohar zu und sagte:

»Du kannst mit mir schlafen, wenn du willst.«

Er spürte, daß er ertrank, wie in dem Traum von heute morgen, und daß die tosenden Fluten des hochwasserführenden Flusses ihn in die Tiefe rissen. Verzweifelt versuchte er an der Oberfläche zu bleiben, wenigstens einen kleinen Rest seines klaren Verstandes zu retten. Vergebens. Nichts war übriggeblieben von seinem unermeßlichen Wunsch nach Ruhe und Frieden. Nur die wilde Lust, sich der Armreifen zu bemächtigen, widerstand dem Zusammenbruch seines Bewußtseins. In seiner Wahnvorstellung erblickte er jenseits dieser Armreifen die weitläufigen Haschischfelder, die sich unter einem endlosen Himmel erstreckten. Die Vision war so eindringlich, so erdrückend, daß Gohar der Atem stockte. Er dachte daran, ein Verbrechen zu begehen, und es kam ihm ganz leicht vor. Ja, er würde dieses Mädchen umbringen müssen; er sah keine andere Möglichkeit, ihr die Armreifen zu entreißen. Diese Gewißheit erfüllte ihn mit einer erschreckenden Ruhe.

Das Gesicht der jungen Prostituierten verriet ihre Unruhe;

sie lächelte nicht mehr. Zum ersten Mal blickte sie Gohar argwöhnisch an. Das Sichtbarwerden dieses Begehrens, das sie nicht verstand, begann ihr verdächtig zu werden. Aber ihre Furcht hielt nicht lange an. Mit bewußter Langsamkeit streifte sie ihren Morgenmantel bedächtig ab, warf ihn auf den Stuhl und bot sich vollkommen nackt dem verstörten Blick Gohars dar. Dann trat sie zu ihm heran, faßte ihn am Arm und wollte ihn zum Bett hinüberziehen.

»Komm. Los, beeil dich.«

Gohar riß sich jäh los; die Armreifen des Mädchens schlugen aneinander, wobei sie einen Höllenlärm machten, und Gohar fühlte, wie sein Herz zu schlagen aufhörte. Seine Gliedmaßen waren in kalten Schweiß gebadet, er zitterte. Plötzlich sprang er auf, zog das Mädchen zum Bett und stürzte sich auf sie. Noch bevor sie losschreien konnte, hatte er sie schon bei der Kehle gepackt. In ihren weit aufgerissenen Augen spiegelte sich ihre ungeheure Überraschung wider; sie hatte noch nicht begriffen, was ihr widerfuhr. Gohar konnte ihren Blick nicht ertragen und drehte den Kopf weg. Mit seiner ganzen wankenden Kraft drückte er die Finger zusammen. Bei dem verzweifelten Versuch, sich zu befreien, streckte das Mädchen die Beine nach vorne. Gohar schloß die Augen. Eine lang anhaltende, düstere Stille breitete sich aus, in der Gohar seinen Griff unmerklich lockerte. Der Kopf des Mädchens fiel mit einem dumpfen Geräusch auf das Kopfkissen zurück; sie war tot.

Schwerfällig erhob er sich; er keuchte. Der nackte Körper Arnabas lag in einer lächerlichen und obszönen Stellung quer über dem Bett. Jetzt mußte er ihr noch die Armreifen abnehmen, was das Schlimmste an diesem wahnsinnigen Unternehmen war. Gohar hob den Arm des Mädchens hoch, griff einen der Armreifen und wollte ihn über das Handgelenk abstreifen. Im selben Augenblick traf es ihn wie ein Schock, mit einem Mal konnte er wieder klar denken, und er stieß einen kurzen, kaum hörbaren, röchelnden Schrei aus.

Ihm war gerade etwas Unglaubliches aufgefallen: Bei den goldenen Armreifen handelte es sich um ganz gewöhnlichen

Modeschmuck. Sie waren niemals aus Gold gewesen, und Gohar hatte es von Anfang an gewußt. »Selbst einem Kind wäre es aufgefallen«, dachte er. »Wie konnte ich nur einen solchen Irrtum begehen?« Es blieb ihm unerklärlich. Diese Armreifen waren vielleicht ein paar Piaster wert, und um sie in seinen Besitz zu bringen, hatte er nicht davor zurückgeschreckt, einen Mord zu begehen.

Er war jetzt vollkommen ruhig. Der Schock über seinen Irrtum hatte ihn wieder völlig nüchtern werden lassen. Er ließ von der Leiche des Mädchens ab, hob seinen Tarbusch wieder auf, der auf das Bett gefallen war, steckte den Brief in die Tasche und ging zur Tür. Das Wartezimmer war immer noch dunkel und leer. Offenbar hatte in der Zwischenzeit niemand das Haus betreten. Gohar ging langsam die Treppe hinunter, trat unerschrocken in die Gasse hinaus, und als sei nichts geschehen, grüßte er aus reiner Neugierde einen ihm unbekannten Passanten.

Yéghen hatte er trotz allem nicht gefunden. Wo hielt er sich also versteckt? Diese Frage beschäftigte ihn lange.

Georg von der Vring
Kleiner Faden Blau

Kleiner Faden Blau,
Aus der Pfeife steigend,
Freut mich, wenn ich schweigend
Sitz und Zeilen bau.

Beides nicht von Übel
Und zugleich nichts wert.
Wer hat michs gelehrt?
Und aus welcher Fibel?

Und wo wills hinaus?
Eh ich das begreife,
Klopf ich mancher Pfeife
Noch die Asche aus.

HERMANN BURGER
Die Pflanze Havanna Puro

Das Blatt der colorado-claro-farbenen, fein geäderten Cigarre, die ich genüßlich anrauche, während ich den Bogen in die Schreibmaschine spanne, ist nicht in meiner ersten Heimat, dem Aargauischen Stumpenland, gewachsen und verarbeitet worden, sondern es stammt aus Cuba, dem königlichen Boden der Vuelta Abajo, die wir auf der sichelförmigen Insel zwischen dem Atlantik und der Karibik westlich von La Habana finden, rund um Pinar del Rio, Sierra del Rosario und Sierra de los Organos genannt, aber auch im Herzen des Landes bei Santa Clara, wo sich die meisten der berühmten Firmen mit den klangvollen Namen angesiedelt haben, dort heißt die fruchtbare Gegend für die grünen Fluten Villas. Der Samen, so las ich beim Nicotiana-Biologen Herrera, geht etwa zehn Tage nach der Aussaat auf; zwischen dem fünfunddreißigsten und dem fünfzigsten Tag, im allgemeinen im Oktober, wird der Schößling pikiert, ungefähr einen Monat später zeigen sich die ersten Anzeichen der Reife, die zunächst mattgrünen Blätter werden heller und leuchtender, sie verlieren ihren Flaum; der Pflanzer, der sogenannte Veguero, beobachtet sorgfältig die Stengel und Rippen, denn wenn er leichten Tabak haben will, Qualität claro, pflückt er Grumpen, Sandblatt, Mittelgut, Hauptgut und Obergut vor der Zeit, hat er dagegen Bestellungen in der Skala Colorado oder Maduro, wartet er noch einige Wochen. Herrlich anzusehen, wie sich der Glutkranz der gerade geschnittenen Corona bis zu den Rändern durchfrißt, wie das Stahlgrau des Aschenrings und der blaue Dunst miteinander korrespondieren, kapital die ersten Züge, die schon die volle Würze der ätherischen Öle enthalten. Die Blätter kommen nach dem Pflücken in geräumige Schuppen, die sogenannten Tabakkathedralen, wo sie Wasser und Stärke verlieren. Es gibt drei Arten, das Gaumengold zu trocknen, die häufigste ist die Lufttrocknung, bei der die Bündel an eine Balkenleiter gehängt werden, von Stufe zu Stufe und in dem Maße, wie ihnen die Feuchtigkeit entzogen wird, rücken sie höher unter das Dach aus Palmenwedeln oder Guano. Diese Methode erfordert große Aufmerksamkeit und die feinste Abstimmung auf die Witterungsverhältnisse, wenn die relative Luftfeuchtigkeit 85 Prozent erreicht, müssen die Blätter an die Sonne gebracht werden, sie würden sonst aufquellen, und schon in diesem Stadium kündigt sich an, daß das Endprodukt, die handgerollte Havanna, nur in einem Humidor mit konstanter Temperatur oder in einem alten Tonnengewölbe frisch und federnd gehalten werden kann.

Quellgut also muß um jeden Preis vermieden werden, ist das Wetter zu regnerisch, sorgt ein Holzkohlenfeuer für die Verminderung des Wasserdampfgehaltes in der Luft. Handkehrum besprengt man den Boden und deckt ihn mit feuchten Tüchern, das Kunstwerk, das wir am Ende genießen, verdankt viel der Geschicklichkeit und dem Instinkt dieser Tabakhausverwalter. Die Sonnentrocknung ist jenen Blättern vorbehalten, die nicht einzeln gepflückt, sondern mit der ganzen Pflanze geerntet werden, man legt die Büschel auf große Holzgitter, wo sie ständig gewendet werden müssen, zeigt sich die gelbe Reifung, bringt man sie ein und läßt eine Lufttrocknung folgen, die Methode ist also eine gemischte und spart Platz, doch in einem so reichen Land, dem einzigen, wo der Puro gedeiht, darf es an Raum nicht fehlen, so wie man ein Fumoir nie zu eng konzipieren soll, damit eine Partagas, Romeo y Julieta oder Hoyo de Monterrey sich wie ein alter Bordeaux in der Karaffe entfalten kann. Zur Feuertrocknung ist nur zu sagen, daß sie aufkam mit der Mode der Doble-Claros oder Clarissimos, das heißt der grünen Deckblätter, die vor allem in den USA geschätzt werden und zu Unrecht als nikotinärmer gelten. Die alteingesessenen Vegueros empfinden die künstliche Erhitzung als eine Schande, sie nehme dem Tabak die Würze und die Geschmeidigkeit. Auf diesen Prozeß folgt die Fermentation, die

Blätter müssen von Stickstoffverbindungen und Harzen befreit werden, zu diesem Zweck holt man sie aus den Trockenschuppen und bündelt sie, eine Arbeit, die bei feuchter Witterung vonstatten geht, damit spröde gewordenes Haupt- oder Mittelgut nicht bricht. Die Gabillen werden dann auf ein Bett aus Guano, einer Art Vogelmist, oder Bananenwedeln geschichtet, an der Höhe des Stapels erkennt man die Beschaffenheit des Tabaks, in einem trockenen Jahr ist er von vorzüglicher Qualität. Die fertig errichtete Miete wird auf allen Seiten mit Palmschweifen oder leichten Stoffen abgedeckt, nach einigen Tagen beginnt die Temperatur im Innern zu steigen, die Fermentation hat begonnen. Was verstehen wir genau darunter? Die Eiweißstoffe und der Restzucker werden abgebaut, und es entwickeln sich wichtige Aromaträger, während der Nikotingehalt sich um etwa 10 Prozent verringert. Die Selbsterhitzung des Tabaks muß genau kontrolliert werden, bei Überschreiten oder Sinken der gewünschten Temperatur von 50 bis 60 Grad Celsius werden die Stapel umgeschlagen, das heißt, daß der mittlere Tabak nach außen und der äußere nach innen kommt. Dieses Verfahren findet im Minimum dreimal statt und dauert etwa ein halbes Jahr. Die Nicotiana kommt so aus ihrer ersten in die zweite, aus der zweiten in die dritte Hitze und lebt ein intensives Eigenleben bis zum Jungfernzug, zum Kuß des Rauchers.

Getrocknet und vorfermentiert wird das Gut sortiert und in die verschiedenen Lager und Fabriken verschickt. Die Feuchter haben nach geheimgehaltenen Arkanum-Rezepten eine Brühe zubereitet, deren Grundelement eine Lauge aus Tabakstengeln bildet. Damit besprengen sie die Blätter, die sodann in Kisten eingeschlossen werden. Tags darauf nimmt man sie wieder heraus, um sie zu klassifizieren. Zunächst teilt man sie in capas und tripas ein, aber das ist noch nicht alles. In jeder Kategorie, ob Deck oder Einlage, gibt es mehr als zehn Unterklassen, in welche das Hauptgut je nach Dicke, Farbe, Form und Textur eingestuft wird. Hier zeigt sich der wahre Kenner, in der Kunst des Sortierens. Aber er wird auf der anderen Hälfte der Erdkugel auch belohnt durch den Ernst des Lebensgenusses, wie Adam Nautilus Rauch zu sagen pflegt. Vor dem Verpacken führt man eine weitere Fermentation herbei, diesmal werden die Blätter zu gavillas gesträußt, der noch feuchte Tabak – und welcher Cigarier wüßte nicht den Sondergenuß des Feuchtrauchens zu preisen – wird in große Palmwedel eingeschlagen, so entstehen die Tercios, in dieser Form wird das Gaumengold bei Partagas, Montecristo und Punch besonders geschätzt, stets arbeitend. Im Lager werden die Tercios wie die Champagner-Flaschen in den Kellereien zu Reims überwacht, gewendet, umgeschichtet, damit diese Gärung regelmäßig verläuft. Dann beginnt erst die Phase der industriellen Manufaktur, die Gabillen werden aus ihren Hüllen geschält, und man muß ein echter Knecht des Tabaks und Meister der Trockenen Trunkenheit sein, um den Fermentationsgeruch in diesem Stadium zu ertragen, er ist scharf, durchdringend und betäubend. Wer bei Brenner Söhne in Pfeffikon oder bei Burger Söhne AG in Burg eine Lagerhalle betritt, wo freilich andere Ware, Sumatra, Brasil, Java, Domingo liegt, kriegt eine Ahnung davon. Ich empfehle, während ich meine Romeo y Julieta nach jedem Zug um ein Viertel abdrehe, jedem Konsumenten dieser Tabakblätter einen solchen Geruchsaugenschein an einem schwülen Sommernachmittag, er gerät so in eine Intensivstation des *tubakens* und wird begreifen, daß zwischen einem Morphinisten und einem Cigarier, was die Verliebtheit in die eigene Mitgift, in das Pneuma des blauen Dunstes betrifft, nur ein – freilich lebensrettender – gradueller Unterschied besteht.

Die Arbeiter feuchten die Gabillen noch einmal an und schütteln sie, damit die Flüssigkeit abtropft, dann legen sie die Ernte in separate Körbe und übergeben sie den Entripperinnen. Zino Davidoff schreibt in seinen Memoiren: »Und das sind nun die eigentlichen Stars des Tabaks. Das sind die Schönen mit den nackten Schenkeln, von denen die Legende berichtet. In ihnen lebt die Erinnerung fort an Carmen und die Mädchen, die in den Fabriken von Sevilla importierten

Tabak verarbeiten. Junge, anziehende Geschöpfe sind es im allgemeinen, deren Haut in allen Schattierungen von Weiß bis Dunkelbraun schimmert, fröhliche, lebhafte Mädchen, die da in der riesigen Werkstatt, in der ›Galeere‹, auf ihren kleinen Lederhockern sitzen.« Ihre Aufgabe besteht darin, die Mittelrippe zu entfernen. Sie legen das feuchte Blatt auf ein Brettchen, das sie auf ihren Schenkeln liegen haben, und lösen das Geäst geschickt mit Daumen und Zeigefinger heraus. Dann wird der Puro in Fässer geschichtet, mechanisch gepreßt und im Speicher für die dritte und längste Fermentationsperiode eingelagert. Wenn der Tabak schwer, dick und saftig ist, bleibt er mehrere Jahre dort und arbeitet. Noch ist es ein weiter Weg von der Pflanze bis zur Cigarre, so weit wie die Fahrt in meine Stumpenkindheit, und der Liebhaber sollte immer daran denken, wenn er eine der goldbronzierten, mit Expositions-Medaillen und Havanna-Musen geschmückten Kosten öffnet, um sich am Spiegel satt zu träumen. Nach der dritten Fermentation folgt das Mischen, von ihm hängt der aromatische Geschmacksakkord ab. Zu diesem Behufe treten Spezialisten auf den Plan, deren jeder für eine bestimmte Marke tätig ist und deren Hauptsorge darin besteht, Jahr für Jahr den richtigen Ton zu treffen, um die Montecristo-Kontinuität, die Partagas-Kontinuität, die Romeo-y-Julieta-Kontinuität zu bewährleisten. Sie besitzen das absolute Riechorgan. So wie ein gutes Restaurant nur dann eine erste Adresse ist, wenn der Steinbutt immer gleich frisch vom Markt kommt und gleich kurz oder lang gegart wird, der Koch das Rindsfilet bei gleicher Hitze in der Gußeisenpfanne porenfest schreckt, so will der Montecristo-Freak, der auf den Elefantenfuß schwört, nicht plötzlich eine Davidoff mit brauner Bauchbinde vorgesetzt bekommen, und so wenig wäre ein Ferrari-Pilot zufrieden, wenn ihm aus Maranello ein Maserati in roter Verkleidung angeboten würde. Sintemal jedes Menu gastronomique auf den krönenden Höhepunkt der Cigarre hinausläuft und man eigentlich nur ißt, um zu rauchen, darf der Connaisseur in diesem Punkt auf gar keinen Fall enttäuscht werden. Darum muß man sich vorstellen, wie die Mischer, diese Magier des Pneumas, nachdenklich in den Hallen umhergehen, in denen die Blätter von der Decke hängen gleich kostbaren Seidenfetzen, und sich von ihrer Nase leiten lassen. Diese Gaumen-Tüftler sind die Zeremonienmeister unserer schönsten Feierabendstunden, wobei die Einflüsse des Tabaks auf die Geschmackszellen, das Riechorgan und den Tastsinn noch wenig erforscht worden sind. Fest steht, daß die ätherischen Öle für die Aromabildung eine große Rolle spielen, die durch Wasserdampfdestillation vom Träger entfernt werden können, die Bedeutung der Harze wird vermutlich überschätzt, die Zucker tragen beim Verrauchen zur Abrundung des Genusses bei, manche Tabake, zum Beispiel die Orientsorten Zichna-Basma, Ak-Hissar, Ayassoluk und Ghiavur-Köj, weisen fette braune Flecken auf, die man als Würzezeichen deutet.

Sobald die Mischung durch die Odeur-Equilibristen komponiert worden ist, wird der Puro wieder leicht angefeuchtet und in Kisten gepackt, in denen nun die Gerüche »heiraten«. Öffnet man diese Behälter nach Jahren, entströmt ihnen der vuelta-royale Duft, der nichts mehr mit dem schwül drückenden Ballentrasten der fermentierten Blätter im Lager zu tun hat. Eine lange im Estrich aufbewahrte Teebüchse vermittelt, wenn auch auf ganz anderer Klangstufe, ein ähnliches Bukett. Doch es war ein Fehler Davidoffs, für Cigarrenqualitäten Weinnamen wie Château Margaux, Château Latour oder Château Haut-Brion einzuführen, wo es darum ginge, Camagüey y Oriente von der Semi Vuelta und Sierra de Nippe von Sierra del Rosario zu unterscheiden. Damit erklärten die Marketing-Strategen ihren Bankrott, was das deskriptive Erfassen von Tabak-Aromen betrifft. Wer sich aber mit seiner Kindheit befaßt, muß vor allem den frühesten Geruchsspuren nachschnuppern. Nun kommt die Stunde des Cigarrenmachers, er formt die Einlage zu einer Rolle – nur bei der Havanna werden ganze Streifen, Longfillers verwendet –, wickelt diese in das Umblatt und stellt so die Puppe her, die mit dem Winkelmaß geprüft wird. Zuletzt wird das

Deck, ein schräg aus dem Tabakherzen geschnittener Streifen, um den Wickel gebändert und mit einem Spezialkleber befestigt. Deshalb steht auf allen echten Cuba-Importkistchen »handmade«, die Cigarre wird nicht, wie es die Legende noch immer verbreitet, auf Frauenschenkeln gerollt, sondern nimmt auf einem kleinen Werktisch Gestalt an, unter den Händen eines erfahrenen Mannes, der mit der Präzision eines Uhrmachers arbeitet. Das Deckblatt ist zu zart, um mit der Maschine aufgerollt zu werden. Die Schlußphase der Herstellung ist nicht minder pittoresk als das übrige Procedere. Die Cigarren, die vom Wickeltisch kommen, werden mit Seidenbändern zu Paketen von je 50 Stück zusammengebunden. Diese Einheit nennt man Halbrad. Auf Cuba sagt man von jemandem, der fünfzig Jahre alt wird, er habe das Halbrad seines Lebens erreicht. Das Bündel wird einige Wochen in einem Schrank aus Zedernholz aufbewahrt, wo die Cigarre die Wärme der dritten Fermentation aufbraucht und schwitzt. Einen Monat später wird noch einmal sortiert, man breitet die Stangen aus und ordnet sie nach den Farben von doble-claro über claro und maduro bis zu oscuro und nach zahlreichen Schattierungen, für welche jede Firma eine eigene Skala hat. Danach werden die Cigarren in Kistchen verpackt, und auch diese Arbeit können nur Fachleute besorgen. Die hellsten Stücke werden als Spiegel – so nennt man die oberste Lage – aufgelegt, und man richtet es so ein, daß die feinen Adern nach unten zu liegen kommen. Das Innere der Schatulle besteht aus der Cubanischen Zeder, deren konservierende Eigenschaften von keiner anderen Holzart übertroffen werden, nur muß man heute oft zu Gabun-Boxen Zuflucht nehmen.

Und damit sind wir im Zauberreich der Hecho-en-Cuba-Schatztruhen, der wunderbar exotisch verzierten Kistchen, eine Laterna magica, wenn ich eine besessen hätte wie Edmond de Mog und sein Favorit Marcel, ja das Hokuspokus-Sortiment von Franz Carl Weber hätte mich nie so in Bann schlagen können wie die papageiengelbe Schachtel von Partagas, die zunächst mit einem Goldmäander, dann mit einer

königsblauen Schriftleiste umrandet ist, zitronengelb das
Firmenetikett mit einem geschwungenen Volutenband in
Altrosa und dem zinnoberroten Werbeschwibbogen, Flor de
Tabacos, Superiores de la Vuelta Abajo, Habana, Fabrica de
Cigarros Puros, dann stempelgrün, ins verschossene Oliv
changierend, die Republica-de-Cuba-Banderole, das Medaillon mit dem Palmenstrand, das Wappen von La Habana, der Staat garantiert für die Echtheit des exportierten
Produkts. Man schlitzt sorgfältig mit dem Papiermesser den
Rand auf, drückt beim goldenen Nägelchen gegen den Dek-
kel und wird noch einmal überrascht durch ein satteres, fast
schon maisiges Gelb, das Innere der Kiste, intarsienselig, ist
geschmückt mit einer blaßblauen und fleischfarbenen, an
Abziehbildchen gemahnenden Marke, auf der sich grell ko-
lorierte Tabakmusen, dralle Putten und tiefgülden bron-
zierte Expositions-Medaillen um einen mit türkisgrünen
Steinen gespickten Sarkophag drängen, Un Rappel de Me-
daille d'Or, und erst wenn man das lackglänzende Schutz-
blatt, bei einem Buch den Schmutztitel, zurückschlägt, duftet einem der tadellose Claro-Spiegel entgegen. Dagegen das
dezente Vanillegelb der Montecristo-Schachtel mit den
sechs zum Doppeldreieck gekreuzten Degen und den kad-
miumroten Flachtrapezen Monte Cristo Habana, ein ocker-
goldener Würfelfries, inseitig dieselben Insignien, weißgol-
dener, die Legende mit der Unterschrift von Menendez y
Garcia: Los tabacos que utilizamos en la elaboracion de
esta marca son seleccionados de la mas alta calitad que se
ruserha en la Isla de Cuba. Bei Romeo y Julieta ein hell zin-
nobergrüner Rand mit blau-orangen Helgen aus der Insel-
Folklore, dazu der berühmte Balkon unter der Pink-Bande-
role, die Geliebte beugt sich zum Freier im kobaltvioletten
Wams, Cedros de Luxe No. 1, eine Bauchbinde in Gold und
dunkelstem Oliv.

Doch noch ist die Kiste nicht in unseren Händen, sie hat
jene abenteuerliche Reise vor sich, die man Export nennt.
Import-Export, das war für meine Kindheit die doppelte
Gnade, die im Atemholen liegt. Die Cigarre hat ihre drei

hauptsächlichen Fermentationen hinter sich, bis zur vierten, die sie etwa fünf Monate nach ihrer Verschiffung durchmachen wird, kann sie als frische oder grüne Havanna verkauft werden. Sie so zu rauchen, ist eine besondere Delikatesse, man ist dem Blatt näher, es fühlt sich geschmeidiger an, es gibt Kunden, die von ihren Händlern sofort benachrichtigt werden wollen, wenn ein Posten eingetroffen ist, der, wenn man so will, noch nicht in die letzten Monatsbeschwerden der Cigarre eingetreten ist. Andernfalls muß sie ein ganzes Jahr warten, denn nach dem Löschen der Ladung beginnt sie wieder zu arbeiten. Der gute Verkäufer rät seinen Kunden ab, schwitzende Puros zu horten. Dazu besitzt jedes erstklassige Geschäft einen maturing room, und diese unbedingt notwendige Lagerruhe überträgt sich auf den genußvollen Connaisseur, der pro Minute nicht mehr als einen Zug tut, als einzigartige Mischung von Stimulation und Besänftigung, von Ablenkung und Konzentration, was für das Handwerk des epischen Schilderns, das Hermann Arbogast Brenner übt, so fruchtbar ist, denn einerseits, so sagt Reiners, sollen wir uns vom Detail in die Weite und Irre führen lassen, anderseits müssen wir immer wieder Brennpunkte schaffen. Man könnte, einen Begriff der Psychotherapie verwendend, fast sagen, die Havanna übe im maturing room das autogene Training, sie in dieser Phase nicht zu stören, doch dann und wann zu besuchen, gehört zur leidenschaftlichen Treue des Tabakmüßiggängers, so wie wenn ein Champagner-Trinker gerade dabei ist, wenn die tief ausgekegelten Flaschen in den Kellerkatakomben gedreht werden.

Unsere Cigarre muß beim Aufbewahren vor allem die richtige Luftfeuchtigkeit haben, ideal sind 60 bis höchstens 67 Prozent, und sie will vor abrupten Temperaturschwankungen geschützt werden. Ich denke, vom Pneuma meiner Romeo hinabgetragen, an das Kellerlabyrinth der Fabrikantenvilla in Menzenmang, denke an die Carceri mit den friedhofseitigen Konchen im Pfarrhaus zu Starrkirch, wobei sich gleich der Herzriß meldet, daß ich damals noch eine Familie hatte. Hier in Brunsleben dient das Verlies des alten Söllerturms als Tresor, wobei ich meine Kisten in trockenen Nächten oft in den alten Stall hinaustrage, um ihnen etwas mehr Feuchtigkeit zu geben. Bei meiner Freundin Irlande von Elbstein-Bruyère lagern die aus Moskau stammenden Upmann Aromaticos, mandarinenfarbene Mäander-Umrahmung, süßblauer Medaillen-Himmel, im sogenannten Jägerzimmer bei den Gürteltieren und Giftschlangen in den Gläsern. Ich weiß, es hat sich bei Neurauchern die Unsitte eingebürgert, den messingbeschlagenen Mahagoni-Humidor mit der Temperatur-Uhr möglichst ebenso salondominant aufzustellen wie den Fernsehapparat, um dem Gast gleich auf den ersten Blick die Tabakkultur des Hauses zu verraten. Das ist falsch, die Havanna wird in ihrer Originalverpackung und im geheimen aufbewahrt. Kenner raten, ein Stück herauszunehmen, damit die übrigen besser atmen können, auch das ist ein Irrtum, denn die Cigarre muß im Kreise ihrer Familie leben, erst als kommunizierende Gefäße reifen die Montecristos zur Gänze. Die Cubanische Zeder begünstigt diesen Prozeß, deshalb gewährleistet die Schichtung Lage auf Lage die beste Pflege. Was man nicht oft genug betonen kann: eine korrekt gehütete Havanna büßt nicht nur nichts von ihrer Qualität ein, sie wird mit dem Alter sogar immer edler. Der versierte Händler wie mein Freund Walter Menzi bei Dürr an der Zürcher Bahnhofstraße weiß, daß die Ernte der Vuelta in den Jahren 1962, 1967, 1976 und 1981 excepcional war, dagegen 1940 und 1980 mala. Er kann uns genau sagen, ob die angebotene Ware seit zwölf oder achtundvierzig Monaten am Lager liegt, ob die Cigarre im August noch ihre Blüte ausschwitzen wird oder ihr ideales Alter erreicht hat.

Wir sollten uns deshalb für die Ergänzung unserer Vorräte so viel Zeit nehmen, wie wenn wir zum Schneider gehen. Für mich mischt sich in die Vorfreude immer etwas Lampenfieber wie zu Kinderzeiten, wenn wir in Zürich den Franz Carl Weber aufsuchen durften. Herr Menzi weiß, was ich suche. War Ihnen bekannt, sagt er zu mir, daß die größten Cigarrengenießer in England nicht nur ein Fumoir, sondern auch einen maturing room im eigenen Haus hatten? Tja, versetze ich dann, dagegen ist mein Kellerverlies auf Brunsleben fast ein vandalisches Ungemach, es ist ja fast so, als ob ich die frischen Romeos und Partagas direkt in den Kühlschrank legen würde. O nicht doch, Herr Brenner, das alte Bruchsteingemäuer bietet ideale Verhältnisse. Wissen Sie, als ich noch das abrißreife Pfarrhaus von Starrkirch bewohnte, ließ ich die Kistchen oft so lange im karfangenen Tonnengewölbe ruhen, bis sich eine Grünspan-Patina bildete. Dann waren die Cigarren geschmeidig wie direkt ab Schiff, und es verstärkte sich der Doble-Claro-Effekt. Ach ja, die Amerikaner mit ihrem Fimmel für den hellen Teint! In Spanien ist Oscuro Trumpf wie noch zu Beginn des Jahrhunderts. Und schon gleiten wir ab in die Historie, während wir eine Raffael Gonzales aus der Provinz Pinar del Rio versuchen. Sehen Sie, Herr Brenner, da gibt es eine traditionelle Verbindung von Poesie und Tabak, in den fünfziger Jahren des letzten Jahrhunderts setzte sich in den Werkstätten Don Jaime Partagas' der Brauch durch, Victor Hugo vorzulesen zum Puppen, Wickeln und Rollen, und in den Tagen vor dem cubanischen Unabhängigkeitskrieg waren die Galeeren sogar Zentren der politischen Agitation. Das Vorlesen oder Kommentieren von Tagesaktualitäten wurde verboten, was eine regelrechte Volkserhebung auslöste. Zino behauptet in seinen Memoiren, daß die 1901 erlangte Unabhängigkeit Cubas in den klassischen Cigarrenfabriken ihre Geburtsstätte hatte. Dann setzte sich das erste Radio durch, bei Cabanas y Carbajol, eine leider untergegangene Spitzenmarke; heute werden entweder Castros Lehren verkündet, oder die Schlagermusik hat Victor Hugo verdrängt. Wie, sage ich, wenn anstelle von Evergreens Gabriel García Márquez vorgetragen würde, von dem ich freilich nie etwas gelesen habe? So zieht sich das Disputat hin, bevor wir die Treppe hinunter ins klimatisierte Heiligtum treten. Der Financier mag ein ähnliches Gefühl erleben, wenn er im kühlen Sousol seines Geldinstituts, nachdem sich die Panzertür lautlos geöffnet hat, den Schlüssel in sein Fach steckt, um einen Goldbarren abzuholen oder auch nur um ein Viertel zu wenden, aber was ist eine Nugget-stange gegen die Schätze, die bei Dürr an der Bahnhofstraße lagern? Ein verächtlicher Blick auf die hochglanzpolierten Humidortruhen und die in Schmucketuis ausgestellten Davidoff-Scheren; was ein echter Cigarier ist, der beißt die Kuppe ab, wissend, daß sie zu diesem Zweck eigens als Kappe aufgeleimt wurde. Herr Menzi zeigt mir die schönsten Spiegel von Hoyo de Monterrey, Larranga Upmann, Punch, Ramon Allones, Montecristo, Partagas, Romeo y Julieta, keine vergebliche Mühe scheuend, denn wenn ich auch schnuppere oder prise, wie die Fachleute sagen, bald da, bald dort den Daumen ansetze, einen Anflug von Fehlfarbe beanstande, das sprichwörtliche Oscuro der Allonso noch immer nicht mag oder frage, was La Paz in diesem Vuelta-Tresor zu suchen habe, kehre ich immer wieder zu meinem bewährten Dreiklang zurück: die Romeo Nummer 1 für festliche Zwecke, besonders azorenhohe Sommerabende und tiefsommerliche August-Nächte, die Hoyo des Dieux mit dem dottergelben Seidenband als Halbrad-Reminiszenz für den Mittag und die Arbeit, die Partagas Corona oder Culebras oder Charlotte aus Kindheitsromantik, denn genau in solchen goldgelben Schachteln, die Ende der vierziger Jahre dasselbe Aussehen hatten wie heute, nur in meiner Erinnerung lichtocker gebleicht erscheinen, bewahrte ich meine Bubenschätze auf, die Aluminiumplättchen aus den Ritzen der Güterschuppen WSB und SBB, Bauchbinden von Stumpen und Cigarren, wie gesagt keine Schmetterlinge und Hirschkäfer, die Natur hat mich nie sonderlich interessiert, dafür einen rubinroten Blusenknopf meiner Frau Mutter.

In den Gefilden des Eros

Sappho

Fragment

Und wieder löst Eros die Glieder mir,
biegt und beugt mich das wilde Tier –
süß und bitter. Ich entrinn' ihm nicht.

LUCIUS APULEIUS
Besuch einer Dame

Inzwischen hatte sich das Gerücht von meinen Wunderkünsten so verbreitet, daß mein Herr überall bekannt und berühmt war: »Das ist der Mann, dessen Freund und Tischgenosse ein Esel ist, der sich auf Ringkämpfe versteht, ein Esel, der tanzen kann, ein Esel, der die menschliche Sprache versteht und der sich durch Kopfnicken verständlich zu machen weiß!«

Aber nun möchte ich noch, was sich schon längst gehört hätte, nachtragen, wer der Mann war und woher er stammte: Thiasus – so hieß mein neuer Herr – stammte aus Korinth, der Hauptstadt der Provinz Achaia, und hatte entsprechend seiner Geburt und seinem Stand die ganze Ämterlaufbahn durchmessen, bis er schließlich jüngst auf die Dauer von fünf Jahren in die oberste Verwaltung gewählt worden war, wobei er für diesen hohen Ehrentag ein dreitägiges Gladiatorenspiel versprochen hatte, um seine Freigebigkeit in erweitertem Rahmen unter Beweis zu stellen. Und weil er das Volk für sich einzunehmen wünschte, war er sogar bis nach Thessalien gereist, um die besten wilden Tiere und berühmte Gladiatoren anzukaufen. Schließlich war alles nach Wunsch besorgt und beschafft, und er begab sich wieder auf die Heimreise. Dabei verzichtete er auf seine glänzenden Wagen und ließ die bequemen Kutschen mit und ohne Dach unbenutzt am Schluß des Zuges mitführen, desgleichen auch die thessalischen Reitpferde und die gallischen Zugtiere aus wertvollster Zucht, um, was seine Person betraf, mich höchstselbst zu besteigen, nachdem er mich mit goldenem Geschirr, buntem Sattel, purpurnen Decken, silbernen Zügeln, gestickten Gurten und klingenden Schellen hatte großartig ausstaffieren lassen. Unterwegs schmeichelte er mir mit freundlichen Worten und versicherte mir unter

144

anderem, daß es ihm eine große Freude sei, in seinem Reittier zugleich auch einen Tafelgenossen zu sehen.

Als wir die Reise teils zu Lande und teils zur See hinter uns und Korinth erreicht hatten, strömten die Bürger scharenweise zusammen, weniger Thiasus zu Ehren, wie mir schien, als vielmehr, um mich zu bestaunen. Mein Ruf war mir so vorausgeeilt, daß ich für meinen Wärter keine kleine Einnahmequelle war. Als er sah, daß viele Leute meine Possen zu sehen begehrten, ließ er sie gegen ein Eintrittsgeld herein, indes er mich hinter Schloß und Riegel hielt, und gewöhnte sich alsbald an einen ganz netten Nebenverdienst.

Zu diesen Interessenten gehörte auch eine einflußreiche und vermögende Dame. Nachdem sie, wie die anderen auch, für die Besichtigung bezahlt und sich an meinen verschiedenen Scherzen begeistert hatte, geriet sie in ein immer größeres Entzücken und merkwürdiges Gelüst nach mir. Weil sie keine andere Möglichkeit sah, gegen diese sonderbare Leidenschaft anzugehen, begehrte sie als eine zweite Pasiphae – diesmal allerdings mit einem Esel – inbrünstig nach meiner Umarmung. Schließlich erkaufte sie sich für eine entsprechend hohe Summe bei meinem Pfleger ein nächtliches Beisammensein; er willigte ein, ohne sich Gedanken zu machen, was für ein Reiz von mir ausgehen könne, und kümmerte sich, ganz Geschäftsmann, nur um seinen Vorteil.

Als wir zu Abend gegessen und den Speiseraum des Herrn verlassen hatten, wartete die Dame bereits in meinem Schlafzimmer! Große Götter, was für Vorbereitungen waren da getroffen worden, welch eine Pracht! Vier Verschnittene bereiteten auf der Erde rasch einen weichen Pfühl aus vielen leichten und luftigen Daunenkissen, über den sie sorgsam eine mit Gold und tyrischem Purpur bestickte Decke breiteten; und auf dieser verteilten sie noch eine Anzahl kleinerer, herrlich duftender Kissen, wie sich vornehme Damen ihrer gern als Wangenpolster oder Nackenpolster bedienen. Dann zögerten sie die Freuden ihrer Herrin nicht länger durch ihre Anwesenheit hinaus, sondern schlossen die Tür des Schlafraums und entfernten sich. Hier im Ge-

mach aber durchstrahlten hell schimmernde Kerzen das
nächtliche Dunkel.

Nun legte sie alle Hüllen ab und auch die Binde, die ihre
zarten Brüste umschloß, trat nahe ans Licht und salbte sich
ausgiebig aus einem Zinngefäß mit wohlriechendem Öl, mit
dem sie auch mich versorgte und mit besonderer Hingabe
meine Nüstern salbte. Dann küßte sie mich stürmisch –
keine Küsse, wie sie im Freudenhaus zwischen billigen Mädchen und sparsamen Besuchern gewechselt werden, sondern
voller Empfindung und Zärtlichkeit – und liebkoste mich
und sprach: »Ich liebe dich!« und »Du gefällst mir!« oder
»Dich nur habe ich lieb!« und »Ohne dich kann ich nicht leben!« und was sonst noch die Frauen sagen, um zu verführen und um ihre Zuneigung zum Ausdruck zu bringen. Dann
faßte sie mich am Halfter und zog mich zu sich aufs Bett. Ich
machte ihr dabei keine Mühe, denn ich hatte ja gelernt, mich
hinzulegen, und es war auch nichts Neues und Schwieriges
für mich, wenn ich – besonders nach so langer Zeit – die
Umarmungen einer so schönen und leidenschaftlichen Frau
über mich ergehen lassen sollte. Und das um so mehr, als ich
reichlich guten Wein genossen hatte und die duftenden Sal-
ben meine Begierde erregten.

Trotzdem hatte ich Angst, mit meinen langen und zu vielen Beinen auf eine so vornehme Dame zu treten und so
zarte und schimmernde Glieder, die wie Milch und Honig
waren, mit meinen derben Hufen zu umschlingen, die zierlichen, von ambrosischem Schmelz feuchten Purpurlippen
mit meinem so ungeschlachten und riesigen Maul und seinen Quadern von Zähnen zu küssen, und schließlich und zu
guter Letzt auch, wie eine Dame, und sei sie noch so sinnlich
bis in die Fingerspitzen, einen so übergroßen Körperteil aufnehmen würde. Und wehe mir, wenn ich einer so vornehmen Dame ein Leid zufügen würde: Ich würde den wilden
Tieren vorgeworfen und zu einer Schaunummer auf dem
Fest meines Herrn gemacht werden.

Sie aber hörte nicht auf, mir mit zärtlichen Koseworten,
vielen Küssen, süßem Schmeicheln und Augenzwinkern zu-

zuflüstern: »Da bist du ja, mein Täubchen, mein Spätzlein!«
Und dann beruhigte sie mich, daß all meine Befürchtungen
gegenstandslos und meine Sorgen unbegründet waren. Sie
umschlang mich, so eng sie konnte, und nahm mich ganz,
wahrhaftig ganz in sich auf! Und sooft ich mich zurückzog,
um sie zu schonen, so oft drängte sie ungestüm nach, umschlang meinen Rücken und drängte sich an mich, bis ich
tatsächlich befürchtete, mir fehle noch ein bißchen, um sie
restlos zufriedenstellen zu können, und im Ernst argwöhnte,
die Mutter des Minotaurus habe sich nicht ohne Grund
einen muhenden Liebhaber auserkoren. – Nachdem wir auf
diese Weise eine recht arbeitsame und schlaflose Nacht verbracht hatten, verabredete die Dame mit meinem Wärter
den gleichen Preis für die kommende Nacht und begab sich,
um nicht gesehen zu werden, noch vor Tagesanbruch hin-
weg.

AUS DEM KAMASUTRA
Die Frau in der Rolle des Mannes

Bemerkt die Frau während der Einung, daß der Mann zwar ermüdet, aber noch von Leidenschaft erfüllt ist, dann kann sie sich über ihn wälzen und seine Rolle übernehmen, um ihm zu helfen. Sie kann das entweder mit seiner Einwilligung oder auch ohne sie tun, und zwar um seiner Wißbegierde zu genügen oder des Neuheitswertes wegen.

Diese Einung kann auf zweierlei Weise vollzogen werden: Entweder geschieht sie nach der eigentlichen Einung, indem die Frau den Mann auf den Rücken dreht, wobei sie ihn unausgesetzt festhält, oder die Frau übernimmt die dem Mann naturgemäße Lage von Anfang an.

Während die Blüten aus ihrem aufgelöst flatternden Haar fallen, ihr Lachen vom Atemholen unterbrochen wird, ihre Brüste die Brust ihres Geliebten beim Küssen beschweren, ihr Kopf sich oftmals hernieder beugt, soll die Frau alle die Kunstgriffe, die ihr Geliebter bei ihr angewendet hat, an ihm wiedervergelten; sie ruft dabei: »Vorher war ich unten, aber jetzt werde ich dich niederdrücken!« Unter solchen Scherzen versetzt sie ihm Püffe und Stöße. Ist sie dann ermüdet, soll sie zu ihrer Schamhaftigkeit zurückkehren, indem sie deutlich macht, daß sie die Einung zu beenden wünscht; sie hält sich dabei an denselben Weg wie der Mann nach der Einung.

Nun soll beschrieben werden, wie der Mann vorzugehen hat.

Er soll damit beginnen, daß er den Knoten ihres Untergewandes löst; sie liegt indessen auf dem Lager, scheint von seinen verliebten Reden verwirrt zu sein und hindert ihn am Aufbinden des Knotens. Er aber soll ihre Ängste dadurch zerstreuen, daß er ihre Wangen und andere Körperstellen küßt. Ist sein Lingam bereit, soll er zärtlich ihren Leib kosen;

vollzieht er die Einung mit seiner Geliebten zum erstenmal, soll er sie zwischen den eng zusammengedrückten Schenkeln berühren. Ist sie noch unberührt, dann soll er ihre Brüste drücken, ihre Arme, ihre Seiten, ihre Schultern, den Hals und die geschlossenen Schenkel kosen, ehe er den Knoten löst. Ist sie jedoch eine erfahrene Frau, dann richtet sich der Vorgang gewöhnlich nach den beiderseitigen Neigungen.

Auch soll er mit stürmischer Bewegung die Locken ihres Haares ergreifen, ehe er sie auf den Mund küßt, und ihr Kinn mit zusammengehaltenen Fingern pressen.

Gewöhnlich schließt das Mädchen, das noch keine Erfahrung in Liebesangelegenheiten hat, bei der ersten Einung die Augen.

In jedem Fall soll der Mann herausfinden, welche Kunstgriffe die Leidenschaft der Frau bei der Einung entflammen, und demgemäß vorgehen.

Nach der Ansicht von Suvarnanabha liegt das Geheimnis, das Verlangen einer Frau zufriedenzustellen, darin, daß der Mann wahrnimmt, wohin die Frau ihren Blick nach der Einung wendet; jene Stellen ihres Körpers muß er mit sich steigernder Lebhaftigkeit und Kraft drücken.

Die gänzliche Befriedigung der Frau zeigt sich durch die Mattigkeit der Glieder an, durch das Schließen der Augen, das Verschwinden ihrer Schamhaftigkeit und das Drücken ihres Unterleibs gegen den des Mannes.

Sie schüttelt ihre Hände, bricht in Schweiß aus, beißt, hindert ihn daran, sich abzuwenden, stößt mit ihren Beinen und setzt die Bewegungen sogar noch fort, nachdem der Mann schon aufgehört hat.

Der Mann soll mit dem Ablauf vertraut sein; darum soll er nie versäumen, das Yoni durch Kitzeln mit dem Finger vorzubereiten, ehe die eigentliche Einung vollzogen wird.

Es gibt zehn Möglichkeiten an Stößen bei der Einung:

Wird er ruhig und in natürlichem Rhythmus ausgeführt, spricht man von Upasriptaka, was Vorwärtsbewegung bedeutet.

Hält der Mann den Lingam und dreht ihn im Yoni nach allen Seiten, so heißt das Manthana, was Buttern bedeutet.

Ist das Yoni unten und der Lingam dringt von oben her ein, so nennt man das Hula, was Durchbohren bedeutet.

Ist das Verhältnis gerade umgekehrt, wobei eine jähe und heftige Bewegung erforderlich ist, dann spricht man von Avamardana, was Reiben bedeutet.

Drängt der Mann den Lingam mit ziemlicher Heftigkeit in das Yoni und setzt er den Druck so lange als möglich fort, so heißt das Piditaka, was Drücken bedeutet.

Zieht der Mann den Lingam mit Zartheit zurück und preßt dann wieder seinen Unterleib mit ziemlicher Heftigkeit gegen denjenigen der Frau, so nennt man das Nirghata, was einen Streich versetzen bedeutet.

Wenn der Lingam nur eine Seite des Yoni reibt, dann bezeichnet man das als Varahaghata, was Biß eines Ebers bedeutet.

Wenn die beiden Seiten des Yoni mit dem Lingam gerieben werden, heißt das Vrishaghata, was Stoß eines Stiers bedeutet.

Wenn der Mann, ohne den Lingam zurückzuziehen, die Stöße schneller nacheinander fortsetzt, so führt das den Namen Chatakavilasita, was die Jagd des Sperlings bedeutet. Damit wird gewöhnlich das Ende des leidenschaftlichen Zustandes angezeigt.

Wird die Einung vollzogen, ohne daß der Lingam zurückgezogen wird und Mann und Frau mit eng aneinander gedrückten Schenkeln liegen bleiben, so heißt das Samputa.

Der Mann muß entscheiden, welche von diesen zehn Weisen der Frau zusagen dürfte und dementsprechend die Einung mit ihr vollziehen. Nimmt die Frau die Rolle des Mannes an, dann sind dreierlei Stöße möglich:

Wenn die Frau, indem sie die Vadava-Haltung bei der Einung übernimmt, den Lingam im Yoni festhält, ihn weiter hinein zu drängen sucht und ihn lange darin läßt, so nennt man das Samdamsha, was Zange bedeutet.

Wenn die Frau sich auf dem Mann befindet, den Lingam

im Yoni festhält und sich im Kreis herumdreht, so führt das die Bezeichnung Bhramaraka, was Kreisel bedeutet. Das kann nur nach beträchtlicher Erfahrung ausgeübt werden. Der Mann muß dabei seine Schenkel heben, um die Frau bei den kreisförmigen Bewegungen und der unausgesetzten Einung zu unterstützen.

Wenn die Frau ihre Hüften und den Unterleib nach allen Seiten schaukeln läßt, so heißt das Prenkholita, was Schaukel bedeutet. Während sie noch mit ihrem Geliebten vereinigt ist, soll die Frau ausruhen, indem sie ihre Stirn auf diejenige des Mannes legt.

Hat sie auf diese Weise ihre Müdigkeit überwunden, erneuert der Mann die Einung.

Mag die Frau auch zurückhaltend sein und ihre Empfindungen und ihr Verlangen zu verbergen trachten, so kann sie es dennoch nicht mit Erfolg tun, sobald sie in der Heftigkeit die Rolle des Mannes annimmt.

Bei allen Gelegenheiten muß der Mann sorgfältig jede Handlung der von ihm geliebten Frau beobachten, danach ihre Wesensart und Leidenschaft beurteilen und die Einung mit ihr vollziehen, indem er dies berücksichtigt.

Der Mann darf niemals der Frau erlauben, die Rolle des Mannes anzunehmen, wenn sie gerade menstruiert, wenn sie vor kurzem entbunden hat, wenn sie zum Typ der Gazelle gehört, wenn sie schwanger und wenn sie allzu dick ist.

SEI SHONAGON
Eine Anweisung für Kavaliere

Ein Kavalier, der beim ersten Anbruch der Morgendämmerung seine Geliebte verläßt und dabei im Halbdunkel umhertappt, nach Fächer und Notizbuch sucht und vor sich hinmurmelt: »Wie merkwürdig! Wo habe ich das Zeug nur hingelegt?« – solch ein Mann ist wirklich ein armseliger Tropf.

Schließlich findet er die vermißten Dinge, umständlich verbirgt er das Notizbuch in seinem Gewand, und bevor er sich verabschiedet, öffnet er geräuschvoll seinen Fächer, um sich Kühlung zu verschaffen. Überflüssig, zu sagen, daß ein solches Verhalten verabscheuungswürdig ist. Es ermangelt jeder Anmut und Würde.

Nicht anders ist es mit dem Kavalier, der seine Geliebte in stockdunkler Nacht verläßt und vor seinem Aufbruch die Bänder seines Hutes erst sorgfältig binden muß. Wer würde es ihm zu so später Stunde verargen, wenn er den Hut einfach aufsetzen und die Bänder lose herunterhängen lassen würde? Selbst wenn sein Gewand etwas in Unordnung geraten wäre, würde ihn niemand um diese Zeit deswegen tadeln.

Gerade beim Abschied stellt es sich heraus, was der Mann für ein Mensch ist. Er seufzt und ist traurig, daß er schon aufbrechen muß. Nur widerwillig erhebt er sich, wenn sie beschwörend zu ihm sagt: »Oh, der Tag bricht schon an, jetzt mußt du aber gehen!« Noch einmal kommt er ihr ganz nah und flüstert ihr Zärtlichkeiten ins Ohr, die er ihr während der Nacht nicht oft genug gesagt hat. Unauffällig kleidet er sich dann an, öffnet behutsam die Fenster, und wenn er sich schließlich zum Aufbruch entschließt, gehen sie gemeinsam bis zum Gartentor. »Wie endlos wird dieser Tag ohne dich sein!« gesteht er ihr klagend beim Abschied.

Wenn er sich so verhält, muß sie ihm noch lange mit ihren Blicken folgen, indem ihr Herz mit Seligkeit und Trauer erfüllt wird.

Wie verabscheuungswürdig ist dagegen ein Liebhaber, der sich mit einem Sprung vom gemeinsamen Lager erhebt, aufgeregt im Zimmer hin und her läuft, um seine Siebensachen zusammenzusuchen, und, wenn er sich schließlich umständlich angekleidet hat, mit ganzer Kraft seine Jackenbänder festbindet. Wenn er dann beim Hinausgehen noch nicht einmal das Gartentor hinter sich schließen sollte, so wird sie ihn eines Tages nur noch hassen.

FRANÇOIS VILLON
Ballade von der Dicken Margot

Ich mag das Luder und ich halt zu ihr.
Bin ich deshalb ein Dummkopf oder Strolch?
Sie hat so was, das hat nicht jede hier,
Und diesen Schatz beschütz ich mit dem Dolch.
Ich lauf und hole Wein, kommt so ein Molch,
Stell Brot und Käse hin, wie's meine Pflicht.
Doch dann verschwinde ich und mucks mich nicht.
Und hat er gut bezahlt, sag ich: »Durchlaucht,
Kommt wieder, wenn Euch mal der Hafer sticht!
In unserm Puff kriegt jeder, was er braucht.«

Doch manchmal gibt es zwischen uns auch Streit,
Verdient Margot kein Geld und – streckt sich lang.
Dann werd ich wild und schnappe mir ihr Kleid,
Den Silbergürtel und den Überhang,
Um's zu verhökern. – Na, das gibt Gestank!
Die Arme stemmt sie ein, wird puterrot
Und schreit: »Das wage nicht! Bei Christi Tod!«
Dann hau ich ihr eins drauf, daß es so raucht,
Mit einem Stück, das sich mir grade bot. –
In unserm Puff kriegt jeder, was er braucht.

So gibt sie Ruhe, läßt ein Fürzchen bloß
Wie eine giftige Kröte, mit Geschnauf,
Verpaßt mir lachend einen leichten Stoß
Und sagt: »Gogo!« und knöpft den Latz mir auf.
Danach beginnt ein mächtiges Gesauf.
Wenn sie erwacht, treibt sie's erst recht verrückt
Und steigt auf mich, daß sie die Frucht nicht drückt.
Ich stöhne, fast zerquetscht und plattgestaucht.
Zum Schluß schlepp ich mich weg, lahm und gebückt.
In unserm Puff kriegt jeder, was er braucht.

Von Wind und Schnee bin ich nicht mehr gehetzt,
Ich habe Brot und Bett als Lude jetzt,
Leg keinen Wert drauf, ob die Welt das schätzt,
Lieb wie ein Kater, welcher untertaucht,
Ob's noch so stinkt, im schmutzigen Rattenloch.
Nicht Ehre such ich, denn sie flieht mich doch.
In unserm Puff kriegt jeder, was er braucht.

Giovanni Boccaccio
Rusticos Teufel und Alibechs Hölle

Dioneo, der die Geschichte der Königin aufmerksam verfolgt hatte, bemerkte, als sie beendet war, daß ihm allein noch zu erzählen oblag.

Er begann daher, ohne eine Aufforderung abzuwarten, lachend zu sprechen:

Meine anmutigen Schönen, ihr habt sicher noch niemals gehört, wie man den Teufel in die Hölle schicken kann. Ich will es euch darum erzählen, ohne mich damit von dem Thema zu entfernen, von dem ihr alle heute gesprochen habt. Wenn ihr recht achtgebt, könnt auch ihr vielleicht einmal eure Seele auf dieselbe Weise retten.

Auch werdet ihr aus der Erzählung erkennen, daß Amor, wenngleich er lieber in heiteren Palästen und üppigen Zimmern als in dürftigen Hütten wohnt, es deshalb doch nicht ganz verschmäht, zuweilen auch in schattigen Wäldern oder auf hohen Bergen und selbst in einsamen Höhlen seine Kraft zu erproben; woraus wir ersehen, daß alle Dinge ihm untertan sind.

Doch um zur Sache zu kommen, vernehmet, daß in der Stadt Capsa in der Berberei einmal ein sehr reicher Mann lebte, der außer einigen Söhnen auch eine schöne, edle Tochter namens Alibech besaß. Sie war keine Christin, doch hatte sie von den vielen Christen, die in der Stadt lebten, den christlichen Glauben und Gottesdienst überschwenglich preisen hören. Deshalb fragte sie eines Tages einen der Christen, auf welche Weise man denn Gott am besten und ungestörtesten dienen könne. Der Christ antwortete, daß jene Menschen am besten Gott dienen könnten, die allen weltlichen Dingen ganz und gar entsagt hätten, wie zum Beispiel die frommen Männer, die sich in die Einsamkeit der Wüste von Thebaida zurückgezogen hätten.

Das Mädchen, das vielleicht vierzehn Jahre alt und noch ganz unerfahren war, machte sich am folgenden Morgen, mehr von kindlicher Neugier als von frommem Verlangen getrieben, ohne einen Menschen davon zu verständigen, auf den Weg, wanderte ganz allein auf die Wüste von Thebaida zu und langte, da ihr Verlangen anhielt, auch wirklich einige Tage später in der Einöde an. Als sie in der Ferne eine Hütte entdeckte, ging sie darauf zu und traf vor der Tür derselben einen frommen Einsiedler, der sehr verwundert war, sie hier zu sehen, und sie fragte, was sie hier suche.

Das Mädchen antwortete, daß sie, Gottes Ruf folgend, hergekommen sei, um hier Gott zu dienen, und daß sie auch jemand suche, der sie darin unterweisen möchte. Der gute Mann aber fürchtete sogleich, daß er, wenn er sie bei sich behielte, durch ihre Jugend und Schönheit leicht in des Teufels Fänge geraten könnte. Er lobte daher zwar ihr edles Vorhaben und reichte ihr einige Wurzeln, wilde Äpfel und Datteln sowie etwas Wasser, dann aber sagte er zu ihr: »Meine Tochter, nicht weit von hier lebt ein frommer Mann, der dich in allem, was du suchst, weit besser unterweisen kann als ich. Zu diesem Mann gehe hin!«, und schickte sie fort.

Sie gelangte auch bald zu dem zweiten Einsiedler, doch hörte sie von ihm dieselben Worte und wanderte darum noch tiefer in die Wüste hinein, bis sie schließlich an die Klause eines jungen Einsiedlers kam, der ein demütiger, guter Mann war und Rustico hieß. Sie stellte ihm die gleichen Fragen wie den beiden anderen Einsiedlern, und da er sich selbst eine Probe seiner Standhaftigkeit erbringen wollte, schickte er sie nicht fort oder weiter wie die anderen, sondern behielt sie bei sich in seiner Klause. Als es Nacht wurde, bereitete er ihr auf der einen Seite der Zelle ein dürftiges Lager aus Palmwedeln und bat sie, sich darauf zur Ruhe niederzulegen. Aber als dies geschehen war, dauerte es gar nicht lange, so begann die Versuchung einen harten Kampf gegen die Widerstandskraft des Einsiedlers zu führen. Dieser, der sich bald von letzterer im Stich gelassen sah, wandte ihr nach wenigen Angriffen kurzerhand den Rücken und erklärte sich für besiegt. Sodann schob er alle frommen Gedanken, Gebete und Bußübungen beiseite, rief sich dafür die Jugend und Schönheit des Mädchens ins Gedächtnis zurück und überlegte außerdem, auf welchem Wege und mit welchen Mitteln er es bei ihr versuchen sollte, damit sie nicht dahinterkäme, daß er, von sündigem Verlangen getrieben, das forderte, was er begehrte. Er forschte sie darum vorerst mit allerlei Fragen aus und stellte fest, daß sie noch keinen Mann erkannt hatte und so unschuldig war, wie sie aussah. Darauf beschloß er, sie unter dem Vorwand einer Art Gottesdienstes seinen Gelüsten dienstbar zu machen, und setzte ihr zu diesem Zweck als erstes mit vielen Worten auseinander, daß der Teufel der Feind des Herrgotts sei. Dann gab er ihr zu verstehen, daß der Dienst, der Gott am meisten wohlgefiele, kein andrer sei, als den Teufel in die Hölle zu schicken, in die der Herrgott ihn verbannt habe.

Das Mädchen fragte ihn darauf, wie man das mache, und Rustico antwortete: »Das sollst du gleich erfahren. Tue nur alles, was du mich tun siehst!« Damit begann er, seine wenigen Kleidungsstücke abzulegen, bis er nackt vor ihr stand. Das Mädchen tat es ihm nach. Dann kniete er wie zum Gebet nieder und gebot ihr, sich ihm gegenüber ebenfalls niederzuknien. In dieser Stellung wurde Rustico beim Anblick ihrer Schönheit heftiger als je von seiner Begierde gepackt, und die Auferstehung des Fleisches kam sogleich über ihn. Als Alibech das sah, fragte sie neugierig: »Rustico, was für ein Ding sehe ich da bei dir sich vordrängen, das ich nicht besitze?« – »Ach, meine Tochter«, entgegnete Rustico, »das ist ja der Teufel, von dem ich dir erzählt habe. Siehst du, gerade jetzt quält und martert er mich so sehr, daß ich es kaum ertragen kann.« Da sagte das Mädchen: »Gelobt sei Gott! Ich sehe, daß es mir besser geht als dir, denn ich habe keinen solchen Teufel.«

Rustico sprach: »Da hast du wohl recht, doch hast du an Stelle meines Teufels etwas anderes, was ich nicht habe.« Alibech fragte: »Und was habe ich?« Und Rustico entgegnete: »Du hast die Hölle, und ich gestehe dir, ich glaube, daß der Herrgott dich zur Rettung meiner Seele hergeschickt hat. Denn wenn du so barmherzig sein willst, zu dulden, daß ich meinen Teufel, immer wenn er mich fortan quält, in die Hölle schicken darf, so würdest du mich damit sehr trösten und dem Herrgott auf eine ihm besonders wohlgefällige Art dienen, wozu du doch hergekommen bist, wie du sagst.« Das Mädchen antwortete treuherzig: »Oh, mein Vater, wenn ich wirklich die Hölle habe, so geschehe es, wann immer Ihr es wünscht.« – »Gesegnet seist du, meine Tochter!« rief Rustico. »So wollen wir ihn denn hineinschicken, damit er mich in Ruhe lasse!« Nach diesen Worten führte er das Mädchen auf eins der Lager und brachte ihr bei, wie man es anfangen müsse, um jenen Gottverdammten einzukerkern.

Das Mädchen, das noch niemals den Teufel in die Hölle geschickt hatte, fühlte bei dem erstenmal einen kleinen Schmerz und sagte darum zu Rustico: »Mein Vater, dieser Teufel muß wirklich ein böser Kerl und ein wahrer Feind unsres Herrgotts sein, denn er tut sogar, von anderm ganz zu schweigen, der Hölle weh, wenn er hineingeschickt wird.« Darauf sagte Rustico: »Das wird nicht immer so bleiben, meine Tochter.« Und um zu erreichen, daß es nicht so bliebe, schickten sie auf ihrem Lager den Teufel wohl an die sechsmal und mehr in die Hölle, so daß sie ihm für diesmal seine Hoffart völlig austrieben und er willig Ruhe gab. Zwar zeigte sich diese Hoffart in der nächsten Zeit noch unzählige Male, doch das Mädchen zeigte sich stets bereit, ihm dieselbe auszutreiben. So kam es, daß sie bald großes Vergnügen an diesem Spiel zu finden begann und zu Rustico sagte: »Jetzt sehe ich ein, daß die braven Christen in Capsa die Wahrheit sprachen, wenn sie behaupteten, daß es süß sei, Gott zu dienen. Ich weiß ganz genau, daß ich noch niemals ein größeres Vergnügen gekannt habe, als den Teufel in die Hölle zu schicken. Und ich behaupte darum, daß alle Menschen, die Gott nicht dienen wollen, dumm sind.« Fortan kam sie zu diesem Zweck oftmals zu Rustico und sagte: »Mein Vater, ich bin hergekommen, um Gott zu dienen, und nicht, um hier müßig herumzusitzen. Laßt uns den Teufel in die Hölle schicken!« Und sagte auch zuweilen, wenn sie eben dabei waren, zu ihm: »Rustico, ich weiß nicht, warum der Teufel immer wieder aus der Hölle flieht. Wenn er so gerne darinnen wäre, wie die Hölle ihn empfängt und hält, würde er niemals wieder herausgehen!«

Während das Mädchen nun den jungen Rustico auf solche Weise häufig ermunterte und zum Gottesdienst antrieb, zog sie ihm bald derart das Mark aus den Knochen, daß er zu frieren begann, wo jeder andre in Hitze geraten wäre. Er machte ihr darum schleunigst klar, daß der Teufel nur dann bestraft und in die Hölle gejagt werden müsse, wenn er sein Haupt verwegen erhöbe. »Wir aber haben ihn, Gott sei Dank, so gedemütigt, daß er froh ist, wenn man ihn in Frieden läßt!« Damit brachte er Alibech eine Weile zur Ruhe. Als sie aber feststellte, daß Rustico sie gar nicht mehr aufforderte, den Teufel in die Hölle zu schicken, sagte sie eines Tages zu ihm: »Rustico, wenn dein Teufel auch gezähmt ist und dich nicht mehr quält, so läßt mich die Hölle deshalb doch nicht in Ruhe. Du tätest gut daran, mir mit deinem Teufel zu Hilfe zu eilen, um den Aufruhr in meiner Hölle niederzuschlagen, ebenso wie auch ich dir mit der Hölle geholfen habe, die Aufsässigkeit deines Teufels zu bekämpfen.«

Rustico, der nur von wilden Wurzeln und Wasser lebte, vermochte nur schlecht dieser Aufforderung nachzukommen und antwortete, daß viele Teufel nötig seien, um eine Hölle zu bändigen, doch wolle er alles tun, was in seinen Kräften stehe. Er stellte sie denn auch noch hin und wieder zufrieden, doch geschah es so selten, daß es nicht mehr ausmachte, als ob man eine Bohne in den Rachen eines Löwen würfe, worauf das Mädchen, das nun ihren Gottesdienst nicht so ausüben konnte, wie sie es wünschte, heftig zu murren begann.

Während nun zwischen dem Teufel des Rustico und der Hölle Alibechs des heftigen Verlangens und geringen Könnens wegen der Krieg noch andauerte, brach zu Capsa eine große Feuersbrunst aus, der auch Alibechs Vater mit seinen Söhnen und der ganzen Familie im eigenen Hause zum Opfer fiel, so daß nur Alibech als Erbin seines großen Vermögens übrigblieb. Ein Jüngling namens Neerbal, der seinen Reichtum im Leichtsinn vertan hatte, hörte, daß das Mädchen noch am Leben sei. Er machte sich auf, sie zu suchen, und fand sie auch gerade noch so rechtzeitig, daß die Güter des angeblich ohne Erben verstorbenen Vaters von der Beschlagnahme durch den Hof verschont blieben. Er holte Alibech zur großen Erleichterung Rusticos und gegen ihren eigenen Willen nach Capsa zurück, wo er sie zu seiner Gattin machte und dadurch mit ihr zusammen Erbe des kostbaren Nachlasses wurde.

Als Alibech dort, noch bevor sie mit Neerbal geschlafen hatte, von andren Frauen gefragt wurde, wie man denn in der Wüste Gott dienen könne, antwortete sie, daß sie ihm damit gedient habe, den Teufel in die Hölle zu schicken, und daß Neerbal eine große Sünde auf sich geladen habe, als er sie von diesem Gottesdienst weggeholt habe. Die Frauen fragten darauf: »Und wie schickt man den Teufel in die Hölle?« Das Mädchen gab ihnen dies teils mit Worten, teils mit Gebärden zu verstehen, worauf die Frauen in ein so tolles Gelächter ausbrachen, daß sie bis heute noch nicht imstande gewesen sind, sich wieder zu beruhigen. »Ach!« schrien sie, »laß es dir nicht leid sein, Kleine! Das kannst du auch hier! Neerbal wird mit dir zusammen dem Herrgott noch manchen Dienst leisten!« Dann aber erzählte eine diesen Spaß der anderen, so daß er bald die ganze Stadt durchlief. Und so wurde es denn zum Sprichwort, der fröhlichste Dienst, den man dem Herrgott erweisen könne, sei, den Teufel in die Hölle zu schicken. Und das Sprichwort überquerte die Meere und wird noch heute gebraucht.

Darum, ihr jungen Frauen, die ihr alle die Gnade Gottes nötig habt, lernt, den Teufel in die Hölle zu schicken! Das ist ein Gott gar wohlgefälliges Werk, an dem alle Beteiligten ihre Freude haben. Manches Gute kann aus ihm entstehen und erwachsen.

Hier endet der dritte Tag des Dekameron.

CHODERLOS DE LACLOS
Hundertundfünfundzwanzigster Brief

Der Vicomte de Valmont an die Marquise de Merteuil

Nun ist sie also niedergezwungen, diese hoffärtige Frau, die zu glauben sich vermessen hatte, sie werde mir widerstehen können! Ja, liebe Freundin, sie gehört mir, sie ist ganz mein! Und seit gestern hat sie mir nichts mehr zu gewähren.

Ich bin noch allzusehr von meinem Glück erfüllt, als daß ich es so recht ermessen könnte; aber ich wundere mich über den nie gekannten Zauber, den ich dabei verspürt habe. Sollte es denn wahr sein, daß die Tugendhaftigkeit einer Frau ihren Wert erhöht, sogar im Augenblick ihrer Schwachheit? Verweisen wir aber diesen kindischen Gedanken zu den Ammenmärchen. Begegnet man nicht fast überall beim erstenmal, da man sie unterzwingt, einem mehr oder minder echt gespielten Widerstand? Und habe ich den vorhin erwähnten Zauber noch nirgendwo angetroffen? Es ist aber doch nicht der Reiz der Liebe; denn schließlich, wenn ich bei dieser erstaunlichen Frau zuweilen Anwandlungen von Schwäche hatte, die dieser kleinmütigen Leidenschaft ähnlich sahen, wußte ich sie jedesmal zu überwinden und fand meine Grundsätze wieder. Wenn ich mich auch bei dem, was sich gestern abgespielt hat, weiter habe fortreißen lassen, als ich eigentlich beabsichtigte, wenn ich für eine Weile die Verwirrung und den Rausch, die ich erregte, geteilt habe, so wäre nunmehr diese vorübergehende Selbsttäuschung verflogen, und doch besteht dieser selbe Zauber immer noch. Ich würde sogar, das muß ich gestehen, ein recht süßes Vergnügen dabei empfinden, wenn ich mich diesem Zauber so ganz hingeben könnte, wäre ich nicht dabei irgendwie beunruhigt. Muß ich mich denn, in meinem Alter, wie ein Schulknabe von einem Gefühl beherrschen lassen, das ich gar nicht empfinden will noch bisher kannte? Nein. Ich muß es vor allem bekämpfen und zu ergründen suchen.

Im übrigen habe ich vielleicht den Grund bereits erahnt. Wenigstens gefalle ich mir in diesem Gedanken, und ich möchte, er wäre wahr!

In der Unzahl von Frauen, bei denen ich die Rolle und die Funktionen eines Liebhabers ausgefüllt habe, habe ich noch keine einzige angetroffen, die nicht mindestens so große Lust gehabt hätte, sich zu ergeben, wie ich Lust verspürte, sie soweit zu bringen. Ich hatte mich daran gewöhnt, diejenigen als »prüde« zu bezeichnen, die mir halbwegs entgegenkamen, im Gegensatz zu denen, deren aufreizende Abwehr stets nur recht unvollkommen verdeckte, daß sie mir zuerst Avancen gemacht hatten.

Hier bin ich im Gegenteil zunächst auf eine höchst ungünstige Voreingenommenheit gestoßen, die außerdem seither noch dank den Ratschlägen und Zuträgereien einer haßerfüllten, aber sehr klarsehenden Frau an Boden gewonnen hat. Ich fand eine angeborene Schüchternheit, die fast unüberwindlich und zudem noch durch eine wohlbewußte Schamhaftigkeit verstärkt war, eine stetige und eifernde Tugend, die von ihrer Frömmigkeit gelenkt wurde und die zudem auf zwei Jahre sieghafter Dauer zurückblickte, endlich ein paar auffällige Schritte, die sie aus diesen verschiedenen Gründen unternahm und die allesamt dasselbe bezweckten, nämlich sich meinen Nachstellungen zu entziehen.

Es handelt sich also nicht, wie bei meinen andern Abenteuern, um eine mehr oder minder vorteilhafte Kapitulation, die man unschwer ausnützen, auf die man aber nicht sonderlich stolz sein kann. Es ist ein restloser Sieg, erkauft durch einen mühevollen und beschwerlichen Feldzug, entschieden durch wohlüberlegte Schachzüge. Es ist also nicht weiter verwunderlich, daß dieser Erfolg, den ich einzig mir allein zu verdanken habe, mir dadurch nur um so wertvoller wird. Und das ausnehmend große Vergnügen, das ich in meinem Triumph empfand, das ich auch jetzt noch verspüre, ist nichts anderes als die süße Wirkung, die das Bewußtsein meines Ruhmes in mir auslöste. Diese Art, die Dinge anzusehen, ist mir sehr teuer; sie erspart mir die Demütigung, denken zu müssen, ich könnte irgendwie gerade von der Sklavin abhängen, die ich mir unterworfen habe; sie bewahrt mich vor dem Gedanken, das Vollgefühl meines Glückes rühre nicht aus meinem eigenen Innern, und der oder einer andern Frau bleibe es vorbehalten, mir den Genuß dieses Glückes zu gewähren, und allen andern sei das benommen.

Solche vernünftigen Erwägungen sollen bei dieser wichtigen Gelegenheit mein Verhalten bestimmend beeinflussen, und Sie können sicher sein, ich werde mich nicht in dem Ausmaß an die Kette legen lassen, daß ich diese neuen Bande nicht jederzeit, wann es mir paßt, und spielend leicht zerreißen kann. Aber da rede ich schon vom Abbruch meiner Beziehungen, und dabei wissen Sie ja noch gar nicht, mit was für Mitteln ich mir das Recht dazu erworben habe. Lesen Sie also und sehen Sie, welchen Fährnissen sich die Ehrbarkeit aussetzt, wenn sie versucht, der Tollheit unter die Arme zu greifen. Ich pflegte so genau auf das zu merken, was ich sagte, und auf das, was sie darauf antwortete, daß ich hoffe, Ihnen meine Reden und ihre Antworten zu Ihrer vollen Zufriedenheit ganz wortgetreu wiedergeben zu können.

Sie werden aus den beiden Abschriften der beiliegenden Briefe ersehen können, welchen Mittelsmann ich gewählt habe, um wieder an meine Schöne heranzukommen, und mit welchem Eifer sich der heilige Mann dafür eingesetzt hat, daß wir wieder zueinander fanden. Was ich Ihnen noch sagen muß, ist der Umstand, den ich aus einem, wie gewohnt, abgefangenen Briefe erfahren hatte, daß nämlich die Angst, ich könnte sie sitzenlassen, und auch die Furcht vor dieser Demütigung, die sittenstrenge Betschwester ein bißchen von ihrer Vorsicht abgebracht und ihr Herz und Kopf mit Gefühlen und Vorstellungen angefüllt hatten, die zwar nicht sehr vernünftig waren, aber deswegen nicht weniger Teilnahme erweckten. Nach all diesen einleitenden Vorkehrungen, die man unbedingt kennen muß, stellte ich mich ge-

164

stern, Donnerstag, den 28., am vorher von der Undankbaren bestimmten Tag als schüchterner und reuiger Sklave bei ihr ein, und ich ging als gekrönter Sieger wieder fort.

Es war sechs Uhr abends, als ich bei der schönen Einsiedlerin anlangte, denn seit sie wieder zurück war, blieb ihre Tür für alle Welt verschlossen. Sie versuchte aufzustehen, aber ihre bebenden Knie versagten ihr den Dienst, und sie vermochte sich nicht aufrecht zu halten. So setzte sie sich alsbald wieder hin. Da der Diener, der mich hereingeführt hatte, im Zimmer etwas zu verrichten hatte, wurde sie offensichtlich ungeduldig. Inzwischen tauschten wir die üblichen Komplimente. Um aber keinen einzigen von den kostbaren Augenblicken zu verlieren, musterte ich sorgfältig die Örtlichkeit. Und jetzt schon merkte ich mir genau, wo mein Sieg sich abspielen sollte. Ich hätte freilich einen bequemeren Ort erwählen können, denn im selben Zimmer stand eine Ottomane. Ich hatte aber bemerkt, daß gerade ihr gegenüber ein Bild ihres Gatten hing, und ich muß gestehen, ich bekam es mit der Angst, ein einziger Blick, den der Zufall auf diese Seite hinlenkte, könnte im Handumdrehen das Werk so langer Bemühungen wieder zunichte machen. Endlich blieben wir allein, und ich kam zur Sache.

Zuerst setzte ich ihr in knappen Worten auseinander, Pater Anselm werde sie vermutlich über die Gründe meines Besuchs unterrichtet haben, und hernach beklagte ich mich in bewegten Worten über die harte Behandlung, die ich erfahren hatte, und ganz besonderen Nachdruck legte ich auf die »Mißachtung«, die man mir erwiesen hatte. Sie verwahrte sich dagegen, wie ich es erwartet hatte. Und wie Sie ja auch darauf gefaßt waren, gründete ich meine Beweisführung auf das Mißtrauen und den Schrecken, die ich ihr eingeflößt hatte, auf die aufsehenerregende Flucht, die sie zur Folge gehabt hatten, ihre Weigerung, meine Briefe zu beantworten, ja sogar sie nur anzunehmen usw. usw. Da sie nun mit einer Rechtfertigung anhob, die ihr ja recht leichtgefallen wäre, hielt ich es für gut, sie zu unterbrechen, und um für diese unvermittelt plumpe Art, ihr ins Wort zu fallen, Verzeihung zu erlangen, überdeckte ich sie alsbald mit einer Schmeichelei. –

»Wenn so viel Reize«, fuhr ich also fort, »auf mein Herz einen zu tiefen Eindruck gemacht haben, so haben so mannigfaltige Tugenden meine Seele nicht minder beeindruckt. Bestimmt hat mich der Wunsch verlockt, diesen Tugenden näherzukommen, und so wagte ich es, mich ihrer würdig zu glauben. Ich mache Ihnen keinen Vorwurf, weil Sie anderer Ansicht waren; aber ich strafe mich für meinen Irrtum.« Da sie weiterhin verlegen schwieg, fuhr ich fort: »Ich hegte den Wunsch, gnädige Frau, mich entweder vor Ihnen zu rechtfertigen oder dann von Ihnen Verzeihung für das Unrecht zu erlangen, das Sie mir zuschreiben. Ich möchte wenigstens in leidlicher Seelenruhe ein Leben beschließen, an dem mir nicht mehr viel liegt, seit Sie mir versagt haben, es zu verschönen.«

Hier versuchte sie nun doch eine Antwort anzubringen. »Meine Pflicht erlaubte mir nicht ...« Und dann fiel es ihr wieder zu schwer, diese Lüge, die die Pflicht erheischte, zu Ende zu sprechen, und der Satz blieb unausgesprochen. So hob ich im zärtlichsten Tonfall erneut an: »So ist es denn wahr, daß sie vor mir geflohen sind?« – »Diese Abreise war unumgänglich notwendig.« – »Und daß Sie mich aus Ihrer Nähe verweisen wollen?« – »Es muß sein.« – »Für immer?« – »Ich muß es.« – Ich brauche Ihnen ja nicht erst zu sagen, daß während dieses kurzen Zwiegesprächs die Stimme der zärtlichen Spröden recht beklommen tönte, und daß sie ihre Augen nicht zu mir aufhob.

Ich hielt es für richtig, in diese Szene, die einzuschlafen drohte, wieder ein bißchen Leben zu bringen, und so stand ich mit ärgerlicher Miene auf und sprach: »Ihre Standhaftigkeit gibt mir auch meine Entschlossenheit wieder. So sei es denn! Gnädige Frau, wir werden getrennt werden, sogar endgültiger getrennt, als Sie denken. Und Sie werden reichlich Zeit haben, über das zu frohlocken, was Sie vollbracht haben.« – Dieser vorwurfsvolle Ton überraschte sie, und sie wollte etwas erwidern. – »Der Entschluß, den Sie gefaßt haben ...«, sagte sie – »... ist nur eine Folge meiner Verzweiflung«, fuhr ich leidenschaftlich erregt fort. »Sie haben es gewollt, ich sollte unglücklich sein. Ich werde Ihnen beweisen, daß Ihnen das gelungen ist, weit besser, als Sie's je hätten wünschen können.« – »Ich wünsche nur Ihr Glück«, gab sie zur Antwort. Und der Klang ihrer Stimme verriet allmählich eine recht starke Erregung.

Darum fiel ich ihr zu Füßen und rief in dem hochdramatischen Tonfall, den Sie ja kennen: »Ach, Grausame! Kann es für mich ein Glück geben, an dem Sie nicht teilhaben? Wo soll ich es denn fern von Ihnen finden? Ach, nie und nimmermehr!« Ich gebe zu, als ich mich so weit hinauswagte, rechnete ich stark damit, daß ich mit einem Tränenausbruch würde nachhelfen können. Doch sei's, weil ich nicht recht danach aufgelegt war, oder auch bloß infolge der peinlichen und unablässigen Aufmerksamkeit, die ich allem zuwendete, auf jeden Fall war es mir unmöglich, zu weinen.

Zum Glück fiel mir ein, daß jedes Mittel gut ist, um eine Frau unterzukriegen, und daß es genügt, sie durch eine heftige Gemütsbewegung zu erschüttern, damit der Eindruck dieser Erschütterung tief, nachhaltig und günstig weiterwirkt. Ich half darum der Empfindsamkeit, die völlig versagt hatte, mit einem gelinden Schrecken nach, und zu diesem Zwecke änderte ich bloß meinen Tonfall, behielt aber diese Stellung bei. »Ja«, fuhr ich fort, »ich schwöre es zu Ihren Füßen: Entweder will ich Sie besitzen oder sterben!« Als ich diese letzten Worte sprach, begegneten sich unsere Blicke. Ich weiß nicht, was das schüchterne Geschöpf in meinen Augen sah oder zu sehen vermeinte, jedenfalls sprang sie entsetzt auf und entwand sich meinen Armen, mit denen ich sie umfangen hielt. Freilich tat ich auch nichts, um sie zurückzuhalten; denn ich hatte verschiedentlich schon bemerkt, daß Verzweiflungsausbrüche, die man allzu feurig betreibt, lächerlich werden, sobald man sie allzu lange ausdehnt, oder daß einem dann nur noch ein tragischer Ausweg übrig bleibt, und ich dachte nicht im Traum daran, zu einem solchen Mittel zu greifen. Während sie sich mir entzog, setzte ich indessen leise und unheilverkündend, aber doch so, daß sie mich verstehen konnte, hinzu: »Wohlan also, den Tod!«

Daraufhin erhob ich mich wieder. Ich verharrte eine Weile in stummer Erwartung und dann warf ich wie von ungefähr ab und zu einen wilden Blick auf sie, der zwar verstört wirkte, deswegen aber nicht weniger klarsichtig und prüfend war. Ihre unsichere Haltung, ihr hörbares Keuchen, das verkrampfte Zucken aller ihrer Muskeln, ihre zitternden, halb erhobenen Arme, all dies bewies mir zur Genüge, daß die Wirkung dem entsprach, was ich hatte erreichen wollen. Da sich aber in der Liebe alles endgültig nur aus allernächster Nähe erledigen läßt, und wir im Augenblick ziemlich weit voneinander entfernt standen, mußte ich vor allem näher an sie herankommen. Und um das zu ermöglichen, lenkte ich, sobald es irgend anging, zu einer augenfälligen Ruhe über, die dazu angetan war, die Wirkungen dieses wilderregten Zustandes zu lindern, ohne jedoch den Eindruck abzuschwächen.

Den Übergang leitete ich mit folgenden Worten ein: »Ich bin tief unglücklich. Ich wollte um Ihres Glückes willen leben, und ich habe es gestört. Ich opfere mich für Ihre Ruhe auf, und wiederum störe ich sie.« Darauf fuhr ich mit gemacht leidenschaftlicher, aber beherrschter Miene fort: »Verzeihung, gnädige Frau, ich bin es nur wenig gewohnt, von den Stürmen der Leidenschaft umgetrieben zu werden, und so verstehe ich nur schlecht, ihr Tosen zu verhehlen. Wenn ich unrecht tat, daß ich mich von diesen Stürmen treiben ließ, bedenken Sie wenigstens: es war zum letztenmal. Ach, beruhigen Sie sich, beruhigen Sie sich, ich beschwöre Sie!« Und im Verlaufe dieser langen Rede rückte ich ihr allmählich und unmerklich immer näher. »Wenn Sie wollen, daß ich ruhiger werde«, gab die Schöne eingeschüchtert zur Antwort, »dann müssen Sie selber erst ruhiger sein.« – »Nun denn, ja, ich verspreche es Ihnen«, sagte ich darauf. Dann setzte ich mit schwacher Stimme hinzu: »Wenn es mich auch große Überwindung kostet, so währt es doch nicht lange. Aber«, fuhr ich alsbald mit verstörtem Blick fort, »ich bin hergekommen, nicht wahr? Um Ihnen Ihre Briefe zurückzubringen. Ich bitte Sie, nehmen Sie gütigst alle wieder an sich. Dieses schmerzhafte Opfer muß ich noch bringen! Lassen Sie mir nichts mehr, was meinen Mut wankend machen könnte.« Und während ich das kostbare Bündel aus meiner Tasche hervorzog, sprach ich: »Da ist es, das trügerische Pfand Ihrer Freundschaftsbeteuerungen! Es band mich ans Leben; nehmen Sie es wieder zurück. Geben Sie dergestalt selber das Zeichen, das mich für immer von Ihnen trennen soll.«

Bei diesen Worten gab die Ärmste in ihrer angstvollen Verliebtheit völlig ihrer zärtlichen Besorgnis nach. – »Aber, Herr de Valmont, was haben Sie denn, und was wollen Sie nur damit sagen? Sind Sie denn heute nicht aus freien Stücken hergekommen? Ist dieser Schritt nicht eine Folge Ihrer eigenen Erwägungen? Und haben Sie nicht auf Grund Ihrer Überlegungen selbst den unumgänglichen Entschluß gebilligt, den ich aus Pflichtgefühl befolgt habe?« – »Nun denn«, fiel ich ein, »dieser Entschluß hat mein Verhalten bestimmt.« – »Und welchen Entscheid haben Sie gefällt?« – »Den einzigen, der meinem Leiden ein Ende setzt, da ich mich von Ihnen trennen muß.« – »Aber so geben Sie mir doch Antwort: was für einen Entscheid?« Da schloß ich sie in meine Arme, ohne daß sie sich auch nur im geringsten gesträubt hätte. Und da ich aus dem Umstand, daß sie jegliche Wohlanständigkeit hintansetzte, schloß, ihre Erregung müsse stark und übermächtig sein, sagte ich und wagte dabei sogar einen überschwenglichen Ton anzuschlagen: »Anbetungswürdige Frau! Sie können sich gar nicht vorstellen, wie groß die Liebe ist, die Sie erweckt haben. Niemals werden Sie wissen, wie unsagbar und schrankenlos ich Sie angebetet habe, und wie unendlich viel teurer mir dies Gefühl war als mein ganzes Dasein! Möchten doch alle ihre Tage von Glück und Frieden erfüllt sein, möchten sie sich mit all dem Glück verschönen, das Sie mir geraubt haben! Lohnen Sie wenigstens diesen aufrichtigen Wunsch mit einem Gefühl der Reue, einer Träne, und glauben Sie mir: Das letzte meiner Opfer wird meinem Herzen nicht das qualvollste sein. Leben Sie wohl.«

Indes ich so zu ihr sprach, spürte ich ihr Herz heftig klopfen. Ich sah, wie ihr Gesicht sich verzerrte, ich gewahrte vor allem, wie die Tränen sie beinahe erstickten und doch nur spärlich und mühsam flossen. Erst jetzt faßte ich den Entschluß, zu tun, als wollte ich weggehen, und sie hielt mich denn auch mit aller Kraft zurück und sprach aufgeregt: »Nein, hören Sie mich an.« – »Lassen Sie mich«, antwortete ich. – »Sie müssen mich anhören, ich will es!« – »Ich muß Sie fliehen, es muß sein!« – »Nein!« schrie sie auf. Bei diesem Wort stürzte sie sich in meine Arme, oder vielmehr sie sank bewußtlos an meine Brust. Da ich immer noch nicht glauben konnte, alles gehe so gut aus, tat ich, als sei ich heftig erschrocken. Doch während ich noch Schrecken heuchelte, führte oder vielmehr trug ich sie dahin, wo ich längst schon die Walstatt meines Ruhmes vorgemerkt hatte. Und in der Tat, sie kam erst wieder zu sich, als sie bereits unterworfen und ihrem glücklichen Sieger rettungslos ausgeliefert war.

Bis dahin, schönste Freundin, werden Sie, glaub' ich, finden, meine Methode sei von einer vorbildlichen Folgerichtigkeit und Unverfälschtheit, die Ihnen Freude bereiten muß. Und Sie werden sehen, ich bin in gar nichts von den wahren Grundsätzen dieses Krieges abgewichen, der, wie wir mehrmals feststellten, dem andern so ähnlich sieht. Beurteilen Sie mich also wie Turenne oder Friedrich. Ich habe den Feind, der nur Zeit gewinnen wollte, zum Kampfe gezwungen. Ich habe mir, durch wohlausgesonnene Manöver, die Wahl des Geländes und freie Hand in meinen übrigen Maßnahmen gesichert. Ich habe es verstanden, den Feind in Sicherheit zu wiegen, um ihn hernach um so leichter in seinem Schlupfwinkel auszuheben. Sodann wußte ich ihm Schrecken einzujagen, bevor ich ihn zum Kampfe stellte. Ich habe nichts dem Zufall überlassen, vielmehr alles im Hinblick auf einen großen Vorteil im Falle des Erfolges und der Gewißheit von Rettungsmöglichkeiten im Falle des Mißlingens angeordnet. Schließlich habe ich es erst dann zum Kampfe kommen lassen, als ich mir sicheren Rückzug gewährleistet hatte, durch den ich alles, was ich zuvor erobert hatte, decken und sichern konnte. Das ist, glaube ich, alles, was man vorkehren kann. Aber jetzt bin ich, wie Hannibal seinerzeit in den Wollüsten Capuas, verweichlicht und schlaff geworden, fürchte ich. Das also hat sich seither alles ereignet.

Ich war wohl darauf gefaßt, daß ein so wichtiges Ereignis nicht ohne die üblichen Tränen und die herkömmliche Verzweiflung abgehen werde. Und wenn ich anfänglich eine größere Verwirrtheit und eine gewisse andächtige Feierlichkeit wahrnahm, so schrieb ich beides ihrer eingefleischten Prüderie zu. Darum kümmerte ich mich auch keineswegs um diese belanglosen Abweichungen vom Normalzustand; ich hielt sie für rein zufällig und folgte darum ganz einfach der großen Heerstraße der Tröstungen, in der festen Überzeugung, wie immer werde auch hier der Sinnenkitzel dem Gefühl zu Hilfe kommen, und eine einzige frischgewagte Tat könne da mehr ausrichten als alles Reden, das ich jedoch nicht etwa außer acht ließ. Aber ich stieß auf einen wahrhaft erschreckenden Widerstand, erschreckend weniger durch sein Übermaß als vielmehr in der Form, in der er sich äußerte.

Stellen Sie sich eine Frau vor, die starr und regungslos mit versteinertem Gesicht dasitzt, so daß es den Anschein hat, als denke, höre und verstehe sie nicht, eine Frau, aus deren Augen unaufhaltsam Tränen rinnen, die ihr über die Wangen strömen, ohne daß sie etwas dazu tut. So saß auch Madame de Tourvel da, während ich auf sie einredete. Versuchte ich aber, ihre Aufmerksamkeit wieder auf mich zu lenken, wagte ich eine Liebkosung, machte ich auch nur die harmloseste Gebärde, so trat an Stelle dieser scheinbaren Teilnahmslosigkeit sofort ein jähes Erschrecken, es war, als müsse sie ersticken, sie wand sich in Krämpfen, schluchzte und stieß ab und zu einen Schrei aus. Aber sie sprach kein Wort, das ich verstehen konnte.

Solche Zustände kehrten mehrmals wieder, und jedesmal stärker. Der letzte Anfall war sogar so heftig, daß ich allen Mut verlor und eine Weile glaubte, ich hätte einen nutzlosen

Sieg davongetragen. So verlegte ich mich auf die üblichen Gemeinplätze, und dabei unterlief mir der folgende: »Und Sie sind verzweifelt, weil Sie mich glücklich gemacht haben?« Als ich das sagte, wandte sich die anbetungswürdige Frau mir zu, ihr Gesicht war zwar noch ein wenig verstört, hatte aber seinen überirdisch schönen Ausdruck bereits wieder zurückgewonnen. – »Glücklich!« flüsterte sie. Was ich ihr darauf antwortete, können Sie sich ja denken. – »Sie sind also glücklich?« – Ich hob zu neuen Beteuerungen an. – »Und glücklich durch mich!« Ich gab ein paar lobende Redensarten und zärtliche Wendungen drein. Während ich redete, wurden ihre Gliedmaßen ganz schlaff und weich, sie sank kraftlos in ihren Lehnstuhl zurück; dann überließ sie mir ihre Hand, die ich zu ergreifen gewagt hatte, und sprach: »Ich fühle es, dieser Gedanke tröstet und erleichtert mich.«

Sie können sich denken, als ich dieserart wieder eine Fährte gefunden hatte, gab ich sie auch nicht mehr auf; sie war wirklich die rechte, vielleicht gar die einzige. So stieß ich denn auch, als ich einen zweiten Erfolg einzuheimsen versuchte, zunächst auf einigen Widerstand, und was vorangegangen war, machte mich vorsichtig. Als ich jedoch den guten Einfall mit dem Glücklichmachen zu Hilfe holte, bekam ich alsbald seine guten Folgen zu spüren. »Sie haben recht«, sagte das zärtliche Geschöpf zu mir, »ich kann mein Dasein nur noch ertragen, soweit ich Sie damit glücklich machen kann. Dieser Aufgabe will ich mich rückhaltlos weihen. Von diesem Augenblick an gebe ich mich Ihnen zu eigen, und Sie sollen weder jemals eine Weigerung noch irgendwelche Reue zu verspüren haben.« Mit so naiver oder auch erhabener Unschuld gab sie sich mir hin und gab mir ihre Reize preis, so machte sie mein Glück vollkommen, indem sie es teilte. Der Seligkeitsrausch war beiderseits unsagbar tief, und zum erstenmal überdauerte meine Trunkenheit die gekostete Lust. Ich glitt aus ihren Armen und fiel ihr alsbald zu Füßen, um ihr ewige Liebe zu schwören. Und – ich muß alles gestehen – ich dachte wirklich, was ich sagte. Und sogar nachdem wir uns getrennt hatten, ließ mir der Gedanke an sie keine Ruhe, und ich mußte mir recht eigentlich Mühe geben, um diese Vorstellungen loszuwerden. Ach, warum sind Sie nicht hier, um wenigstens den Reiz des Getanen durch das Lockende des Lohnes wieder auszugleichen. Aber es geht mir ja nichts verloren, wenn ich noch zuwarte, nicht wahr? Und hoffentlich kann ich die glückliche Vereinbarung, die ich Ihnen in meinem letzten Briefe vorschlug, als bindende Abmachung zwischen uns beiden betrachten. Sie sehen, ich halte Wort, und wie ich Ihnen versprochen habe, werden meine Geschäfte demnächst so weit in Ordnung sein, daß ich Ihnen einen Teil meiner Zeit widmen kann. Beeilen Sie sich also und schicken Sie Ihren Brummbären, den Belleroche, weg, lassen Sie den zuckersüßen Danceny sitzen und geben Sie sich nur noch mit mir ab. Aber was treiben Sie denn eigentlich alles auf Ihrem Landgut, daß Sie mir nicht einmal antworten? Wissen Sie, daß ich Sie am allerliebsten ausschelten möchte? Doch wenn man glücklich ist, neigt man zur Nachsicht. Und dann vergesse ich auch nicht: Sobald ich mich wieder unter Ihre Anbeter einreihe, muß ich mich erneut Ihren Tücken und Launen unterordnen. Denken Sie aber daran: Der neuerkorene Liebhaber will nichts von den angestammten Rechten des Freundes aufgeben. Leben Sie wohl, wie ehemals ... Ja, leb wohl, mein Engel! Ich sende Dir alle Küsse heißer Liebe!

Post-Scriptum: Wissen Sie, daß Prévan seinen Monat Haft abgesessen hat und hernach sein Korps hat verlassen müssen? Ganz Paris redet heute nur von dieser Neuigkeit. Wahrlich, er ist grausam bestraft für ein Vergehen, das er gar nicht begangen hat, und Ihr Anschlag ist über Erwarten glänzend gelungen!

Paris, am 29. Oktober 17**

Heinrich Lautensack
Das Lied zur Laute

Dein Leib, der ist ein Garten reich,
darin ich selig weide;
in seiner Mitten glüht ein Teich …

Über den Spiegel beug ich mich hin,
schau mein eigen Bild darin,
über den Spiegel beug ich mich hin,
schau mein eigen Bild darin,
tu meine Lippen bis an den Flaum
des Wassers – aufspritzt Schaum,
heißer Schaum,
weißer als weiße Seide.

Dein Leib, der ist ein Garten reich,
darin ich selig weide.

In seiner Mitten glüht ein Teich …

Arthur Schnitzler
Die griechische Tänzerin

Die Leute mögen sagen, was sie wollen, ich glaube nicht daran, daß Frau Mathilde Samodeski an Herzschlag gestorben ist. Ich weiß es besser. Ich gehe auch nicht in das Haus, aus dem man sie heute zur ersehnten Ruhe hinausträgt; ich habe keine Lust, den Mann zu sehen, der es ebensogut weiß als ich, warum sie gestorben ist; ihm die Hand zu drücken und zu schweigen.

Einen anderen Weg schlag' ich ein; er ist allerdings etwas weit, aber der Herbsttag ist schön und still, und es tut mir wohl, allein zu sein. Bald werde ich hinter dem Gartengitter stehen, hinter dem ich im vergangenen Frühjahr Mathilde zum letztenmal gesehen habe. Die Fensterladen der Villa werden alle geschlossen sein, auf dem Kiesweg werden rötliche Blätter liegen, und an irgendeiner Stelle werde ich wohl den weißen Marmor durch die Bäume schimmern sehen, aus dem die griechische Tänzerin gemeißelt ist.

An jenen Abend muß ich heute viel denken. Es kommt mir fast wie eine Fügung vor, daß ich mich damals noch im letzten Augenblick entschlossen hatte, die Einladung von Wartenheimers anzunehmen, da ich doch im Laufe der Jahre die Freude an allem geselligen Treiben so ganz verloren habe. Vielleicht war der laue Wind schuld, der abends von den Hügeln in die Stadt geweht kam und mich aufs Land hinauslockte. Überdies sollte es ja ein Gartenfest sein, mit dem die Wartenheimers ihre Villa einweihen wollten, und man brauchte keinerlei besonderen Zwang zu fürchten. Sonderbar ist es auch, daß ich im Hinausfahren kaum an die Möglichkeit dachte, Frau Mathilde draußen zu begegnen. Und dabei war mir doch bekannt, daß Herr Wartenheimer die griechische Tänzerin von Samodeski für seine Villa gekauft hatte; – und daß Frau von Wartenheimer in den Bildhauer verliebt war, wie alle übrigen Frauen, das wußt' ich nicht minder. Aber selbst davon abgesehen, hätte ich wohl an Mathilde denken können, denn zur Zeit, da sie noch Mädchen war, hatte ich manche schöne Stunde mir ihr verbracht. Insbesondere gab es einen Sommer am Genfer See vor sieben Jahren, gerade ein Jahr vor ihrer Verlobung, den ich nicht so leicht vergessen werde. Es scheint sogar, daß mir damals trotz meiner grauen Haare mancherlei eingebildet hatte, denn als sie im Jahre darauf Samodeskis Gattin wurde, empfand ich einige Enttäuschung und war vollkommen überzeugt – oder hoffte sogar –, daß sie mit ihm nicht glücklich werden könnte. Erst auf dem Fest, das Gregor Samodeski kurz nach der Rückkehr von der Hochzeitsreise in seinem Atelier in der Gußhausstraße gab, wo alle Geladenen lächerlicherweise in japanischen oder chinesischen Kostümen erscheinen mußten, habe ich Mathilde wiedergesehen. Ganz unbefangen begrüßte sie mich; ihr ganzes Wesen machte den Eindruck der Ruhe und Heiterkeit. Aber später, während sie im Gespräch mit anderen war, traf mich manchmal ein seltsamer Blick aus ihren Augen, und nach einiger Bemühung habe ich deutlich verstanden, was er zu bedeuten hatte. Er sagte: ›Lieber Freund, Sie glauben, daß er mich um des Geldes willen geheiratet hat; Sie glauben, daß er mich nicht liebt; Sie glauben, daß ich nicht glücklich bin – aber Sie irren sich ... Sie irren sich ganz bestimmt. Sehen Sie doch, wie gut gelaunt ich bin, wie meine Augen leuchten.‹

Ich bin ihr auch später noch einige Male begegnet, aber immer nur ganz flüchtig. Einmal auf einer Reise kreuzten sich unsere Züge; ich speiste mit ihr und ihrem Gatten in einem Bahnhofsrestaurant, und er erzählte allerhand Witze, die mich nicht sonderlich amüsierten. Auch im Theater sprach ich sie einmal, sie war mit ihrer Mutter dort, die eigentlich noch immer schöner ist als sie ... der Teufel weiß, wo Herr Samodeski damals gewesen ist. Und im letzten Winter hab' ich sie im Prater gesehen; an einem klaren, kalten Tage. Sie ging mit ihrem kleinen Mäderl unter den kahlen Kastanien über den Schnee. Der Wagen fuhr langsam nach. Ich befand mich auf der anderen Seite der Fahrbahn und ging nicht einmal hinüber. Wahrscheinlich war ich innerlich mit ganz anderen Dingen beschäftigt; auch interessierte mich Mathilde schließlich nicht mehr besonders. So würde ich mir heute vielleicht gar keine weiteren Gedanken über sie und über ihren plötzlichen Tod machen, wenn nicht jenes letzte Wiedersehen bei Wartenheimers stattgefunden hätte. Dieses Abends erinnere ich mich heute mit einer merkwürdigen, geradezu peinlichen Deutlichkeit, etwa so wie manchen Tags am Genfer See. Es war schon ziemlich dämmerig, als ich hinauskam. Die Gäste gingen in den Alleen spazieren, ich begrüßte den Hausherrn und einige Bekannte. Irgendwoher tönte die Musik einer kleinen Salonkapelle, die in einem Boskett versteckt war. Bald kam ich zu dem kleinen Teich, der im Halbkreis von hohen Bäumen umgeben ist; in der Mitte auf einem dunklen Postament, so daß sie über dem Wasser zu schweben schien, leuchtete die griechische Tänzerin; durch elektrische Flammen vom Hause her war sie übrigens etwas theatralisch beleuchtet. Ich erinnere mich des Aufsehens, das sie im Jahre vorher in der Secession erregt hatte; ich muß gestehen, auch auf mich machte sie einigen Eindruck, obwohl mir Samodeski ausnehmend zuwider ist, und trotzdem ich die sonderbare Empfindung habe, daß eigentlich nicht er es ist, der die schönen Sachen macht, die ihm zuweilen gelingen, sondern irgend etwas anderes in ihm, irgend etwas Unbegreifliches, Glühendes, Dämonisches meinethalben, das ganz bestimmt erlöschen wird, wenn er einmal aufhören wird, jung und geliebt zu sein. Ich glaube, es gibt mancherlei Künstler dieser Art, und dieser Umstand erfüllt mich seit jeher mit einer gewissen Genugtuung.

In der Nähe des Teiches begegnete ich Mathilden. Sie schritt am Arm eines jungen Mannes, der aussah wie ein Korpsstudent und sich mir als Verwandter des Hauses vorstellte. Wir spazierten zu dritt sehr vergnügt plaudernd im Garten hin und her, in dem jetzt überall Lichter aufgeflakkert waren. Die Frau des Hauses mit Samodeski kam uns entgegen. Wir blieben alle eine Weile stehen, und zu meiner eigenen Verwunderung sagte ich dem Bildhauer einige höchst anerkennende Worte über die griechische Tänzerin. Ich war eigentlich ganz unschuldig daran; offenbar lag in der Luft eine friedliche, heitere Stimmung, wie das an solchen Frühlingsabenden manchmal vorkommt: Leute, die einander sonst gleichgültig sind, begrüßen sich herzlich, andere, die schon eine gewisse Sympathie verbindet, fühlen sich zu allerlei Herzensergießungen angeregt. Als ich beispielsweise eine Weile später auf einer Bank saß und eine Zigarette rauchte, gesellte sich ein Herr zu mir, den ich nur oberflächlich kannte und der plötzlich die Leute zu preisen begann, die von ihrem Reichtum einen so vornehmen Gebrauch machen wie unser Gastgeber. Ich war vollkommen seiner Meinung, obwohl ich Herrn von Wartenheimer sonst für einen ganz einfältigen Snob halte. Dann teilte ich wieder dem Herrn ganz ohne Grund meine Ansichten über moderne Skulptur mit, von der ich nicht sonderlich viel verstehe, Ansichten, die für ihn sonst gewiß ohne jedes Interesse gewesen wären; aber unter dem Einflusse dieses verführerischen Frühlingsabends stimmte er mir begeistert zu. Später traf ich die Nichten des Hausherrn, die das Fest äußerst romantisch fanden, hauptsächlich, weil die Lichter zwischen den Blättern hervorglänzten und Musik in der Ferne ertönte. Dabei standen wir gerade neben der Kapelle: aber trotzdem fand ich die Bemerkung nicht unsinnig. Sosehr stand auch ich unter dem Banne der allgemeinen Stimmung.

Das Abendessen wurde an kleinen Tischen eingenommen, die, soweit es der Platz erlaubte, auf der großen Terrasse, zum anderen Teil im anstoßenden Salon aufgestellt waren. Die drei großen Glastüren standen weit offen. Ich saß an einem Tisch im Freien mit einer der Nichten; an meiner anderen Seite hatte Mathilde Platz genommen mit dem Herrn, der aussah wie ein Korpsstudent, übrigens aber Bankbeamter und Reserveoffizier war. Gegenüber von uns, aber schon im Saal, saß Samodeski zwischen der Frau des Hauses und irgendeiner anderen schönen Dame, die ich nicht kannte. Er warf seiner Gattin eine scherzhaft verwegene Kußhand zu;

sie nickte ihm zu und lächelte. Ohne weitere Absicht beobachtete ich ihn ziemlich genau. Er war wirklich schön mit seinen stahlblauen Augen und dem langen schwarzen Spitzbarte, den er manchmal mit zwei Fingern der linken Hand am Kinn zurechtstrich. Ich glaube aber auch, daß ich nie in meinem Leben einen Mann sosehr von Worten, Blicken, Gebärden gewissermaßen umglüht gesehen habe als ihn an diesem Abend. Anfangs schien es, als ließe er sich das eben nur gefallen. Aber bald sah ich an seiner Art, den Frauen leise zuzuflüstern, an seinen unerträglichen Siegerblicken und besonders an der erregten Munterkeit seiner Nachbarinnen, daß die scheinbar harmlose Unterhaltung von irgendeinem geheimen Feuer genährt wurde. Natürlich mußte Mathilde das alles geradeso gut bemerken, als ich; aber sie plauderte anscheinend unbewegt bald mit ihrem Nachbarn, bald mit mir. Allmählich wandte sie sich zu mir allein, erkundigte sich nach verschiedenen äußeren Umständen meines Lebens und ließ sich von meiner vorjährigen Reise nach Athen berichten. Dann sprach sie von ihrer Kleinen, die merkwürdigerweise schon heute Lieder von Schumann nach dem Gehör singen konnte, von ihren Eltern, die sich nun auch auf ihre alten Tage ein Häuschen in Hietzing gekauft, von alten Kirchenstoffen, die sie selbst im vorigen Jahr in Salzburg angeschafft hatte, und von hundert anderen Dingen. Aber unter der Oberfläche dieses Gespräches ging etwas ganz anderes zwischen uns vor; ein stummer erbitterter Kampf: sie versuchte mich durch ihre Ruhe von der Ungetrübtheit ihres Glückes zu überzeugen – und ich wehrte mich dagegen, ihr zu glauben. Ich mußte wieder an jenen japanisch-chinesischen Abend in Samodeskis Atelier denken, wo sie sich in gleicher Weise bemüht hatte. Diesmal fühlte sie wohl, daß sie gegen meine Bedenken wenig ausrichtete und daß sie sich irgend etwas ganz Besonderes ausdenken mußte, um sie zu zerstreuen. Und so kam sie auf den Einfall, mich selbst auf das zutunliche und verliebte Benehmen der zwei schönen Frauen ihrem Gatten gegenüber aufmerksam zu machen und begann von seinem Glück bei Frauen zu sprechen, als wenn sie sich auch daran geradeso wie an seiner Schönheit und an seinem Genie ohne jede Unruhe und jedes Mißtrauen als gute Kameradin freuen dürfte. Aber je mehr sie sich bemühte, vergnügt und ruhig zu scheinen, um so tiefere Schatten flogen über ihre Stirne hin. Als sie einmal das Glas erhob, um Samodeski zuzutrinken, zitterte ihre Hand. Das wollte sie verbergen, unterdrücken; dadurch verfiel aber nicht nur ihre Hand, sondern der Arm, ihre ganze Gestalt für einige Sekunden in eine solche Starrheit, daß mir beinahe bange wurde. Sie faßte sich wieder, sah mich rasch von der Seite an, merkte offenbar, daß sie daran war, ihr Spiel endgültig zu verlieren, und sagte plötzlich, wie mit einem letzten verzweifelten Versuch: »Ich wette, Sie halten mich für eifersüchtig.« Und ehe ich Zeit hatte, etwas zu erwidern, setzte sie rasch hinzu: »Oh, das glauben viele. Im Anfang hat es Gregor selbst geglaubt.« Sie sprach absichtlich ganz laut, man hätte drüben jedes Wort hören können. »Nun ja«, sagte sie mit einem Blick hinüber, »wenn man einen solchen Mann hat: schön und berühmt ... und selber den Ruf, nicht sonderlich hübsch zu sein ... Oh, Sie brauchen mir nichts zu erwidern ... ich weiß ja, daß ich seit meinem Mäderl ein bißchen hübscher geworden bin.« Sie hatte möglicherweise recht, aber für ihren Gemahl – davon war ich völlig überzeugt – hatte der Adel ihrer Züge nie sonderlich viel bedeutet, und was ihre Gestalt anlangt, so hatte sie mit der mädchenhaften Schlankheit für ihn wahrscheinlich ihren einzigen Reiz verloren. Doch ich stimmte ihr natürlich mit übertriebenen Worten bei; sie schien erfreut und fuhr mit wachsendem Mute fort: »Aber ich habe nicht das geringste Talent zur Eifersucht. Das habe ich selbst nicht gleich gewußt; ich bin erst allmählich daraufgekommen, und zwar hauptsächlich vor ein paar Jahren in Paris ... Sie wissen ja, daß wir dort waren?«

Ich erinnerte mich.

»Gregor hat dort die Büsten der Fürstin La Hire und des Ministers Chocquet gemacht und mancherlei anderes. Wir haben dort so angenehm gelebt wie junge Leute ... das heißt, jung sind wir ja noch beide ... ich meine, wie ein Liebespaar, wenn wir auch gelegentlich in die große Welt gingen … Wir waren ein paarmal beim österreichischen Botschafter, die La Hires haben wir besucht und andere. Im ganzen aber machten wir uns nicht viel aus dem eleganten Leben. Wir wohnten sogar draußen auf Montmartre, in einem ziemlich schäbigen Haus, wo übrigens Gregor auch sein Atelier hatte. Ich versichere Sie, unter den jungen Künstlern, mit denen wir dort verkehrten, hatten manche keine Ahnung, daß wir verheiratet waren. Ich bin überall mit ihm herumgestiefelt. Oft bin ich in der Nacht mit ihm im Café Athènes gesessen, mit Léandre, Carabin und vielen anderen. Auch allerlei Frauen waren zuweilen in unserer Gesellschaft, mit denen ich wahrscheinlich in Wien nicht verkehren möchte … obzwar schließlich – –« Sie warf einen hastigen Blick hinüber auf Frau Wartenheimer und fuhr rasch wieder fort: »Und manche war sehr hübsch. Ein paarmal war auch die letzte Geliebte von Henri Chabran dort, die seit seinem Tode immer ganz in Schwarz ging und jede Woche einen anderen Liebhaber hatte, die aber in dieser Zeit auch alle Trauer tragen mußten, das verlangte sie … Sonderbare Leute lernt man kennen. Sie können sich denken, daß die Frauen meinem Manne dort nicht weniger nachgelaufen sind als anderswo; es war zum Lachen. Aber da ich doch immer mit ihm war – oder meistens, so wagten sie sich nicht recht an ihn heran, um so weniger, als ich für seine Geliebte galt … Ja, wenn sie gewußt hätten, daß ich nur seine Frau war –! Und da bin ich einmal auf einen sonderbaren Einfall gekommen, den Sie mir gewiß nie zugetraut hätten – und, aufrichtig gestanden, ich wundere mich heute selbst über meinen Mut.« Sie sah vor sich hin und sprach leiser als früher: »Es ist übrigens auch möglich, daß es schon mit etwas im Zusammenhang stand – nun, Sie können sich's ja denken. Seit ein paar Wochen wußte ich, daß ich ein Kind zu erwarten hatte. Das machte mich unerhört glücklich. Im Anfang war ich nicht nur heiterer, sondern merkwürdigerweise auch viel beweglicher als jemals früher… Also denken Sie, eines schönen Abends habe ich mir Männerkleider angezogen und bin so mit Gregor auf Abenteuer aus. Natürlich hab' ich ihm vor allem das Versprechen abgenommen, daß er sich keinerlei Zwang antun dürfte ... nun ja, sonst hätte die ganze Geschichte keinen Sinn gehabt. Ich habe übrigens famos ausgesehen – Sie hätten mich nicht erkannt ... niemand hätte mich erkannt. Ein Freund von Gregor, ein gewisser Léonce Albert, ein junger Maler, ein buckliger Mensch, holte uns an diesem Abend ab. Es war wunderschön ... Mai ... ganz warm ... und ich war frech, davon machen Sie sich keinen Begriff! Denken Sie sich, ich hab' meinen Überzieher – einen sehr eleganten gelben Überzieher – einfach abgelegt und ihn auf dem Arm getragen ... so wie das eben Herren zu tun pflegen ... Es war allerdings schon ziemlich dunkel ... In einem kleinen Restaurant auf dem äußeren Boulevard haben wir diniert, dann sind wir in die Roulotte gegangen, wo damals Legay sang und Montoya ... ›*Tu t'en iras les pieds devant*‹ ... Sie haben es ja neulich hier gehört im Wiedener Theater – nicht wahr?« Jetzt warf Mathilde einen raschen Blick zu ihrem Mann hinüber, der nicht darauf achtete. Es war, als wenn sie nun auf längere Zeit von ihm Abschied nähme. Und nun erzählte sie drauflos, immer heftiger, stürzte sozusagen vorwärts. »In der Roulotte«, sagte sie, »war eine sehr elegante Dame, die ganz nahe vor uns saß; die kokettierte mit Gregor, aber in einer Weise ... nun, ich versichere Sie, man kann sich nichts Unanständigeres vorstellen. Ich werde nie begreifen, daß ihr Gatte sie nicht auf der Stelle erwürgt hat. Ich hätte es getan. Ich glaube, es war eine Herzogin ... Nun, Sie müssen nicht lachen, es war gewiß eine Dame der großen Welt, trotz ihres Benehmens ... das kann man schon beurteilen ... Und ich wollte eigentlich, daß Gregor auf die Sache einginge ... natürlich! – ich hätte gern gesehen, wie man so etwas anfängt ... ich wünschte, daß er ihr einen Brief zusteckte – oder sonst was täte – was er eben in solchen Fällen getan haben wird, bevor ich seine Frau wurde ... Ja, das wollte ich, trotzdem es nicht ohne Gefahr für ihn gewesen wäre. Offenbar steckt in uns Frauen eine so grausame Neugier ... Aber Gregor hatte, Gott sei Dank, keine Lust. Wir gingen sogar recht bald fort, wieder hinaus in die schöne Mainacht, Léonce blieb immer mit uns. Der hat sich übrigens an diesem Abend in mich verliebt und wurde gegen seine Gewohnheit geradezu galant. Es war sonst ein sehr verschüchterter Mensch – wegen seines Aussehens … Ich sagte ihm noch: ›Man muß wohl einen gelben Überzieher haben, damit Sie einem den Hof machen.‹ Wir sind so vergnügt weiterspaziert wie drei Studenten. Und jetzt kam das Interessante: wir gingen nämlich ins Moulin Rouge. Das gehörte zum Programm. Es war auch notwendig, daß endlich irgend etwas geschah. Bisher hatten wir ja noch gar nichts erlebt … nur mich – denken Sie: mich selbst – hatte ein Frauenzimmer auf der Straße angeredet. Aber das war ja nicht die Absicht gewesen … Um ein Uhr waren wir im Moulin Rouge. Wie es da zugeht, wissen Sie ja wahrscheinlich; eigentlich hatte ich mir's ärger vorgestellt … Es passierte auch anfangs dort nicht das geringste, und es sah ganz danach aus, als sollte der ganze Scherz zu nichts führen. Ich war ein bißchen ärgerlich. ›Du bist ein Kind‹, sagte Gregor. ›Wie denkst du dir das eigentlich? Wir kommen, und sie fallen uns zu Füßen –?‹ Er sagte ›uns‹ aus Höflichkeit für Léonce; es war keine Rede davon, daß man Léonce zu Füßen fallen konnte. Aber wie wir nun schon alle ernstlich daran dachten, nach Hause zu gehen, nahm die Sache eine Wendung. Mir fiel nämlich eine Person auf … mir, wirklich mir … die schon ein paarmal ganz zufällig an uns vorübergegangen war … Sie war ganz ernst und sah ziemlich anders aus als die meisten anwesenden Damen. Sie war gar nicht auffallend gekleidet – in Weiß, vollkommen in Weiß … Ich hatte bemerkt, wie sie zwei oder drei Herren, die sie ansprachen, überhaupt gar keine Antwort gab, einfach weiterging, ohne sie eines Blickes zu würdigen. Sie schaute nur dem Tanze zu, sehr ruhig, interessiert, sachlich möchte ich sagen … Léonce fragte – ich hatte ihn darum gebeten – ein paar Bekannte, ob ihnen das hübsche Wesen schon irgendwo begegnet wäre, und einer erinnerte sich, daß er sie im vorigen Winter auf einem der Donnerstagsbälle im Quartier Latin gesehen hatte. Léonce sprach sie dann in einiger Entfernung von uns an, und ihm gab sie Antwort. Dann kam er mit ihr näher, wir setzten uns alle an einen kleinen Tisch und tranken Champagner. Gregor kümmerte sich gar nicht um sie – als wenn sie überhaupt nicht dagewesen wäre... Er plauderte mit mir, immer nur mit mir ... Das schien sie nun besonders zu reizen. Sie wurde immer heiterer, gesprächiger, ungenierter, und wie das so kommt, allmählich hatte sie ihre ganze Lebensgeschichte erzählt. Was so ein armes Ding alles erleben kann – oder erleben muß, möglicherweise! Man liest ja so oft davon, aber wenn man es einmal als etwas ganz Wirkliches hört, von einer, die daneben sitzt, da ist es doch ganz sonderbar. Ich erinnere mich noch an mancherlei. Wie sie fünfzehn Jahre alt war, hat sie irgendeiner verführt und sitzenlassen. Dann war sie Modell. Auch Statistin an einem kleinen Theater ist sie gewesen. – Was sie uns vom Direktor für Dinge erzählte! ... Ich wäre auf und davon gelaufen, wenn ich nicht vom Champagner schon ein wenig angeheitert gewesen wäre... Dann hatte sie sich in einen Studenten der Medizin verliebt, der in der Anatomie arbeitete, den holte sie manchmal aus der Leichenkammer ab ... oder blieb vielmehr mit ihm dort ... nein, es ist nicht möglich, zu wiederholen, was sie uns erzählt hat! – Der Mediziner verließ sie natürlich auch. Und das wollte sie nicht überleben – gerade das! Und sie brachte sich um, das heißt, sie versuchte es. Sie machte sich selbst darüber lustig ... in Ausdrücken! Ich höre noch ihre Stimme ... es klang gar nicht so gemein, als es war. Und sie lüftete ihr Kleid ein wenig und zeigte über der linken Brust eine kleine rötliche Narbe. Und wie wir alle diese kleine Narbe ganz ernsthaft betrachten, sagte sie – nein, schreit sie plötzlich meinen Mann an: ›Küssen!‹ Ich sagte Ihnen schon, Gregor kümmerten sich gar nicht um sie. Auch während sie ihre Geschichten erzählte, hörte er kaum zu, sah in den Saal hinein, rauchte Zigaretten, und jetzt, wie sie ihn so anrief, lächelte er kaum. Ich hab' ihn aber gestoßen, gezwickt, ich war ja wirklich etwas beduselt ... jedenfalls war es die sonderbarste Stimmung meines Lebens. Und ob er nun wollte oder nicht, er mußte die Narbe ... das heißt, er mußte so tun, als berührte er die Stelle mit den Lippen. Ja, und dann wurde es immer lustiger und toller. Nie hab' ich so viel gelacht wie an diesem Abend – und gar nicht gewußt, warum. Und nie hätte ich es für möglich gehalten, daß sich ein weibliches Wesen – und noch dazu solch eines - im Verlauf einer Stunde so wahnsinnig in einen Mann verlieben könnte, wie dieses Geschöpf in Gregor. Sie hieß Madeleine.«

Ich weiß nicht, ob Frau Mathilde den Namen absichtlich lauter aussprach – jedenfalls schien es mir, als hörte ihn ihr Gatte, denn er sah zu uns herüber; seine Frau sah er sonderbarerweise nicht an, aber unsere Blicke begegneten sich und blieben eine ganze Weile ineinander ruhen, nicht eben mit besonderer Sympathie. Dann plötzlich lächelte er seiner Gattin zu, sie nickte zurück, er sprach mit seinen Nachbarinnen weiter, und sie wandte sich wieder zu mir.

»Ich kann mich natürlich nicht mehr an alles erinnern, was Madeleine später gesprochen hat«, sagte sie, »es war ja alles so wirr. Aber ich will aufrichtig sein: es gab eine Sekunde, in der ich ein bißchen verstimmt wurde. Das war, als Madeleine die Hand meines Mannes nahm und küßte. Aber gleich war es wieder vorbei. Denn, sehen Sie, in diesem Augenblick mußte ich an unser Kind denken. Und da hab' ich gefühlt, wie unauflöslich ich und Gregor miteinander verbunden waren, und wie alles andere nichts sein konnte, als Schatten, Nichtigkeiten oder Komödie, wie heute abend. Und da war alles wieder gut. Wir sind dann noch alle bis zum Morgengrauen auf dem Boulevard in einem Kaffeehause gesessen. Da hörte ich, wie Madeleine meinen Gatten bat, er solle sie nach Hause begleiten. Er lachte sie aus. Und dann, um den Spaß zu einem guten und in gewissem Sinne vorteilhaften Ende zu führen – Sie wissen ja, was die Künstler alle für Egoisten sind ... insofern es sich nämlich um ihre Kunst handelt ... – kurz, er sagte ihr, daß er Bildhauer sei, und forderte sie auf, nächstens zu ihm zu kommen, er wollte sie modellieren. Sie antwortete: ›Wenn du ein Bildhauer bist, lasse ich mich hängen! Aber ich komm' doch.‹«

Mathilde schwieg. Aber nie habe ich die Augen eines weiblichen Wesens so viel Leid ausdrücken – oder verbergen sehen. Dann, nachdem sie sich gefaßt zu dem Letzten, was sie mir noch zu sagen hatte, fuhr sie fort:

»Gregor wollte durchaus, ich sollte am nächsten Tag im Atelier sein. Ja, er machte mir sogar den Vorschlag, hinter dem Vorhang verborgen zu bleiben, wenn sie käme. Nun, es gibt Frauen, viele Frauen, ich weiß es, die darauf eingegangen wären. Ich aber finde: entweder man glaubt oder man glaubt nicht ... Und ich habe mich entschlossen, zu glauben. Hab' ich nicht recht?« Und sie sah mich mit großen, fragenden Augen an. Ich nickte nur, und sie sprach weiter: »Madeleine kam natürlich am Tag darauf und dann sehr oft ... wie manche andere vorher und nachher gekommen ist ... und daß sie eine der schönsten war, können Sie mir glauben. Sie selbst sind erst heute vor ihr in Bewunderung gestanden, draußen am Teich.«

»Die Tänzerin?«

»Ja, Madeleine hat zu ihr Modell gestanden. Und nun denken Sie, daß ich in einem solchen oder in einem anderen Falle mißtrauisch gewesen wäre! Würde ich nicht ihm und mir das Dasein zur Qual gemacht haben? Ich bin sehr froh, daß ich keine Anlage zur Eifersucht habe.«

Irgend jemand stand in der offenen Mitteltür und hatte begonnen, einen wahrscheinlich sehr witzigen Toast auf den Hausherrn zu sprechen, denn die Leute lachten von ganzem Herzen. Ich aber betrachtete Mathilde, die ebensowenig zuhörte wie ich. Und ich sah, wie sie zu ihrem Gatten hinüberschaute und ihm einen Blick zuwarf, der nicht nur eine unendliche Liebe verriet, sondern auch ein unerschütterliches Vertrauen heuchelte, als wäre es wahrhaftig ihre höchste Pflicht, ihn im Genuß des Daseins auf keine Weise zu stören. Und er empfing auch diesen Blick – lächelnd, unbeirrt, obwohl er natürlich ebensogut wußte wie ich, daß sie litt und ihr Leben lang gelitten hat wie ein Tier.

Und darum glaub' ich nicht an die Fabel von dem Herzschlag. Ich habe an jenem Abend Mathilde zu gut kennengelernt, und für mich steht es fest: so wie sie vor ihrem Gatten die glückliche Frau gespielt hat vom ersten Augenblick bis zum letzten, während er sie belogen und zum Wahnsinn getrieben hat, so hat sie ihm auch schließlich einen natürlichen Tod vorgespielt, als sie das Leben hinwarf, weil sie es nicht mehr ertragen konnte. Und er hatte auch dieses letzte Opfer hingenommen, als käme es ihm zu.

Da stehe ich vor dem Gitter... Die Läden sind fest geschlossen. Weiß und wie verzaubert liegt die kleine Villa im Dämmerschein, und dort schimmert der Marmor zwischen den roten Zweigen ...

Vielleicht bin ich übrigens ungerecht gegen Samodeski. Am Ende ist er so dumm, daß er die Wahrheit wirklich nicht ahnt. Aber es ist traurig zu denken, daß es für Mathilde im Tode keine größere Wonne gäbe, als zu wissen, daß ihr letzter himmlischer Betrug gelungen ist.

Oder irre ich mich gar? Und es war ein natürlicher Tod? ... Nein, ich lasse mir nicht das Recht nehmen, den Mann zu hassen, den Mathilde so sehr geliebt hat. Das wird ja wahrscheinlich für lange Zeit mein einziges Vergnügen sein ...

ONELIO JORGE CARDOSO
Ein Nelkenduft

Ob Sie mir glauben oder nicht, ist Ihre Sache. Ich erzähle hier nur, was ich gesehen und behalten habe. Jedenfalls lebt sie nach wie vor dort in meinem Heimatort, und wenn Sie sich von der Richtigkeit meiner Worte überzeugen wollen, dann brauchen Sie nur hinzugehen, und Sie werden sie jeden Abend genau da treffen. Sie ist so geblieben, wie sie war, sie gießt die Blumen im Vorgarten mit Wasser aus einem Tonkrug.

Lassen Sie es sich erzählen, damit Sie es verstehen.

Zunächst hätte ich mir gern die gelbe Brücke und den ruhigen, reinen Fluß darunter angeschaut. Ein klares Gewässer mit vielen Fischen zwischen den umspülten großen Flecken zarter Gräser auf dem Grund. Ich habe immer gedacht: Das ist das erste, was du bei deiner Rückkehr in den Ort erblicken wirst. Aber damals war ich zehn Jahre alt, jetzt bin ich vierzig. Eins wollte ich bestimmt nicht, müssen Sie wissen – bei Graciela vorbeigehen. Ich wollte es nicht, weil... Versetzen Sie sich in meine Lage!

Als ich zehn war, da war sie schon dreißig, und so, wie sie aussah, schien sie aus alldem zusammengesetzt, was mein Heimatort an guten Dingen zu bieten hatte, was man hier so herstellt und herumreicht und dabei sagt: »Reiben Sie ihr Kokosnußmilch ins Gesicht, von den Kokosnüssen, die wir im Sommer im Hof von Menéndez aufgemacht haben. Schütten Sie ihr von dem duftenden Zedernöl ins Haar, von den Zedern, die Rubén in seiner Sägemühle schneidet, und holen Sie ihr für die Augen ein bißchen von dem klaren Wasser aus der Quelle unten am Fuße des Mirador – aber ohne jeden Schmutz, damit auch nicht der kleinste Schleier auf der Hornhaut bleibt.«

Ja, und dann das Herz, das man haben muß, da gibt's

nicht viel zu erklären, es gehörte zu ihrem Wesen, und wenn der Nachbar drohte, zu den Eltern zu gehen und sich zu beschweren, weil die jungen Mangobäume beschädigt waren oder ein Ziegel zerbrochen war, dann lief ihm Graciela über den Weg und meinte, es sei doch bloß ein Dummerjungenstreich und er möge entschuldigen.

Nun ja, Sie wissen doch – wenn einer zehn Jahre alt ist, spielen solche Dinge eine große Rolle. Doch außerdem beeindruckten mich, obwohl ich nicht genau wußte, warum, ihre Hände, wenn sie mir, ohne mir das Hemd auszuziehen, einen Riß gleich neben dem Kragen zunähte. Von diesen Händen ging dann ein Nelkenduft aus, und ich fühlte mich seltsam erregt. Ich sah sie an, senkte aber sofort den Blick, wenn sie lächelte.

Und, wissen Sie, sie hatte keinen Freier. Soviel mir damals bekannt war, hatte sie keinen. Die Leute fragten sich, warum sie so mächtig an der Schule und an ihrer Mutter hing. Aber ich denke, das war gar nicht so, denn sonntags ging sie zum Platzkonzert und wie alle anderen Mädchen auf dem Dorfanger spazieren, den Männern entgegen. Lange nachdem wir aus dem Ort fortgezogen waren, sagte meine Mutter immer wieder: »Ein Jammer, daß diese Frau keinen Mann abbekommen hat.«

Begreifen Sie? Deswegen stellt man sich mit vierzig, wenn man mal zurückkehrt, nicht auf die Brücke, um den Fluß zu betrachten. Man tut's nicht, obwohl man die größte Lust dazu hätte. Aber hier hat man die kleine Pforte des Hauses genau im Blick, und es schmerzt, zu wissen, daß dort gleich eine Sechzigjährige erscheinen kann, die man als Dreißigjährige in Erinnerung hat.

Es ist also das beste, man erledigt das, weswegen man gekommen ist: vom Gericht eine Geburtsurkunde holen, und dann mit einem Auto und den vierzig Jahren von Manzanillo ab nach Bayamo.

Aber nun hat das Dorf seinen anerkannten Trunkenbold, der über alles Bescheid weiß und den alle Welt hinnimmt. Wenn Sie da geboren sind und das mehr oder weniger zu sei-

189

ner Zeit geschehen ist, dann können Sie noch so lange fort gewesen sein – wenn er Ihr Gesicht sieht, dann sagt er Ihnen auf Anhieb, in welchem Haus des Dorfes Ihre Augen das Licht der Welt erblickt haben. Er ist nicht schlecht, wissen Sie, nur widerspenstig, und er posaunt stets aus, daß es in dieser Welt für eine gute Moralpredigt keine bessere Grundlage gibt als eine volle Flasche Branntwein.

Während ich im Café sitze, um die Zeit totzuschlagen, bis das Gericht aufmacht, kommt er an, baut sich vor mir auf, damit ich Muße habe, ihn trotz seines Bartes wiederzuerkennen, und statt ihn zu übersehen, frage ich ihn auch noch, ob er weiß, wer ich bin.

»Du? Als kleiner Knirps warst du hier und hast ewig in Gracielas Haus gesteckt. Stimmt's?«

»Ja«, bestätigte ich und rücke einen Stuhl heran, damit er sich hinsetzen kann.

Er betrachtet seine Hände und meint: »Graciela... Ich hab' sie lange nicht gesehen.«

»Wohnt sie nicht mehr in dem Haus?«

»Doch, doch, aber ich hab' sie wenigstens zehn Jahre nicht gesehen. Sie geht nirgends hin. Sie hat wieder einen kleinen Jungen bei sich, der die Besorgungen erledigt.«

Ich hätte ihn gern gefragt, wie sie jetzt ist, aber da er sie so lange nicht gesehen hat, geht es ihm ja fast wie mir. Und es ist auch besser, wenn man es nicht weiß. Ich frage ihn darum anders, und zwar so, daß es ihm nicht besonders auffallen kann: »Hat sie inzwischen geheiratet?«

»Nein, das hat sie nicht«, antwortet er und fügt hinzu: »Sie ist ein Anlaß mehr, daß man in diesem Ort ab und zu einen trinken muß.«

Er hebt den Kopf und lächelt, aber seine Augen starren mich verdrießlich an. Schließlich wird er ernst und betrachtet seine Fingernägel. Mit einem Wink bestelle ich für uns noch ein Glas.

Ohne Aufforderung fängt er an: »Manchmal denke ich, es war schlecht von mir, daß ich sie nicht aufgesucht habe; aber dann sage ich mir auch wieder: Sie geht nicht aus, weil sie nicht gesehen werden will, und das, zumindest das, muß man respektieren.«

»Zumindest das?« frage ich, aber er sitzt da wie einer, der nun nichts mehr sagen will. Ich starre ihn jedoch weiter an, und es entfährt mir: »Erzähl schon!«

Er zögert, zieht mit dem Finger Striche durch den feuchten Fleck auf der Marmorplatte, doch dann entschließt er sich. »Na schön. Zunächst mal: Sie konnte tun und lassen, was sie wollte, wie jeder andere auf der Welt auch. Weißt du – da kam eines Tages so ein eleganter Bursche her, nicht älter als dreißig. Die Bahn hatte ihn für einige Zeit als Stationsvorsteher hergeschickt. Immer gut angezogen und einer von denen, die sich jedes Wort dreimal überlegen, damit's auch richtig wirkt. Ich erblickte ihn und sagte gleich: Dem rennen die Weiber nach! Und ich kann mich noch gut an die Nacht im Park erinnern, ich hab' nämlich auf der anderen Straßenseite mit Linares – Gott hab ihn selig – grad einen gehoben. Also in der Nacht sah ich, daß er sich an Graciela ranmachte. Die ging mit so 'ner Kessen Arm in Arm spazieren. ›Schau dir mal den Hahn da an‹, sag' ich zu dem seligen Linares, ›wie der angestelzt kommt und kräht!‹ Ich habe ihm nicht gesagt, daß mir eigentlich gar nicht nach Scherzen zumute war, als ich den Kerl mit Graciela sah. Man weiß doch, was mit diesen Leuten los ist, die heute hier und morgen dort sind. Die wollen rasch Erfolg haben; und wer verliebt sich leichter als 'ne Frau, die auf die Fünfunddreißig zugeht und sonntags kein Platzkonzert versäumt? Das war also Graciela. Schön, da spann sich demnach was an; aber eines Tages erreichte der Kerl, daß er innerhalb von vierundzwanzig Stunden irgendwohin versetzt wurde, ich weiß nicht mehr, wohin, und Graciela kam an den Zug, kurz bevor er abfuhr. Sie redeten miteinander, ganz allein am Ende des Bahnsteigs. Er fuhr ab, sie stand da, sah ihm nach. Ich hab's beobachtet, denn an dem Tag hab' ich an Mustafas Kiosk einen getrunken und war noch nicht so blau, daß sie mir entgangen wäre, als sie über die Gleise kam und sich ihr ein paar Schulkinder anschlossen.«

Der alte Trunkenbold schwieg plötzlich und lehnte sich zurück. Offenbar wollte er prüfen, wie meine Stimmung war. Bald darauf aber machte er wieder eine ausweichende Bewegung mit seinem großen ungewaschenen und ungekämmten Kopf und fuhr recht ärgerlich fort: »Ist dir der Fall klar? Ob zwischen den beiden nun was war oder nicht, geht nur sie was an, sonst keinen, weder mich noch einen von den andern hier, die nachher alle ankamen, um in ihrem Leben herumzukramen – wenn's auch begreiflich ist, denn in diesem Kaff passiert ja sonst nichts. Vielleicht war ich der einzige, der Stoff zum Tratschen lieferte, weil ich damals noch dann und wann einen Skandal machte, oder auch Medina, der Verrückte, der mit allen Streit anfing. Man kann sagen, wir waren die einzigen Attraktionen hier im Dorf, in das sich noch nicht mal ein Zirkus verirrte. Aber wenn die Leute immer dasselbe Stück zu sehen bekommen, dann wird es ihnen langweilig, außerdem hatten die Weiber so etwas wie ein Rachebedürfnis an Graciela zu stillen, seit der Kerl dafür gesorgt hatte, daß sie sich in ihn verliebte. Was mußte also eintreffen? Na, genau das, was dann auch kam: Sie ließen ihren Zungen freien Lauf, ob man sie denn in der Schule noch mit Señorita ansprechen sollte oder ob sie nicht nach Havanna gefahren sei, um sich den ›Blinddarm‹ herausnehmen zu lassen. Kurz, solche und andere Schweinereien in großer Menge, das, was sie hier so unter Moral und guten Sitten verstehen, begreifst du?«

»Ja, natürlich«, sagte ich und er fährt fort: »Ich denke, das hätte schon ausgereicht, sie nicht mehr aus dem Haus kommen zu lassen, aber die Sache beschränkte sich nicht auf Worte. Eines Tages tauchten bei Graciela welche vom Bildungsausschuß auf, und ich kann dir sagen – was sie geredet haben, weiß ich nicht, aber ein paar Tage später reichte sie ein Entlassungsgesuch ein, und nun war die Schule sie auch los.«

Der Kellner erscheint und stellt zwei halbvolle Gläser auf den Tisch. Ich schiebe meinem alten Säufer eins hin, aber er weist es seltsamerweise zurück und steht auf.

»Nee, heute nicht. Das paßt nicht zu dem, was ich erzählt habe«, sagt er und geht, ohne daß ich ihn zurückhalten könnte. In meinem Kopf kreist jetzt nur noch ein Gedanke: zu Graciela gehen.

Ich versuche, mir klarzumachen, daß sie nicht nur sechzig Jahre hinter sich hat, sondern obendrein diesen harten Schlag, den sie ihr versetzt haben. Da gibt es nichts mehr zu träumen, von einer um dreißig Jahre jüngeren Graciela nicht mehr und vielleicht auch von der gelben Brücke nicht.

Aber dann raffe ich mich auf. Ich laufe den alten Weg hinunter, der sich kaum verändert hat, im Schatten der Holzapfelbäume. Ich sehe den langen öden Bahnsteig und die parallelen Gleise, die weit hinten am Saum des Palmenwaldes abbiegen. Ich komme an der Schule vorbei, die früher aus Holz war. Ich stehe vor Rubéns Werkstatt, die es nicht mehr gibt und in der sich eine Baustoffhandlung niedergelassen hat. Als ich über die Brücke gehe, hallen meine Schritte von den alten Planken wider, aber ich werfe keinen Blick aufs Wasser. Wozu auch? Wenn jemand beinahe stirbt, dann hören die anderen Dinge auf zu existieren. Und dumm ist es ohnehin, weil sich die Fische hier seit Jahrhunderten vermehren und nicht erst sei meinem zehnten Lebensjahr und weil ich nur für einen Tag eines Jahres eines Jahrhunderts gekommen bin und in einen anderen Tag eines anderen Jahres dieses Jahrhunderts hineingehe.

Ich lasse die Brücke hinter mir und bin nun schon auf dem Kopfsteinpflaster der Straße. Ich springe über die Bordkante und steige hinauf, um anzuklopfen. Sie öffnet die Tür und sieht mich eine Weile an, aber sie erkennt mich nicht.

Wissen Sie? Ich hätte sagen können, wer ich bin. Ich habe es nicht gesagt, und das kann ich jetzt mein Leben lang bereuen, weil ich ihr etwas von der Zärtlichkeit hätte vergelten können, die sie mir als Kind hat zuteil werden lassen. Aber ich habe Ihnen ja schon gesagt, und Sie können davon halten, was Sie wollen: Ich habe es einfach nicht fertiggebracht. Ich habe sie ruhig angesehen und nur gesagt: »Verzeihen Sie, ich habe mich geirrt.«

Ich bin auf die gepflasterte Straße zurückgelaufen, dann über die Brücke, und bin fortgegangen. Wissen Sie, warum? Ich sage es noch einmal: Ob Sie es nun glauben oder nicht, ist Ihre Sache, aber sie hat sich überhaupt nicht verändert. Sie stand da, lächelte wie eh und je, und ich kann Ihnen sogar verraten, daß sie wie damals, als sie mir den Riß im Hemd zunähte, den Fingerhut am Zeigefinger hatte, und mehr noch: Ich schwöre Ihnen, ihre Hände strömten noch immer diesen unvergleichlichen Nelkenduft aus.

FRANK WEDEKIND
Morgenstimmung

Leise schleich ich wie auf Eiern
Mich aus Liebchens Paradies,
Wo ich hinter dichten Schleiern
Meine besten Kräfte ließ.

Traurig spiegelt sich der bleiche
Mond in meinem alten Frack;
Ach, die Wirkung bleibt die gleiche,
Wie das Kind auch heißen mag.

Wilhelmine, Karoline,
's ist gesprungen wie gehupft,
Nur daß hier die Unschuldsmiene,
Dort dich die Routine rupft.

Walter Serner
Los Tortilleras

Ljungdahl umwickelte seine blutende Hand mit dem Spitzentaschentuch, das Ramona ihm auf den Tisch geworfen hatte, bevor sie Cristina gefolgt war. Als er die Zipfel verknüpfte, kam Ramona wieder an den Tisch. Sie schlug, etwa fünfzehnmal und überaus schnell, die Zähne aufeinander: »Sie sind nicht mein Typ. Außerdem habe ich mich schon mehr verteilt, als mir zuträglich ist. Aber Cristina gefallen Sie doch so sehr. Kann man es deutlicher beweisen?« Sie schnellte den kleinen Finger vorsichtig auf seine verbundene Hand. »Übrigens ist sie schöner als ich.« Ljungdahl hob ablehnend die Hand, die sofort schmerzte. »Ihr Hut, Ramona, paßt nicht zu Ihrer Stimme.«

Ramona setzte kurz ihre perlweißen Zähne auf die Unterlippe. »Es freut mich, daß Sie sich bekehren.«

»Fast alle Frauen bekommen ohne Hut einen blöden Ausdruck. *Sie* würden gewinnen.« Ljungdahl umkrallte mit der unverletzten Linken ihren Schenkel oberhalb des Knies.

Ramona zischte: »Wiederholen Sie diesen Griff nicht!« Ljungdahl rieb seine brennenden Finger, die ein heftiger Fächerschlag getroffen hatte. »Ich glaube Ihnen die kalte Schulter nicht. Sie verbergen mir etwas.«

Ramona spie sich achselzuckend auf den Unterarm, schmierte eine trockene gelbe Crême darauf, rieb sie mit dem Zeigefinger zu Brei und mit einer geschickten Wendung auf Kinn, Nasenspitze und Stirn, wodurch sie Lichter erzielte, welche ihr ganzes Gesicht gleichsam nach innen zu verkürzten und jenen scharfen Ausdruck, in den Ljungdahl wie vernarrt war, noch verstärkten. »Ist Cristina überhaupt Spanierin?«

»Sobald Sie wollen, führe ich Sie zu ihr.« Ramona überpuderte ihre Arbeit mit staunenerregender Geschwindigkeit.

Ljungdahl stupste ihr den Mittelfinger auf den Oberarm. »Cristina ist vielleicht schöner. Aber im Ernstfall zählt das Detail mehr. Ich liebe Ihr grausames Gesicht.«

»Gerede!« Ramona parfümierte sich den berührten Oberarm.

»Jede Gier ist unbegreiflich.« Ljungdahl mußte miteins lachen, da er Ramonas Geste verstand. Dabei lockerte sich das Taschentuch, so daß das Blut wieder zu fließen begann.

Ramona schob ihm das Taschentuch von der Hand, zerriß es zwischen den Zähnen und verband die Wunde. »Cristina hatte schon wilde Jahre gehabt, bevor sie nach Cordoba kam. Sie heißt allerdings Ferretti. Ihre Mutter war Italienierin. Aber ihr Vater Spanier. Torero.« Sie neigte den Mund über seine Hand, um die Zipfel des Taschentuches, deren einen sie zwischen die Zähne klemmte, fest zuziehen zu können. »Sie ist ein uneheliches Kind. Noch heute trägt sie um den Hals ein kleines Medaillon mit der Miniature ihres Vaters. Damit hat es eine eigene Bewandtnis. Wollen Sie nicht danach fragen?« Sie stieß, da er nicht antwortete, seine eben noch mit größter Behutsamkeit behandelte Hand brutal von sich, pfiff aber sofort, als bereue sie es. »Es war ein Wunder, daß niemand sah, wie sie Sie gestochen hat. Und es kam doch sofort Blut. Das ist ihr erster Gunstbeweis. Und ich kann Ihnen versichern, daß Sie ihr imponiert haben, als Sie das Glas auf den Tisch schlugen und dem Kellner ruhig sagten, Sie hätten sich geschnitten.«

Ljungdahls Zunge leckte flau: es war Ramona nun doch gelungen, seine Begehrlichkeit abzulenken und seiner Eitelkeit zu schmeicheln.

Ramona speichelte, als hätte sie es ihm vom Gesicht gelesen, sich den Zeigefinger ein und strich mit ihm über seine Lippen. »Wie kann man ein Weib wie Cristina auslassen? Andere müssen schwer zahlen.«

Ljungdahl schnappte nach ihrem Finger.

Aber Ramona, mit dem Blick bei der Sache, war schneller. »Sie wollen also? Sie wollen, nicht wahr? Sie wollen!«

»Als würde sie dafür bezahlt«, dachte Ljungdahl, aber er

hütete sich, es auszusprechen; und er hörte sogar auf, es anzunehmen, als er die herrische Geste sah, mit der sie ihren Busen arrangierte. »Der Stolz ist hier fast ein Laster.«

Ramona nahm es als Zustimmung. Ihr pralles Posterieur zog sich ein. Plötzlich stand sie steil und mit hochgezogenen Schultern. Ihre Unterlippe rollte ein bißchen.

Sie verließen die Terrasse des Circulo Mercantil und gingen den Paseo Gran Capitan hinunter. Vor ihnen flammten die Bogenlampen auf, eine nach der andern. An der Ecke der Calle de Burgos begann Ramona vorauszugehen und eigentümlich die Arme zu bewegen. Flüchtig war es Ljungdahl, als gebe sie damit irgendein Zeichen. Da der schweigsam zurückgelegte Weg ihn zudem ernüchtert hatte, entschloß er sich, so rasch wie möglich sich zurückzuziehen. Es sofort zu tun, wagte er nicht, die spanische Empfindlichkeit kennend.

Ramona trat nach wenigen Schritten in ein Haus und durch eine niedrige eiserne Gittertür in einen atriumähnlichen, mit einigen halb zerbrochenen Petunientöpfen kärglich geschmückten Vorraum, in dessen einer Ecke hinter gelblichem Milchglas ein Talglicht brannte. Es roch nach Weihrauch und Urin.

Zum ersten Mal lächelnd, ergriff Ramona Ljungdahls Hand und zog ihn schnell durch eine Seitentür in einen schmalen Gang, wo sie viermal an eine Tür pochte, durch deren Ritzen Licht drang. Ein Riegel wurde zurückgestoßen. Im Rahmen der Tür erschien Cristina in einem zu langen und fast grotesk geschnittenen Hemd, über das ihr aufgelöstes langes schwarzes Haar hinabwallte. Sie preßte sogleich ihren Körper an den Ljungdahls und machte eine rasche Drehung, so daß dieser ins Zimmer zu stehen kam.

Ramona schloß von draußen die Tür.

Ljungdahl hatte ihr Gesicht noch gesehen: sie hatte immer noch gelächelt. »Sie hat vielleicht gar nicht aufgehört, zu lächeln«, ging es ihm kurz durch den Kopf.

Cristina warf ein bereits sehr schadhaftes Seidentuch sich übers Hemd, schlüpfte in einen kurzen Unterrock von rotem

Flanell, den sie über das Tuch band, und stieß die nackten Füße in dunkelgrüne Pantöffelchen. »Schau mich an!«

Ljungdahl tat es ohnedies. Aber er sah nicht viel, da sie vor dem Licht stand; nur, daß sie den rechten Fuß hob, mit dem sie seine verbundene Hand beinahe berührte.

»Das war meine Visitkarte.«

Ljungdahl lächelte wirr. Und während er einen auf dem Kachelsims liegenden eigenartigen Gegenstand zu erkennen sich bemühte, wurde sein Kopf nach hinten gestoßen. Erst Sekunden später wußte er, daß sie ihn geküßt hatte und in die Oberlippe gebissen. Er schmeckte Blut.

Christina hing sich an seinen Hals, ihm etwas vor die Augen haltend. Immer wieder. Und immer näher. Er nahm es ihr schließlich aus der Hand und senkte es, so weit die Halskette, an der es hing, es zuließ: es war eine Miniature, darstellend einen Espada, dem ein Stier in der Arena den Bauch aufschlitzt. »Ist das alles?«

»Du bist enttäuscht?« Cristina riß ihm mit einem ärgerlichen Ruck des Halses das Medaillon aus der Hand und wirbelte sich auf einem Absatz zur Seite. Dann setzte sie sich, schlug ein Bein über, zündete sich eine kleine Zigarre an und sang zwischendurch leise die Canzonetta von Filipucci.

Ljungdahl, der längst vergessen hatte, daß er sich hatte zurückziehen wollen, sah mit einem Mal, daß sie in der Rechten eine Reitpeitsche hielt, mit deren dünner Lederschleife sie einem großen schwarzen Kater den Kopf kraulte. Vergeblich versuchte er, den Geruch, der von ihr ausging, zu präzisieren.

»Weißt du, was die Amore ist?« Cristina machte einige pfitschende Lufthiebe.

»Ein Wort, das so gut wie kein anderes jede Gier erleichtert.« Cristina stemmte eine Hand gegen den Bettpfosten, der knackte. »Weil du es nicht weißt. Weil du ein Turnó bist.«

Ljungdahl fühlte sich beengt: da er nicht annehmen konnte, eine Neo-Sentimentale vor sich zu haben, vermutete er, nicht verstanden worden zu sein. Mit einem Blick auf ihren Leib, der in feinen Spiralen sich bewegte, zog er es vor, zu lächeln.

Während Cristinas schlanke Linke die Hüften entlang strich, knallte ihre Rechte die Schleife der Reitpeitsche vor der Schnauze des Katers auf die Kacheln. »Ich werde dir erzählen, wie es bei mir war.« Sie holte aus und traf den Kater mit solcher Wucht auf die Nase, daß er mit fauchendem Gurgeln auf sie zuschoß. Aber noch bevor er sie erreicht hatte, trafen ihn drei, vier, fünf Hiebe, so daß er sich winselnd verkroch. »Es hat sehr frühzeitig angefangen. Vida. Interessiert es dich überhaupt? Du stehst ja da wie ein Regenwurm.« Sie wies mit der Reitpeitsche auf einen Baststuhl mit außerordentlich niedrigem Sitz. »Wenn du nicht willst, darfst du auch die Wand verdrecken.« Sie ließ mit einem rapiden Lachen die Zigarre über die Finger laufen, so daß die Schatten an der Mauer tanzten. »Vida. Meine Mutter nahm mich schon mit sechs Jahren in die Arena.« Und nun begann sie mit auffälliger Geläufigkeit und fast geschmackloser Häufung blutrünstiger Details das Erlebnis ihrer ersten Corrida zu schildern, die einem Amateur-Matador das Leben gekostet hatte und in der Folge ihr die Unschuld. Da der Stier, bevor er die tödliche Cogida gerannt hatte, drei Espadas außer Gefecht gesetzt hatte, wäre die Aufregung des Publikums so gestiegen, daß es, als die Fortsetzung der Corrida untersagt wurde, zu einer blutigen Schlägerei gekommen wäre. Dies alles hätte sie so erregt, daß sie nicht einschlafen konnte, ihre Mutter, die im selben Zimmer schlief, mit ihrem Liebhaber im Bett beobachtet hätte und durch diesen Anblick zum ersten Mal in jenen Zustand geraten wäre, der schließlich in die Arme eines Mannes führt. An dieser Stelle schwieg sie, um Atem zu holen, und bog, aufs Äußerste von ihren Worten erregt, die Reitpeitsche zwischen den Händen. Ihre Zähne zerrieben die Zigarre.

Ljungdahl, den es zwang, an das Erzählte zu denken, ärgerte sich unklar ein wenig. Er wollte sich zurechtfinden, ihre Absicht erkennen. Aber alles war wie von dieser Frau verlegt, von ihrem herben Geruch, ihrer harten Stimme, ihrer aufregenden Erregung.

Cristina warf die Zigarre an die Zimmerdecke und traf sie

noch in der Luft mit der Reitpeitsche, von der sie knallend auf einen Spiegel flog. »Jeden Sonntag ging ich nun mit meiner Mutter zu den Corridas. Denn ich plärrte so, daß sie mich mitnehmen mußte. Die Plätze kosteten sie nichts, da sie mit allen Banderilleros und Espadas, die damals in Madrid berühmt waren, geschlafen hat. Mein Vater war Valencia II. Ein großer Espada. Der vielleicht einer der größten geworden wäre, wenn ihm nicht mit vierundzwanzig Jahren in Sevilla ein Stier …« Sie schwang das Medaillon kurz vor sich her. »Meine Mutter hat es ihr ganzes Leben lang bedauert, daß sie damals nicht nach Sevilla gefahren war. Aber sie war im siebenten Monat schwanger mit mir und fühlte sich schlecht. Das Medaillon habe ich von ihr geerbt. Sie hat es sich eigens von Aguero machen lassen, der den Tod meines Vaters mit angesehen hatte. Ich trage es immer. Ebenso wie meine Mutter.« Sie küßte es langsam, schwang es mit einer jähen Bewegung auf den Rücken und sprang vor Ljungdahl hin, ihm die Hand auf den Magen pressend. »Siehst du, Catelo, so hat es bei mir angefangen. Mit zwölf Jahren *war* es dann. Ein Mono. Die sind schlimmer als die Ärgsten. Ich trieb es mit ihm auf dem Abattoir zwischen den toten Stieren. Unter Fleischgestank und Blutdunst. Einmal lagen wir halb auf dem Bauch eines Stieres, der noch zuckte. Ein anderes Mal brach einem, neben dem wir lagen, plötzlich noch ein Blutstrahl aus dem Maul und floß uns über die Beine. Und wieder einmal, da …«

Ljungdahl wußte nicht, ob er nicht mehr zuhören oder bloß das heiser Keuchende ihrer Stimme nicht mehr ertragen konnte oder ob es seine nicht mehr niederzwingende Gier war: er warf sich auf Cristina und seine Lippen auf die ihren. Doch er berührte sie nicht: Cristina hatte ihn durch einen Fauststoß an die Wand geworfen. Gleichzeitig sauste ein Peitschenhieb durch die Luft und ihm brennend über Stirn und Wange. Cristina stand mit gespreizten Beinen vor ihm. Die Zunge hing ihr aus dem Mund. Ihre Augen leuchteten tückisch. Mit einem bestialischen Schrei holte sie bis über die Schulter aus. Und nun klatschte Hieb auf Hieb nieder.

Ljungdahl war dermaßen überrumpelt, daß er weder den Schmerz voll spürte, noch sich zu wehren wußte. Als jedoch die Hiebe immer schneller und fester fielen, löste er sich knirschend von der Mauer und hob die Fäuste. Aber Cristina bückte sich, nach etwas greifend. Und schon traf ihn ein vierfacher Knutenhieb, quer über Brust und Arme. Er brüllte auf. Ein zweiter Knutenhieb schnitt auf seinem Rücken. Krächzend stürzte er vor. Sie entwich ihm geschmeidig und versetzte ihm einen furchtbaren Hieb auf den Hintern. Er bäumte sich. Seine Stimme pfiff vor Schmerz. Aber die Hiebe prasselten unbarmherzig auf ihn nieder. Wieder schmeckte er Blut. Es rann aus der Nase, auf den Wangen, an den Ohren, die Brust hinunter. Überall brannte es ihn schier unerträglich und wurde immer unerträglicher. Er fiel in die Knie. Es war wie ein Feuerregen um ihn, naß und leuchtend. Schließlich schwand ihm das Bewußtsein ...

Als er zu sich kam, hörte er das Geräusch von plätscherndem Wasser, das Gehen nackter Füße. Obwohl jede Bewegung ihn schmerzte, stand er stöhnend auf. Schräg hinter ihm flackerte in einem offenen Zimmer eine kleine Kerze. Gegenüber sah er eine Tür. Gedankenlos rüttelte er an ihr. Verschlossen. Da hörte er schwaches Ächzen. Dann einen kleinen Schrei. Er näherte sein Auge einer Ritze und erblickte auf einem Bett Ramona und Cristina in wollüstiger Verschlingung. Eine Weile sah er ihnen zu. Dann wischte er mit einem Strumpf das Blut sich vom Gesicht. Dabei fühlte er, wie übel er zugerichtet war, und trat vor einen matten Wandspiegel. Bei seinem Anblick fluchte er laut auf. Als er gehen wollte, hörte er Ramona lachen. Wütend trat er ins Zimmer zurück, zerschnitt vier Röcke und zwei Seidenkleider und spuckte unzählige Male in einen gefüllten Weinkrug.

Zwei Tage später begegnete er in Madrid auf der Gran Via Mario Tosato, einem amüsanten Florentiner, und berichtete ihm von seinem Mißgeschick. Ohne seine Zigarette auch nur einige Sekunden zu vernachlässigen, erklärte Tosato, liebenswürdig lächelnd: »Las tortilleras di Cordoba ... conosco tutte ... conosco anche dal profumo a occhi chiusi. La Ferretti a un odore differente. Odora di Kater. Vous comprenez. Verstehn Sie ...« Ljungdahl verstand. »Ma ... Sie haben ... Excusez ...«

Tosato krümmte verdeutlichend die Hand, den Spazierstock unter die Achsel klemmend: »Si capisce. Sono due tortilleras molto sadistiche. La Ferretti, erzählt sie grande Romanen. L'altra è la più fina. Fa il trucco. Ma avevate de la chance. Branco Freixas, Sie kennen, aus Lisboa, er hinkt noch heute, ecco.«

ERICH MÜHSAM
Mädchen mit den krummen Beinen

Mädchen mit den krummen Beinen,
Wie dein Dackel schief im Gang,
Glätte mir dein weißes Leinen.
Grade will dein Wuchs mir scheinen,
Liegst du lang.

Deine Haut, die fleckig, kreidig,
Dir verunziert Stirn und Wang,
Rötet sich und wird geschmeidig
Und dein Borstenhaar wird seidig,
Liegst du lang.

Dein Organ ist wie der Spatzen
Kreischend krächzender Gesang.
Komm auf schwellende Matratzen!
Wohllaut wird dein heisres Kratzen,
Liegst du lang.

Armes Kind, nie kam ein Freier,
Wer dich auf sein Lager dang.
Komm zu mir zur Liebesfeier!
Mir schwillt Mut und Blut und Leier,
Liegst du lang.

OSKAR MARIA GRAF
Das Brautverstecken

Damals wie der Langhammer-Hans und die Windmoser-Marie von Peichlwang beim Seewirt in Aufdorf ihre Hochzeit feierten, hat der Finschl-Michl ganz allein das Brautverstecken besorgt. Er und die Marie sind – um den Suchenden das Finden ja recht schwer zu machen – einfach in die Kammer vom Postboten Lechner hinauf, welcher seit Jahr und Tag beim Seewirt im zweiten Stock logiert.

Recht nett und gemütlich hat der Lechner seine Junggesellenkammer eingerichtet. Außer den sonstigen Möbeln steht auch noch ein breiter Diwan drinnen, drüber hängen – als besonderer Prunk – die Tabakspfeifen, ein ganzes Register. Auf diese Sammlung ist der Lechner nicht wenig stolz. Uralte und nagelneue, lange und kurze, rare Prachtstücke und gewöhnliche Dinger sind darunter. Ein schönes Bild macht die Gruppe.

Dunkel war's schon, als der Michl und die Marie in die Kammer kamen. Vom Tanzen schwitzten sie noch und vom Stiegenhinaufrumpeln keuchten sie. Kichernd und lachend standen sie da.

»So – do find't uns so schnell koana, Marie«, sagte der Michl und riegelte die Tür zu: »Dös denkt koana, daß mir do herob'n san.«

Wie er sich aber umdrehte und wieder zurückkam, trat er der Marie auf die Füße.

»Au! Auweh!« jammerte die, denn so ein Nagelschuhtritt tut weh.

»Jesaß – Jesaß! ... Sei stad, Marie, sei stad!« beruhigte sie der Michl: »Hock di hi, Marie! ... Geh weita!« Und als sie auf dem Diwan saß, wollte er gleich den barmherzigen Samariter spielen.

»Na, nana! Na, Michi, loß's bleib'n! Es is scho wieda

rum!« wehrte die Hochzeiterin ab: »Loß mein'n Fuaß aus, i gspür scho nix mehr!«

Wie aus Zufall fuhr der Michl vom unteren Fuß weiter wadelaufwärts. Bloß so.

»Loß's bleib'n Michi!« sagte sie wiederum und drückte ihre Hand auf dem Rock dagegen. Der Michl griff nicht mehr weiter, ließ aber seine Hand, wo sie war und sagte bloß: »Gottseidank – i bin ja froh, daß i dir it weh to hob.«

Jetzt hörten die zwei die Suchenden drunten vor der Wirtshaustür auf der Straße. Die Marie reckte sich zum Fenster hin und lachte leise auf: »Hm, dö suacha üns an Stoi hint'n.«

»Dö moana, mir macha üns küahdrecki!« sekundierte der Michl ebenso und jetzt war er schon beim runden, prallen Knie der Hochzeiterin.

»Geh, aba Michi!« fiel dieser das Wehren wieder ein, aber sie mußte doch lachen.

»Herrgott, Marie, do kriagt er aba wos Richtigs, der Hans«, konstatierte der Michl und setzte noch einnehmender dazu: »Wenn bei dir überoi sovui dahoam is, do kann er si gratalier'n, der Hans.«

»J – hja, waar scho guat«, protzte sich die Marie ein wenig, strich aber gleich wieder auf ihrem Rock dagegen: »Jetz gibst amoi an Ruah, Bazi! ... Schaam di doch, Michi.«

»Aba a Bussei kriag i, Marie?« lenkte der Michl ein. Wer lang fragt, der geht lang irr, dachte er, und drückte schnell sein heißes, bärtiges Gesicht auf ihre Backe. Sie wich zurück und spürte dabei seinen anderen Arm über ihrem Rücken.

»Geh jetzt, Michi! Heunt a da Ho'zat?!« warf sie ihm vor: »Michi! Sakra –«

»Heunt is's koa Sünd nimma, Marie«, meinte der unerschrocken: »Du bist scho aa so wos G'schmochs aa! ... Geh weita, Marie! ... Ös woaß's und siehcht's ja koa Mensch it, und i bin ja stad – stad wia'r a Grob!«

Er lachte, sie kicherte und sträubte sich. Von drunten herauf schmetterte aus der offenen Saaltür die Trompetenmusik. Lärmen und Juchzer stiegen auf.

»Aba, Michi! Sakra –!«

»Dö kemma net, Marie! Geh weita, Marie!« setzte der Bursch ihr kecker zu. Nicht ließ er nach, feste Griffe hatte er.

– – –

Zuletzt sagte er fast sachlich: »Tua dein Jungfernkranz, oba, Marie – net daß ma'n dadrucka.« Und sie legte ihn auf den Tisch.

Der Diwan vom Lechner quietschte stillvergnügt unter seiner Last ...

»Herrgottsakra! Herrschaftsseitn!« knurrte der Michl mitten drinnen ein paar Mal, denn hinter ihm, an der Wand, krachte es hie und da.

Dunkel war's. Die Saaltür mußte wieder zu sein. Lärm und Musik klangen gedämpfter. Jetzt kamen die Suchenden aus dem Stall drüben.

»Geh weita! Schnell! Setz dein'n Kranz auf ... Net daß d'Leit moana, du host'n net verdiant«, sagte der Michl aufstehend. Die Marie schwang sich hastig in die Höhe und tat es.

»Jetz gehng ma schnell an Gang aussi! ... Geh!« rief der Michl: »Jetz werd'ns glei daherrumpeln.« Eilsam zog er die Hochzeiterin hinaus.

»Härst ös! ... Schnell!« wisperte er und rannte mit ihr in die nächstbeste Türnische.

»– dsakra!« knurrte er in sich hinein, weil die Lechnerkammertür ein wenig laut zuflog. Schon rannten Hochzeiter und Schwager über die knarrende Stiege herauf und tappten auf dem Gang dahin.

»Do sans g'wiß!« sagte der Hans und der Michl machte ihnen das Finden leicht. Er hustete ein wenig.

»He! ... Do sans! Do!« schrie der Schwager und schoß auf die zwei Versteckten zu. Schon hatte er sie. Dem Hans löschte das Zündhölzl aus.

»Enk zwoa kunt ma um an Tod schicka – ös bleibers wenigstens lang gnua aus!« spöttelte die Marie lachend ins Dunkel hinein und ließ sich vom Hans arglos am Arm nehmen.

Lachend und lustig-polternd ging's in den wirbelnden Saal hinunter.

– – – – – – – –

Der Postbote Lechner hatte in derselbigen Nacht einen Brandrausch und wachte in der anderen Frühe auf, gestreckterlängs auf dem Kammerboden liegend. Zuerst glotzte er, rieb sich ein ums andere Mal die Augen, glotzte wiederum und sah auf einmal, daß herunten, an der Wand am Diwan, fast alle Pfeifen kaputt waren. »Himmi – himmiherrgottsakrament – sakrament!« fing er das Fluchen an und konnte sich dieses windige Unglück absolut nicht erklären. Auf dem Tisch sah er etliche Myrthenspuren und wischte sie ärgerlich weg.

»Himmikruzifix-kruzifix!   Herrgottsakrament-sakrament!« fluchte er kurz darauf auch beim Wirt drunten: »J woaß's net! ... J bin doch gor it a d'Wand hinkemma! ... Grod is's ois wia wenn's umgeht bei mir drob'n! ... Kruzifix-Kruzifix!«

Der Seewirt ist einer, dem schnell was aufgeht, der aber sein Maul halten kann, wenn's sein muß. Er lachte bloß. Etliche Tage darauf aber hockte der Finschl-Michl zur Brotzeit am Ofentisch beim Seewirt. Und wie es so oft geht, da kam man auf das Brautverstecken zu reden. Der Seewirt, der Lechner und der Michl waren da, sonst keiner.

»Schö' host ös g'macht, Michi ... Fast dreiviertel Stund' hob'ns di gsuacht!« sagte der Seewirt verkniffen: »Auf dös is ja aa koana kemma, daß d's ös bis an obern Gang auffikemmt's ...«

Und da auf einmal gab es dem Lechner einen Ruck. Er drehte sich hastig auf den Michl zu.

»H – ßt!« pfiff er leicht durch seine Zähne und zog die Stirn zusammen: »Holla, Bazi! Jetz geht mir a Liacht auf!«

»Wos denn?« fragte der Michl, aber so verstellen konnte er sich doch nicht.

»I wui ja s'Mai (Maul) hoitn, aba meine Pfeifan werst ma guat macha, Hundling, ganz schlechta!« sagte der Lechner bloß noch und: »Ja, in Gottsnam! Aba gwiß muaß's sei!« ergab sich der Michl lachend und machte ihm den Schaden gut. Freilich erst am anderen Tag, aber immerhin.

»Herrgott, teir konn a so a Brautverstecka komma, Sakrament-sakrament!« kratzte er sich dabei, denn bare fünfundvierzig Mark verlangte der Lechner. Nicht ließ er handeln mit sich.

— — —

Georges Bataille
Das Auge der Katze

Ich bin allein aufgewachsen, und so weit ich zurückdenken kann, hatte ich vor allem, was sexuell war, Angst. Ich war fast sechzehn, als ich Simone, ein Mädchen in meinem Alter, am Strand von X ... kennenlernte. Da unsere Familien entfernt verwandt waren, wurden wir rasch vertraut. Wir kannten uns gerade drei Tage, als Simone und ich zum erstenmal allein bei ihr im Haus waren. Sie hatte eine schwarze Kittelschürze an und trug einen gestärkten Kragen. Langsam begann ich zu begreifen, daß sie meine Angst teilte, die an jenem Tage um so heftiger war, als sie unter ihrer Schürze nackt zu sein schien.

Sie trug schwarze, seidene Strümpfe, die ihr bis über das Knie reichten. Noch immer hatte ich sie nicht bis zum Arsch sehen können (dieses Wort, das ich mit Simone immer gebraucht habe, schien mir die schönste der Bezeichnungen für das Geschlecht). Ich stellte mir vor, daß ich ihren Kittel nur hochzuheben brauchte, um ihren nackten Hintern zu erblikken. Im Flur stand ein Teller mit Milch für die Katze.

– Teller sind doch zum Hinsetzen da, sagte Simone. Wollen wir wetten? Ich setze mich auf den Teller.

– Ich wette, daß du es nicht wagst, versetzte ich atemlos.

Es war heiß. Simone hob den Teller auf einen Fußschemel, stellte sich vor mich hin, und ohne mich aus den Augen zu lassen, hockte sie sich nieder und tauchte ihren Hintern in die Milch. Eine Zeitlang stand ich regungslos da, das Blut war mir in den Kopf geschossen, und ich zitterte, während sie zusah, wie mein steifer Schwanz die Hose spannte. Ich legte mich zu ihren Füßen nieder. Sie rührte sich nicht mehr; zum erstenmal sah ich ihr ›rosaschwarzes Fleisch‹, das sich in der weißen Milch badete. Lange Zeit verharrten wir regungslos, einer so rot wie der andere.

Plötzlich erhob sie sich: die Milch rann ihr an den Schenkeln bis zu den Strümpfen nieder. Sie setzte einen Fuß auf den kleinen Schemel und trocknete sich im Stehen, über meinem Kopf, mit ihrem Taschentuch ab. Ich rieb mir den Schwanz und wand mich am Fußboden. Ohne daß wir einander berührt hätten, gelangten wir, beide im gleichen Augenblick, zum Genuß. Doch als ihre Mutter nach Hause kam, nutzte ich, in einem tiefen Sessel sitzend, den Moment aus, als das junge Mädchen sich in die mütterlichen Arme schmiegte: ich hob ihre Kittelschürze hoch, und ohne bemerkt zu werden, schob ich ihr meine Hand zwischen die heißen Schenkel.

Ich stürmte nach Hause, begierig, weiter zu wichsen. Am nächsten Tag hatte ich blaue Schatten um die Augen. Nachdem Simone mir lange ins Gesicht geschaut hatte, vergrub sie ihren Kopf an meiner Schulter und sagte: »Ich will nicht, daß du es ohne mich tust.«

So begannen zwischen mir und dem jungen Mädchen Liebesbeziehungen, so eng und so zwingend, daß selten eine Woche verging, ohne daß wir uns sahen. Und doch haben wir sozusagen niemals davon gesprochen. Ich weiß, daß sie in meiner Gegenwart ähnliche, schwer zu beschreibende Gefühle hat wie ich. Ich erinnere mich noch daran, wie wir eines Tages mit rasender Geschwindigkeit im Wagen fuhren. Ich brachte eine hübsche junge Radfahrerin zu Fall, deren Kopf fast abgerissen wurde von den Rädern. Lange Zeit betrachteten wir die Tote. Der Schrecken und die Verzweiflung, die von diesem teils ekelhaften, teils zarten Fleisch aufstiegen, rufen dasselbe Gefühl hervor, das wir immer dann empfinden, wenn wir einander anschauen. Im allgemeinen ist Simone schlicht und natürlich. Sie ist groß und hübsch. Weder in ihrem Blick noch in ihrer Stimme liegt irgend etwas Verzweiflungsvolles. Aber sie verlangt so wild nach allem, was die Sinne verwirrt, daß der leiseste Anruf ihrem Gesicht einen Zug verleiht, der an Blut, an jähen Schrecken, an Verbrechen erinnert, an all das, was für immer die Glückseligkeit und das gute Gewissen zerstört. Diese stumme und absolute Verkrampfung – die ich mit ihr teilte – sah ich bei ihr zum erstenmal an dem Tage, als sie ihren Hintern in die Milch tauchte. Nur in solchen Momenten sehen wir uns aufmerksam an. Nur in den kurzen Minuten der Entspannung, die auf den Orgasmus folgen, sind wir fähig zur Ruhe und zum Genuß.

Hier muß ich erwähnen, daß lange Zeit verging, ehe wir miteinander schliefen. Wir nutzten alle Gelegenheiten aus, um uns unseren Spielen zu überlassen. Wir waren nicht schamlos, im Gegenteil, aber eine Art von Befangenheit zwang uns, der Scham zu trotzen. So zog sie mir gleich, nachdem sie mich gebeten hatte, es nicht mehr allein zu tun (wir hatten uns oben an einer Steilküste getroffen), die Hose herunter. Ich mußte mich auf die Erde legen, sie raffte ihren Rock hoch und setzte sich auf meinen Leib, um sich über mir zu vergessen. Ich steckte ihr einen Finger in den Arsch, der feucht von meinem Samen war. Dann legte sie sich hin, den Kopf an meiner Rute, und indem sie sich mit den Knien auf meine Schultern stützte, streckte sie mir ihren Arsch entgegen, während ich meinen Kopf auf derselben Höhe hielt.

– Kannst du nicht in die Luft bis zu meinem Arsch pissen? fragte sie mich.

– Doch, antwortete ich, aber es wird über dein Kleid und über dein Gesicht fließen.

– Soll es doch, sagte sie, und ich tat, was sie gesagt hatte, aber kaum hatte ich es getan, da überschwemmte ich sie aufs neue, diesmal mit weißem Samen.

Der Geruch des Meeres vermischte sich mit dem der feuchten Wäsche, mit dem Geruch unserer nackten Leiber und dem des Samens. Die Nacht brach herein, und wir verharrten noch immer regungslos in derselben Haltung, als wir plötzlich Schritte im Gras hörten.

– Rühr dich nicht, flehte Simone.

Der Schritt stockte; es war unmöglich zu sehen, wer sich näherte. Wir hielten die Luft an. Der aufgerichtete Arsch Simones war wie ein machtvolles Gebet: er war vollkommen mit seinen festen und zarten, tief gefurchten Backen. Ich zweifelte keinen Augenblick, daß der Unbekannte oder die Unbekannte ihm auf der Stelle erliegen würde und sich gezwungen sähe, sich seinerseits zu entblößen. Wieder hörte man die Schritte, fast ein Laufschritt jetzt, und ich sah ein bezauberndes blondes junges Mädchen auftauchen, Marcelle, die reinste und rührendste unter unseren Freunden. Aber wir waren zu verkrampft in unserer Stellung, um auch nur einen Finger rühren zu können, und unsere unglückselige Freundin ließ sich plötzlich schluchzend ins Gras fallen. Erst in diesem Augenblick lösten wir uns und warfen uns über den verlassenen Körper. Simone hob ihr den Rock hoch, riß ihr den Schlüpfer herunter und zeigte mir trunken einen neuen Arsch, der ebenso schön war wie der ihre. Ich küßte ihn voll Gier und begann Simone zu reiben, deren Beine jetzt die Hüften der ihnen fremden Marcelle umschlossen hielten, die nichts mehr als ihr Schluchzen verbarg.

– Marcelle, rief ich, ich flehe dich an, weine nicht mehr. Ich möchte, daß du mich auf den Mund küßt.

Simone streichelte die schönen glatten Haare Marcelles und bedeckte ihren ganzen Körper mit Küssen.

Unterdes war am Himmel ein Gewitter aufgezogen, und als es Nacht wurde, begannen dicke Regentropfen zu fallen, die nach der erstickenden Hitze eines drückenden Tages Linderung brachten. Das Meer toste schon, übertönt vom langen Rollen des Donners, und Blitze beleuchteten die beiden befriedeten Ärsche der stumm gewordenen jungen Mädchen wie mit hellem Tageslicht. Ein brutaler Wahnsinn belebte unsere drei Körper. Zwei junge Münder stritten sich um meinen Arsch, meine Hoden und meinen Schwanz, und ich hörte nicht auf, die Beine der Mädchen zu spreizen, die feucht von Speichel und Samen waren. So als wollte ich dem Würgegriff eines Ungeheuers entfliehen, und dieses Ungeheuer war die Gewalt meiner eigenen Bewegungen. Der warme Regen fiel in Strömen und rann uns über den ganzen Körper. Schwere Donnerschläge erschütterten uns, vermehrten unsere Wut, entrissen uns Schreie, die bei jedem Blitz durch den Anblick unserer Geschlechtsteile noch lauter wurden. Simone hatte eine Pfütze gefunden und wälzte sich im Schlamm: sie erregte sich mit Erde, und die Lust überkam sie, und gepeitscht vom Gewitterguß, hielt sie meinen Kopf zwischen ihren mit Erde verschmutzten Beinen und suhlte ihr Gesicht in der Pfütze, wo sie brutal Marcelles Arsch knetete, den einen Arm um ihre Hüfte geschlungen, während sie ihr mit der Hand gewaltsam die Schenkel öffnete.

BERTOLT BRECHT
Die Ballade von der sexuellen Hörigkeit

1

Da ist nun einer schon der Satan selber
Der Metzger: er! Und alle andern: Kälber!
Der frechste Hund! Der schlimmste Hurentreiber!
Wer kocht ihn ab, der alle abkocht? Weiber.
Ob er will oder nicht – er ist bereit.
Das ist die sexuelle Hörigkeit.
   Er hält sich nicht an die Bibel. Er lacht übers BGB.
   Er meint, er ist der größte Egoist
   Weiß, daß wer'n Weib sieht, schon verschoben ist.
   Drum duldet er kein Weib in seiner Näh:
   Er soll den Tag nicht vor dem Abend loben
   Denn vor es Nacht wird, liegt er wieder droben.

2

So mancher Mann sah manchen Mann verrecken:
Ein großer Geist blieb in 'ner Hure stecken!
Und die's mit ansahn, was sie sich auch schwuren –
Als sie verreckten, wer begrub sie? Huren.
Ob sie wollen oder nicht – sie sind bereit.
Das ist die sexuelle Hörigkeit.
   Der klammert sich an die Bibel. Der verbessert das BGB.
   Der wird ein Christ! Der wird ein Anarchist!
   Am Mittag zwingt man sich, daß man nicht Sellerie frißt.
   Nachmittags weiht man sich noch eilig 'ner Idee.
   Am Abend sagt man: mit mir geht's nach oben
   Und vor es Nacht wird, liegt man wieder droben.

Da steht nun einer fast schon unterm Galgen
Der Kalk ist schon gekauft, ihn einzukalken
Sein Leben hängt an einem brüchigen Fädchen
Und was hat er im Kopf, der Bursche? Mädchen.
Schon unterm Galgen, ist er noch bereit.
Das ist die sexuelle Hörigkeit.

    Er ist schon sowieso verkauft mit Haut und Haar
    Er hat in ihrer Hand den Judaslohn gesehn
    Und sogar er beginnt nun zu verstehn
    Daß ihm des Weibes Loch das Grabloch war.
    Und er mag wüten gegen sich und toben –
    Bevor es Nacht wird, liegt er wieder droben.

BORIS VIAN
Hunde, Lust und Tod

Sie haben mich.

Morgen komme ich auf den Stuhl. Ich werde es trotzdem aufschreiben, ich möchte es erklären. Die Geschworenen haben nichts begriffen. Und Slacks ist ja auch tot, und es fiel mir schwer zu reden, weil ich wußte, daß man mir nicht glauben würde. Wenn Slacks nur aus der Karre rausgekommen wäre. Wenn sie nur hätte kommen können, um es zu erzählen. Reden wir nicht mehr davon, es ist nichts mehr zu machen. In diesem Leben nicht mehr.

Gewohnheiten sind fatal, wenn man Taxifahrer ist. Den ganzen Tag fährt man und fährt und kennt am Ende alle Stadtteile. Es gibt welche, die man bevorzugt. Zum Beispiel kenne ich Typen, die sich eher in Stücke reißen lassen, bevor sie einen Kunden nach Brooklyn fahren. Ich fahre gerne, vielmehr ich fuhr gerne, weil ich jetzt nicht mehr fahren werde. Es war so eine Gewohnheit von mir. Fast jeden Abend schaute ich gegen ein Uhr im »Three Deuces« vorbei. Einmal hatte ich einen betrunkenen Kunden hingebracht, er wollte, daß ich mit ihm hineingehe. Als ich wieder rauskam, wußte ich, welche Sorte Mädchen man dort fand. Seitdem, es ist zu blöde, urteilt selbst ...

Jeden Abend kam ich dort zwischen fünf vor und fünf nach eins vorbei. Da kam sie gerade heraus. Im »Deuces« waren oft Sängerinnen, und diese da kannte ich. Sie nannten sie Slacks, weil sie meistens Hosen trug. In den Zeitungen hieß es, sie sei lesbisch. Sie kam fast immer mit denselben Typen heraus, ihrem Pianisten und ihrem Baß-Spieler, und sie fuhren im Auto des Pianisten davon. Sie hatten noch anderswo einen Auftritt und kamen zurück, um im »Deuces« den Abend zu beenden. Das erfuhr ich erst später.

Ich blieb nicht lange. Ich konnte mein Taxi weder ständig

freihalten noch zu lange stehenbleiben, denn in dieser Gegend gab es mehr Kunden als anderswo.

An jenem Abend aber stritten sie sich, es schien ernst. Sie verpaßte dem Pianisten einen Kinnhaken. Dieses Mädchen schlug verdammt fest zu. Sie brachte ihn zu Boden, so sauber wie ein Bulle. Er war zwar voll, doch nüchtern wäre er auch umgefallen, glaube ich. Und so besoffen wie er war, blieb er am Boden liegen, und der andere versuchte ihn mit Ohrfeigen hochzukriegen, daß ihm die Luft wegblieb. Das Ende habe ich nicht mitbekommen, da sie in dem Moment erschien. Sie machte die Wagentür auf und setzte sich neben mich auf den Klappsitz. Dann zündete sie ein Feuerzeug an und hielt es mir unter die Nase.

»Wollen Sie, daß ich die Wagenbeleuchtung anmache?«

Sie verneinte, machte das Feuerzeug aus, und ich fuhr los. Nach der Adresse fragte ich sie erst später, nachdem wir in die York Avenue abgebogen waren, da es mir plötzlich einfiel, daß sie nichts gesagt hatte.

»Immer geradeaus.«

Mir konnte es gleich sein, der Zähler lief. Also schoß ich davon. Um diese Zeit ist in den Vergnügungsvierteln eine Menge los, doch sobald man aus der Innenstadt herauskommt, ist nichts los. Die Straßen sind leer. Man glaubt es nicht, doch es gibt nichts Schlimmeres als die Vorstadt nach ein Uhr morgens. Ein paar Autos, von Zeit zu Zeit ein Fußgänger.

Da sie sich neben mich gesetzt hatte, konnte ich nicht erwarten, daß sich dieses Mädchen normal verhalten würde. Ich betrachtete ihr Profil. Sie hatte schulterlanges, schwarzes Haar und eine so helle Haut, daß sie fast krank aussah. Sie hatte ihre Lippen dunkelrot, fast schwarz bemalt, und ihr Mund wirkte wie ein dunkles Loch ... Sie fing an zu reden.

»Lassen Sie mich fahren.«

Ich hielt den Wagen an. Ich war fest entschlossen, nicht zu protestieren ... Ich hatte mit angesehen, wie sie ihren Partner fertiggemacht hatte, und ich hatte keine Lust, mich mit einem Weib dieses Kalibers zu streiten. Ich wollte aussteigen, doch sie hielt mich am Arm zurück.

»Nur keine Umstände. Ich werde über Sie wegsteigen. Machen Sie Platz.«

Sie setzte sich zuerst auf meine Knie und rutschte dann links auf den Sitz. Sie war so hart wie eine Eisenstange, aber nicht so kalt.

Sie bemerkte, daß es mir etwas ausmachte und lachte, nicht bösartig. Sie wirkte beinahe zufrieden. Als sie losfuhr, glaubte ich, das Getriebe meiner alten Kiste würde gleich explodieren. Sie fuhr so an, daß wir gut zwanzig Zentimeter in die Sitze zurückgedrückt wurden.

Wir kamen in die Nähe von Bronx, nachdem wir Harlem River überquert hatten, und sie drückte aufs Gaspedal, als wollte sie das Auto um jeden Preis demolieren. Als ich beim Militär war, erlebte ich den Fahrstil der Franzosen, die wußten, wie man ein Auto ramponiert, aber sie massakrierten es längst nicht so wie dieses Weibsbild in Hosen. Franzosen sind nur gefährlich, diese hier ist eine Katastrophe. Ich sagte immer noch nichts.

So, das findet Ihr komisch! Weil Ihr glaubt, daß ich bei der Größe und den Muskeln mit so einem Weib fertig werden müßte. Ihr hättet es auch nicht gewagt, wenn Ihr den Mund und den Gesichtsausdruck dieses Mädchens hinter dem Steuer gesehen hättet. Bleich wie eine Leiche, und dieses finstere Loch ... Ich blickte sie von der Seite an und sagte nichts, ich paßte nur auf. Ich hätte nichts dagegen gehabt, wenn uns ein Bulle geschnappt hätte.

Man wird es nicht für möglich halten, wie wenig Leute in einer Stadt wie New York nach einer bestimmten Zeit unterwegs sind. Sie drehte weiter ihre Runden durch irgendwelche Straßen. Wir fuhren um ganze Blocks, ohne auch nur einen Schwanz zu sehen, dann und wann tauchten ein oder zwei Passanten auf. Ein Clochard, mal eine Frau, Leute, die von der Arbeit heimkamen; es gibt Geschäfte, die nicht vor ein oder zwei Uhr morgens schließen, manchmal sind sie durchgehend geöffnet. Jedesmal, wenn sie so eine Gestalt auf dem Gehsteig rechts sah, fummelte sie am Lenkrad herum, fuhr ganz nahe an den Gehsteig heran, so nahe wie möglich, nahm den Fuß vom Gas und raste wieder los, wenn sie auf einer Höhe war. Ich sagte immer noch nichts, doch beim vierten Mal fragte ich sie:

»Warum machen Sie das?«

»Ich glaube, – es macht mir Spaß«, sagte sie.

Ich antwortete nicht. Sie sah mich an. Ich mochte es nicht, wenn sie mich beim Fahren ansah, und unwillkürlich hielt meine Hand das Lenkrad fest. Ohne die Miene zu verziehen, versetzte mir ihre rechte Faust einen Schlag auf die Hand. Wie ein Pferd schlug sie aus. Ich fluchte, sie lachte.

»Sie sind komisch, wenn Sie den Motor hören und in die Luft springen ...«

Sie hatte den Hund auf der Straße bestimmt gesehen, ich war schon vorbereitet, mich festzuhalten, um die Bremswirkung aufzufangen, aber statt den Fuß vom Gas zu nehmen, beschleunigte sie, und ich hörte den dumpfen Schlag und spürte den Aufprall auf dem Kühler.

»Verdammt!« rief ich. »Sie gehen aber ran! Dieser Hund hat der Karre nicht gerade gut getan ...«

»Schnauze! ...«

Sie war wie weggetreten. Ihre Augen waren glasig, und das Auto fuhr nicht mehr besonders gerade. Zwei Blocks weiter hielt sie am Straßenrand.

Ich wollte aussteigen und nachsehen, ob sie den Kühler nicht zerbeult hatte, doch sie krallte sich an meinem Arm fest. Sie schnaubte wie ein Roß.

Ihr Gesicht in diesem Augenblick ... Ich kann dieses Gesicht nicht vergessen. Eine Frau in diesem Zustand zu sehen, ist in Ordnung, ist gut; wenn man es selbst war ... Aber meilenweit davon entfernt, an so etwas zu denken und sie plötzlich so zu sehen ... Sie rührte sich nicht und preßte mein Handgelenk mit aller Kraft, sie sabberte ein wenig. Ihre Mundwinkel waren feucht.

Ich schaute aus dem Fenster. Ich wußte nicht, wo wir uns befanden. Es war niemand da. Ein Ruck am Reißverschluß, und ihre Hose war offen. Im Auto ist es meist nur eine halbe Sache. Aber trotz allem werde ich dieses eine Mal nie vergessen. Selbst, wenn die Jungs mir morgen früh den Schädel kahl rasieren ...

Nach einer Weile schob ich sie nach rechts und übernahm das Steuer, doch ich mußte fast sofort wieder anhalten. Sie hatte sich, fluchend wie ein Türke, so gut wie möglich zurechtgemacht, stieg aus und setzte sich nach hinten. Dann gab sie mir die Adresse eines Nachtclubs, wo sie singen mußte, und ich versuchte herauszufinden, wo wir waren. Ich war so schlapp wie nach einem Monat Krankenhaus. Doch ich schaffte es beim Aussteigen, auf den Beinen zu bleiben. Ich wollte den Kühler inspizieren. Nichts. Nur ein Blutfleck, der sich durch den Fahrtwind auf dem rechten Kotflügel verbreitet hatte. Es konnte irgendein Fleck sein.

Das beste war wohl umzukehren und denselben Weg zurückzufahren.

Ich sah sie im Rückspiegel, sie spähte durchs Fenster, und als ich den schwarzen Aashaufen auf dem Gehsteig sah, hörte ich sie. Wieder atmete sie heftig. Der Hund bewegte sich noch ein wenig, das Auto mußte ihm das Rückgrat gebrochen haben, und er hatte sich mit letzter Kraft an den Straßenrand geschleppt. Ich fühlte mich zum Erbrechen elend, sie lachte nur. Als sie sah, daß ich wirklich krank war, fing sie an, mich leise zu verfluchen; sie sagte mir schreckliche Dinge, und ich hätte sie packen und es da, auf der Straße, mit ihr wieder treiben können.

Ich weiß nicht, Jungs, wir Ihr gebaut seid, aber als ich sie in dem Lokal abgesetzt hatte, wo sie ihre Nummer abziehen mußte, konnte ich draußen nicht auf sie warten. Ernüchtert fuhr ich davon. Ich mußte nach Hause, mich hinlegen. Alleine leben ist nicht immer komisch, doch verdammt, es war ein Glück, daß ich an diesem Abend alleine war. Ich zog mich nicht aus, kippte irgend etwas in mich hinein und haute mich in die Falle. Ich war ausgepumpt. Verdammt, völlig ausgepumpt ...

Und dann, am nächsten Abend war ich schon wieder da, und ich wartete direkt davor. Ich schaltete auf ›Besetzt‹, stieg aus und ging ein paar Schritte auf und ab. In dieser Ecke wimmelte es nur so von Leuten. Eigentlich konnte ich nicht stehen bleiben. Trotzdem wartete ich. Sie kam heraus, immer zur selben Zeit, pünktlich wie die Uhr. Sie erblickte mich sofort. Sie erkannte mich. Ihre zwei Männer folgten ihr, wie üblich. Ich weiß nicht, wie ich euch das beschreiben soll: ich, wie ich sie da sah ... ich war nicht mehr ganz bei mir. Sie öffnete den Wagenschlag, und alle drei stiegen ein. Ich war sprachlos. Darauf war ich nicht gefaßt. Idiot, sagte ich zu mir. Hast du denn nichts begriffen? So ein Mädchen, die ist nur launisch. Für einen Abend bist du gut genug, am nächsten bist du nur noch Taxifahrer. Irgend jemand.

Leicht gesagt! ... Irgend jemand! ... Ich fuhr wie bescheuert und beinahe hätte ich das große Auto vor uns gerammt; ich brüllte. Ich war wütend. Die drei hinter mir lachten sich schief. Sie erzählte Geschichten mit ihrer Männerstimme, Himmel, diese Stimme, man hätte meinen können, sie kommt verkehrt rum aus ihrem Hals, sie hörte sich völlig besoffen an.

Sobald ich angelangt war, stieg sie als erste aus. Die beiden Männer bestanden nicht darauf zu zahlen ... Auch sie wußten, wie sie war ... Sie gingen schon vor, und sie lehnte sich ans Wagenfenster und streichelte mir die Wange, wie einem Baby; und ich nahm ihr Geld. Ich wollte keinen Ärger. Ich wollte etwas sagen. Ich suchte noch. Aber sie kam mir zuvor:

»Wartest du auf mich?« fragte sie.

»Wo?«

»Hier. In einer Viertelstunde bin ich da.«

»Alleine?«

Verdammt, ich war ganz schön frech! Am liebsten hätte ich das ›Alleine‹ verschluckt; nichts konnte ich mehr verschlucken; ihre Nägel krallten sich in meine Backe.

»Hat man so was schon gehört?« höhnte sie.

Sie lachte immer noch. Ich begriff nichts. Sie hatte ihre Krallen wieder eingezogen. Ich fühlte meine Backe. Sie blutete.

»Nicht der Rede wert!« sagte sie. »Es wird nicht mehr bluten, wenn ich rauskomme. Du wartest auf mich. Ja? Hier.«

Sie verschwand im Lokal. Ich schaute in den Rückspiegel. Drei halbrunde Abdrücke nebeneinander auf meiner Backe und einen vierten, etwas größeren, gegenüber. Ihr Daumen. Es blutete nicht stark. Ich spürte nichts.

So wartete ich nun. An diesem Abend haben wir nichts erlegt. Ich habe auch nichts gehabt.

Sie machte das noch nicht lange, glaube ich. Sie redete nicht viel, und ich wußte nichts von ihr. Tagsüber lebte ich auf Sparflamme. Am Abend brauste ich mit der alten Kiste los, um sie zu holen. Sie setzte sich nicht mehr neben mich, es wäre zu dumm, sich deswegen erwischen zu lassen. Ich stieg aus, und sie übernahm das Steuer. Mindestens zwei bis dreimal in der Woche erwischten wir einen Hund oder eine Katze.

Nach zwei Monaten wollte sie etwas anderes, glaube ich. Es hatte nicht mehr dieselbe Wirkung wie das erste Mal, und ich glaube, sie begann nach einer gewichtigeren Beute Ausschau zu halten. Ich weiß nicht, wie ich es Euch erklären soll. Ich, ich fand das natürlich ... Sie reagierte nicht mehr so wie früher, und ich wollte, daß sie wieder so wird wie früher. Ich weiß, für Euch bin ich ein Monster, aber Ihr habt dieses Mädchen nicht gekannt. Ob Hund oder Kind, für diese Frau hätte ich alles getötet. Und so töteten wir ein fünfzehnjähriges Mädchen. Es ging mit seinem Freund, einem Seemann, spazieren. Sie kamen vom Rummelplatz. Ich werde es Euch erzählen.

Slacks war an diesem Abend furchtbar. Sobald sie eingestiegen war, wußte ich, was sie wollte. Ich wußte, daß wir notfalls die ganze Nacht unterwegs sein würden, um etwas Passendes zu finden.

Verdammt! Es ließ sich nicht gut an. Ich fuhr geradewegs zur Queensborough Bridge und von da aus auf den Schnellstraßenring. Nie hatte ich so viele Autos und so wenig Fußgänger gesehen. Das ist nun mal so auf den Schnellstraßen, werdet Ihr einwenden. Aber an diesem Abend war mir das nicht klar. Ich war nicht zurechnungsfähig, wir fuhren und fuhren, kilometerweit. Wir machten die Runde und befanden uns plötzlich in Coney Island. Slacks hatte seit einer Weile das Steuer übernommen. Ich saß hinten und hielt mich in den Kurven fest. Sie war übergeschnappt. Ich wartete, wie üblich ... Sie war wie weggetreten, sag ich Euch. Ich wachte erst auf, als sie zu mir nach hinten kam. Verdammt! Ich will nicht daran denken.

Es war ganz einfach. Sie fuhr im Zickzack von der westlichen Vierundzwanzigsten zur Dreiundzwanzigsten, und da sah ich ihre Beute. Sie amüsierten sich. Er lief auf dem Gehsteig, sie neben ihm auf der Straße, sie wollte kleiner sein, als sie es ohnehin war. Er war ein stattlicher Junge. Von hinten wirkte sie mädchenhaft jung, mit ihren blonden Haaren und ihrem kurzen Kleidchen. Er war nicht sehr hell. Ich sah Slacks Hände am Steuer. Die Schlampe! Fahren konnte sie! Sie schoß auf die beiden los und erwischte das Mädchen an der Hüfte. Ich dachte, ich müßte sterben. Ich fing mich wieder. Es lag am Boden, ein regloser Haufen, und der Typ lief hinter uns her und brüllte. Und dann sah ich plötzlich ein grünes Auto auftauchen, ein altes Polizeiauto.

»Schneller!« rief ich.

Sie schaute mich einen Augenblick an, und wir wären beinahe auf den Gehsteig gefahren.

»Los doch! ... Fahr! ...«

Ich weiß, was ich in diesem Augenblick vermasselt habe. Ich weiß es genau. Ich sah nur noch ihren Rücken, aber ich weiß, wie es gewesen wäre. Deswegen ist mir das egal, versteht Ihr? Deswegen können mir die Jungs morgen auch den Schädel kahl rasieren. Und sie können mir Stirnfransen schneiden, wenn es ihnen Spaß macht, oder mich grün anmalen, wie das Polizeiauto, es ist mir egal, versteht Ihr? Slacks fuhr drauflos. Sie schaffte es irgendwie, und wir kamen auf die Surf Avenue. Die alte Kiste schepperte, es war zum Heulen. Hinter uns nahm das Polizeiauto die Jagd auf.

Dann kamen wir zu einer Schnellstraßenauffahrt. Keine roten Ampeln mehr. Verdammt, hätte ich nur einen anderen Wagen! Alles geriet durcheinander. Und der andere, der hinter uns herkroch. Ein Schneckenrennen. Zum Haare ausraufen!

Slacks holte das letzte aus der Kiste raus. Und ich starrte immer nur auf ihren Rücken und wußte, wozu sie Lust hatte, es beschäftigte mich genauso wie sie. Ich schrie noch einmal: »Fahr!...«, und sie fuhr weiter und dann drehte sie sich einen Moment um, und ein anderer Schlitten kam die Auffahrt herauf. Sie sah ihn nicht. Er kam von rechts. Er fuhr mindestens fünfundsiebzig. Ich sah den Baum und rollte mich zusammen, aber sie rührte sich nicht. Und als sie mich rausholten, schrie ich wie ein Tier, aber Slacks rührte sich immer noch nicht. Das Lenkrad hatte sich in ihre Brust gebohrt. Mühselig klaubten sie sie heraus, dabei zerrten sie an ihren weißen Händen, sie waren so weiß wie ihr Gesicht. Sie sabberte noch ein wenig. Ihre Augen waren offen. Ich konnte mich auch nicht rühren, da sich mein Bein in die falsche Richtung gedreht hatte, aber ich bat sie, sie neben mich zu legen. Ich blickte in ihre Augen und dann sah ich sie. Überall Blut. Das Blut lief in Bächen an ihr herunter, außer an ihrem Gesicht.

Sie knöpften den Pelzmantel auf und sahen, daß sie nichts darunter anhatte, außer ihren Slacks. Die weiße Haut ihrer Schenkel wirkte im Schein der Karbidstraßenlampe geschlechtslos und tot. Der Reißverschluß war schon offen, als wir in den Baum rasten.

HENRY MILLER
Im Café Wepler

An grauen Tagen ging ich in Paris oft zur place Clichy in Montmartre. Von Clichy nach Aubervilliers zieht sich eine lange Kette von Cafés, Restaurants, Theatern, Kinos, Herrenmodeläden, Hotels und Bordellen. Das ist der Broadway von Paris und entspricht jener kurzen Strecke zwischen der 42nd und der 53rd Street. Der Broadway ist hektisch, aufreizend, verwirrend – kein Ort zum Verweilen. Der Montmartre ist gemächlich, träge, unbekümmert, ein wenig schäbig und heruntergekommen, nicht so sehr blendend als vielmehr verführerisch, nicht funkelndes Glitzern, sondern schwelende Glut. Der Broadway hat etwas Aufregendes, oft sogar etwas Magisches, aber ihm fehlt das lebendige Feuer – er ist eine strahlend illuminierte, aber feuersichere Schau, das Paradies der Werbeagenturen. Der Montmartre ist verbraucht, verblichen, verwahrlost, nacktes Laster, käuflich und vulgär. Er ist eher abstoßend als anziehend, aber so verführerisch abstoßend wie das Laster selbst. Doch gibt es kleine Bars, in denen sich fast ausschließlich Huren, Zuhälter, Halsabschneider und Glücksspieler drängen. Wenn man auch tausendmal an ihnen vorbeigeht, so kann man doch schließlich ihrem Sog nicht widerstehen und wird ihr Opfer. Dort in den Seitenstraßen, die vom Boulevard abzweigen, gibt es Hotels von so obszöner Häßlichkeit, daß einen bei dem Gedanken schaudert, sie zu betreten, und doch wird man eines Tages unvermeidlich eine Nacht, vielleicht eine Woche oder einen Monat in einem von ihnen verbringen. Ja, man wird sich dort vielleicht so eingewöhnen, daß man eines Tages meint, das ganze Leben habe sich verändert, und was man einmal greulich, schmutzig, unwürdig fand, erscheint einem nun reizvoll, liebenswert und sogar schön. Dieser hinterhältige Zauber von Montmartre ist, glaube ich, zum größten Teil

226

dem Sex zuzuschreiben, der hier unverblümt gehandelt wird. Sex hat nichts Romantisches, besonders wenn er kommerzialisiert wird, aber er schafft ein prickelndes, melancholisches Fluidum, das viel betörender und viel verführerischer ist als der strahlend illuminierte Broadway. Zweifellos floriert das sexuelle Leben eher im trüben Dämmerlicht: es ist im Halbdunkel zu Hause und nicht in greller Neonbeleuchtung.

An einer Ecke der place Clichy befindet sich das Café Wepler, das lange Zeit mein Stammlokal war. Ich habe dort drinnen und draußen gesessen, zu allen Tageszeiten und bei jedem Wetter. Für mich war es ein aufgeschlagenes Buch. Die Gesichter der Kellner, der Geschäftsführer, der Kassiererinnen, der Huren, der Gäste, ja sogar der Toilettenfrauen haben sich mir eingeprägt wie die Illustrationen eines vertrauten Buches. Ich erinnere mich noch an den ersten Tag, an dem ich das Café Wepler im Jahre 1928 mit meiner Frau im Schlepptau betrat. Ich entsinne mich noch des Schocks, den es mir versetzte, als ich eine Hure sinnlos betrunken über einen kleinen Tisch auf der *terrasse* fallen sah und niemand herbeieilte, um ihr zu helfen. Ich war verblüfft und entsetzt über die stoische Gleichgültigkeit der Franzosen – ich bin es noch, trotz aller guten Eigenschaften, die ich seither an ihnen kennengelernt habe. »*Nur keine Aufregung, ist ja bloß eine Hure ... betrunken.*« Ich höre noch immer diese Worte. Sogar heute noch lassen sie mich schaudern. Aber ein solches Verhalten ist sehr französisch, und wenn man sich damit nicht abfindet, wird man sich in Frankreich nicht sehr wohl fühlen.

An solchen grauen Tagen, wenn es überall sonst kalt war, außer in den großen Cafés, freute ich mich darauf, vor dem Essen ein oder zwei Stunden im Wepler zu sitzen. Der rosige Schimmer, der sich im Café verbreitete, ging von der Gruppe Huren aus, die gewöhnlich in der Nähe des Eingangs zusammensaßen. Während sie sich nach und nach unter die Gäste mischten, kam zu der Wärme und dem rosigen Schimmer noch ein berauschender Duft. Die Mädchen schwirrten in

dem gedämpften Licht wie parfümierte Glühwürmchen umher. Diejenigen, die nicht das Glück hatten, einen Kunden zu
finden, schlenderten langsam auf die Straße hinaus, um gewöhnlich bald darauf zurückzukommen und wieder ihre alten Plätze einzunehmen. Andere kamen, frisch und für die
abendliche Arbeit gerüstet, hereinstolziert. In der Ecke, wo
sie sich gewöhnlich versammelten, ging es wie auf der Börse
zu – der Sex-Markt hatte dort seine Haussen und Baissen
wie jede andere Börse. Ich hatte den Eindruck, daß ein reg-
nerischer Tag im allgemeinen ein guter Tag war. Wie man so
sagt, kann man an einem Regentag nur zwei Dinge tun – und
die Huren verschwendeten keine Zeit ans Kartenspiel.

Am frühen Abend eines solchen regnerischen Tages entdeckte ich ein neues Gesicht im Café Wepler. Ich hatte Einkäufe gemacht und war beladen mit Büchern und Schallplatten. Ich muß damals wohl gerade eine unerwartete
Geldsendung aus Amerika erhalten haben, denn trotz meiner Einkäufe hatte ich noch einige hundert Francs in der Tasche. Ich setzte mich in die Nähe der Börse, umgeben von
einer Schar hungriger, lauernder Huren, denen ich nicht das
geringste Interesse schenkte, denn mein Blick war auf diese
berückende Schönheit gefallen, die, von den anderen abge-
sondert, in einer entfernten Ecke des Cafés saß. Sie schien
mir eine attraktive junge Frau zu sein, die sich hier mit ihrem Liebhaber verabredet hatte und vielleicht vorzeitig gekommen war. Den Aperitif, der vor ihr stand, hatte sie
kaum angerührt. Die Männer, die an ihrem Tisch vorbeigin-
gen, sah sie mit einem offenen, festen Blick an, was jedoch
nichts besagte, denn eine Französin schaut in einem solchen
Fall nicht weg wie Engländerinnen oder Amerikanerinnen.
Sie sah sich in aller Ruhe um, interessiert, aber ohne die
Aufmerksamkeit auf sich ziehen zu wollen. Sie war zurückhaltend, nicht ohne eine gewisse Würde, durchaus selbstsi-
cher und beherrscht. Sie wartete. Auch ich wartete. Ich war
neugierig, auf wen sie wartete. Nach einer halben Stunde, in
der ich mehrmals ihren Blick auffing und festhielt, kam ich
zu der Überzeugung, daß sie auf jemanden wartete, der die

rechten Worte fände. Gewöhnlich braucht man nur ein Zeichen mit dem Kopf oder mit der Hand zu machen, und das Mädchen verläßt seinen Tisch und setzt sich zu einem – wenn es ein solches Mädchen ist. Ich war auch jetzt noch nicht ganz sicher. Sie sah mir zu gut aus, zu gepflegt, zu wohlerzogen, möchte ich sagen.

Als der Kellner wieder vorbeikam, fragte ich ihn, ob er sie kenne. Als er verneinte, bat ich ihn, er möchte sie auffordern, an meinen Tisch zu kommen und sich zu mir zu setzen. Ich beobachtete ihr Gesicht, als er ihr das ausrichtete. Ich empfand ein angenehmes Prickeln, als ich sie lächeln und freundlich zu mir herübernicken sah. Ich hatte erwartet, daß sie sofort aufstehen und herüberkommen würde, aber statt dessen blieb sie sitzen und lächelte noch einmal, diesmal diskreter, dann wandte sie den Kopf ab und schaute verträumt zum Fenster hinaus. Ich wartete einen Augenblick, dann, als ich sah, daß sie keine Anstalten machte, zu mir herüberzukommen, stand ich auf und ging an ihren Tisch. Sie begrüßte mich durchaus herzlich, ganz wie einen Freund, aber ich bemerkte, daß sie ein wenig verwirrt, ja beinahe verlegen war. Ich war unsicher, ob ich Platz nehmen durfte oder nicht, setzte mich dann aber doch zu ihr und verwickelte sie, nachdem ich etwas zu trinken bestellt hatte, rasch in ein Gespräch. Ihre Stimme war noch bestrickender als ihr Lächeln. Sie war wohltönend, tief und kehlig. Es war die Stimme einer Frau, die sich des Lebens freut und es genießt, die sorglos und ungebunden lebt, entschlossen, sich das Quentchen Freiheit, das sie besitzt, zu bewahren. Es war die Stimme einer verschwenderisch Gebenden. Sie rührte eher ans Zwerchfell als ans Herz.

Ich muß gestehen, ich war überrascht, als sie überstürzt erklärte, es sei ein Fauxpas von mir gewesen, mich an ihren Tisch zu setzen. »Ich dachte, Sie hätten verstanden«, sagte sie, »daß ich Sie draußen treffen wollte. Das jedenfalls habe ich Ihnen zu telegrafieren versucht.« Sie gab mir zu verstehen, daß sie hier nicht als Professionelle eingeschätzt werden wolle. Ich entschuldigte mich und bot an, mich zurückzuziehen, und sie honorierte diese taktvolle Geste mit einem leichten Händedruck und einem freundlichen Lächeln.

»Was haben Sie da alles?« wollte sie wissen, um rasch das Thema zu wechseln, indem sie vorgab, sich für die Päckchen zu interessieren, die ich auf den Tisch gelegt hatte.

»Nur Bücher und Schallplatten«, sagte ich und ließ durchblicken, daß diese sie wohl kaum interessieren dürften.

»Französische Bücher?« fragte sie, wie mir schien mit einem Unterton ehrlicher Neugier.

»Ja«, sagte ich, »aber ich fürchte, sie sind ziemlich langweilig. Proust, Céline, Élie Faure ... Vermutlich geben Sie Maurice Dekobra den Vorzug, nicht wahr?«

»Darf ich sie einmal sehen? Ich möchte gern wissen, was für französische Bücher ein Amerikaner liest.«

Ich öffnete das Päckchen und gab ihr den Élie Faure. Es war der *Tanz über Feuer und Wasser*. Sie blätterte darin, lächelte und äußerte sich immer wieder zustimmend, während sie die eine oder andere Passage las. Dann legte sie das Buch nachdrücklich wieder auf den Tisch, klappte es zu und legte die Hand darauf, als wollte sie es geschlossen halten. »Genug davon, lassen Sie uns von etwas Interessanterem reden!« Nach kurzem Schweigen fügte sie hinzu: »*Celui-là, est-il vraiment français?*«

»*Un vrai de vrai*«, erwiderte ich mit einem breiten Grinsen.

Sie schien verwirrt. »Es ist ein ausgezeichnetes Französisch«, fuhr sie fort, als spreche sie mit sich selbst, »und doch ist es wiederum nicht Französisch ... *Comment dirais-je?*«

Ich wollte gerade sagen, daß ich durchaus verstand, was sie meinte, als sie sich auf der Polsterbank zurücklehnte, meine Hand ergriff und mit einem schelmischen Lächeln, das ihre Offenheit betonen sollte, sagte: »Wissen Sie, ich bin eine durch und durch faule Person. Ich habe keine Geduld, Bücher zu lesen. Es ist zu viel für mein schwaches Hirn.«

»Man kann im Leben so viele andere Dinge tun«, antwortete ich und erwiderte das Lächeln. Und damit legte ich die Hand auf ihr Knie und drückte es zärtlich. Im nächsten

Augenblick lag ihre Hand auf der meinen und führte sie an eine zartere Stelle. Dann, fast ebenso rasch, schob sie meine Hand fort mit einem: »*Assez, nous ne sommes pas seuls ici.*«

Wir schlürften gelassen unsere Getränke. Ich hatte es nicht eilig, sie zum Aufbruch zu drängen. Ich war viel zu sehr von ihrer Art zu sprechen entzückt, die nicht den geringsten Pariser Akzent hatte. Sie sprach ein reines Französisch, und für einen Ausländer wie mich war es ein Vergnügen, ihr zuzuhören. Jedes Wort sprach sie ganz deutlich aus, sie gebrauchte kein Patois, kaum einen umgangssprachlichen Ausdruck. Die Worte kamen zögernd, sorgfältig geformt über ihre Lippen, so als schmecke sie sie ab, ehe sie sie der Leere preisgab, in der Klang und Sinn sich so rasch verwandeln. Ihre wollüstige Trägheit befiederte ihre Worte mit einem zarten Flaum, wie Daunenbällchen schwebten sie an mein Ohr. Ihr Körper war üppig, erdhaft, aber die Laute, die aus ihrer Kehle drangen, waren wie klarer Glockenklang.

Sie war sozusagen wie gemacht dafür, schien mir aber keineswegs eine abgebrühte Hure zu sein. Daß sie mit mir gehen und Geld dafür nehmen würde, das stand für mich fest – aber das macht eine Frau noch nicht zur Hure.

Sie legte Hand an mich, und wie ein dressierter Seehund richtete mein Specht sich jubilierend unter ihrer zarten Liebkosung auf.

»Beherrschen Sie sich«, flüsterte sie, »es ist nicht gut, sich so rasch zu erregen.«

»Gehen wir hier weg«, schlug ich vor und winkte dem Kellner.

»Ja«, sagte sie, »gehen wir wohin, wo wir ungestört sprechen können.«

Je weniger gesprochen wird, desto besser, dachte ich, während ich meine Sachen zusammenraffte und mit ihr auf die Straße hinausging. Ein wundervolles Hinterteil, stellte ich fest, als sie durch die Drehtür segelte. Ich sah sie bereits auf meinen Kleinen gespießt – ein frisches, kräftiges Stück Fleisch, das nur darauf wartete, sachgerecht bearbeitet zu werden.

Als wir den Boulevard überquerten, sagte sie, wie froh sie sei, daß sie jemanden wie mich gefunden habe. Sie kenne niemanden in Paris, sie sei sehr einsam. Ob ich ihr vielleicht ein wenig die Stadt zeigen würde? Es wäre doch lustig, wenn einem ein Ausländer die Hauptstadt des eigenen Landes zeige. Ob ich schon in Amboise, in Blois oder Tours gewesen sei? Vielleicht könnten wir irgendwann einmal dahin fahren. *»Ça vous plairait?«*

Unter solchem Geplauder schlenderten wir weiter, bis wir zu einem Hotel kamen, das sie zu kennen schien.

»Es ist sauber und behaglich hier«, sagte sie. »Und wenn es auch ein wenig kalt ist, so werden wir uns doch im Bett gegenseitig wärmen.« Sie preßte liebevoll meinen Arm.

Das Zimmer war so behaglich wie ein Nest. Ich wartete einen Augenblick auf Seife und Handtücher, gab dem Zimmermädchen ein Trinkgeld und schloß die Tür ab. Sie hatte den Hut und die Pelzstola abgelegt und stand wartend am Fenster, um mich zu umarmen. Was für ein warmes, hingebungsbereites Stück Fleisch! Sie würde sich gewiß schon bei der ersten Berührung von mir ergießen. Gleich darauf begannen wir uns auszuziehen. Ich setzte mich auf den Bettrand, um meine Schuhe aufzuschnüren. Sie stand neben mir und streifte ihre Sachen ab. Als ich aufsah, hatte sie nur noch die Strümpfe an. Sie stand da, als warte sie darauf, daß ich sie aufmerksamer in Augenschein nehme. Ich stand auf und legte wieder die Arme um sie, ließ meine Hände genießerisch über ihre schwellenden Formen gleiten. Sie wand sich aus meinen Armen, schob mich ein wenig von sich und fragte verschämt, ob ich nicht etwas enttäuscht von ihr sei.

»Enttäuscht?« fragte ich. »Wie meinst du das?«

»Findest du mich nicht zu dick?« fragte sie, senkte ihren Blick und betrachtete ihren Nabel.

»Zu dick? Aber du bist wundervoll. Du bist wie ein Renoir.«

Sie errötete. »Renoir?« wiederholte sie, so als hätte sie den Namen noch nie gehört. »Du machst dich über mich lustig.«

»Na, lassen wir's. Komm her, laß mich dein Kätzchen streicheln.«

»Warte, ich bin noch nicht soweit.« Damit ging sie zum Bidet und sagte: »Geh schon ins Bett. Mach es kuschelig und warm für uns, ja?«

Ich zog mich rasch aus, wusch mir höflich den Schwanz und kroch unter die Decke. Das Bidet stand direkt neben dem Bett. Als sie ihre Waschungen beendet hatte, trocknete sie sich mit dem dünnen, fadenscheinigen Handtuch ab. Ich lehnte mich hinüber und spielte mit ihrem krausen Vlies, das noch etwas betaut war. Sie drängte mich ins Bett zurück beugte sich über mich und tauchte mit ihrem warmen roten Mund rasch zu ihm hinunter. Ich steckte ihr einen Finger hinein, um den Saft steigen zu lassen. Dann zog ich sie auf mich und ließ ihn dabei bis zum Heft eindringen. Es war eine dieser Scheiden, die wie ein Handschuh passen. Ihre geschickten Kontraktionen brachten mich bald außer Atem. Die ganze Zeit ließ sie ihre Zunge an meinem Hals, meinen Achselhöhlen und meinen Ohrläppchen spielen. Mit beiden Händen wippte ich sie auf und ab und ließ ihr Becken rotieren. Schließlich sank sie stöhnend mit ihrem ganzen Gewicht auf mich. Ich rollte sie auf den Rücken, zog mir ihre Beine über die Schultern und legte tüchtig los. Ich dachte, ich würde gar nicht mehr aufhören, zu kommen – es strömte wie aus einem Gartenschlauch. Als ich mich von ihr löste, war mir, als sei meine Erektion eher noch stärker als vorher.

»*Ça c'est quelque chose*«, meinte sie. Dabei umschloß ihre Hand mein Glied und befühlte es anerkennend. »Du weißt, wie man's macht, wie?«

Wir standen auf, wuschen uns und krochen ins Bett zurück. Auf den Ellbogen gestützt, ließ ich meine Hand über ihren Leib auf und ab gleiten. Ihre Augen glänzten, als sie sich völlig entspannt, die Beine gespreizt, mit bebenden Gliedern zurücklegte. Einige Minuten lang verharrten wir schweigend. Ich zündete eine Zigarette für sie an, steckte sie ihr in den Mund, sank zurück und starrte befriedigt an die Decke.

»Werden wir uns öfter sehen?« fragte ich nach einer Weile.

»Das hängt von dir ab«, sagte sie und machte einen tiefen Zug. Sie drehte sich herum, um ihre Zigarette auszudrücken, und dann, indem sie sich eng an mich schmiegte und den Blick fest auf mich richtete, sagte sie lächelnd, aber ernst mit ihrer tiefen, vibrierenden Stimme: »Hör mal, ich muß dir etwas sagen. Ich habe eine große Bitte an dich. Ich bin in Verlegenheit, in großer Verlegenheit. Würdest du mir helfen, wenn ich dich darum bitte?«

»Natürlich«, sagte ich, »aber wie?«

»Ich meine mit Geld«, sagte sie ruhig und schlicht. »Ich brauche eine ganze Menge. Ich *muß* es haben. Ich möchte keine langen Erklärungen abgeben. Du mußt mir einfach glauben, ja?«

Ich beugte mich zum Stuhl und zog mit einem Ruck meine Hose herüber. Ich fischte alle Scheine und alles Kleingeld aus der Tasche heraus und reichte es ihr. »Ich geb dir alles, was ich habe«, sagte ich. »Mehr kann ich nicht tun.«

ANAÏS NIN
Mathilde

Als sie zwanzig Jahre alt war, wurde Mathilde, eine Pariser Putzmacherin, von dem Baron verführt. Zwar dauerte die Beziehung nur zwei Wochen, aber trotzdem gelang es dem Baron, ihr in dieser kurzen Zeit etwas von seiner Lebensphilosophie und seiner geschwinden Art, mit Problemen fertig zu werden, mitzugeben. Was ihr der Baron eines Abends ganz beiläufig anvertraut hatte, ließ sie nicht ruhen: nämlich, daß man in Südamerika Pariserinnen besonders schätzte, weil man glaubte, sie seien im Gegensatz zu vielen südamerikanischen Ehefrauen, die immer noch in der Tradition des aufopfernden und unterwürfigen Eheweibs lebten, liebeserfahren, temperamentvoll, geistreich. Die Ehefrauen seien verkümmert, wohl weil ihre Männer sich weigerten, sie zu Mätressen zu machen.

Genauso wie der Baron hatte auch Mathilde ein Rezept entwickelt, nach dem sie ihr Leben als eine Folge von Rollen verstand. So sagte sie sich beispielsweise morgens, während sie ihr blondes Haar bürstete: »Heute will ich diese oder jene Person sein.« Und dann spielte sie diese Rolle.

Eines Tages hatte sie entschieden, sie würde gerne die elegante Vertreterin eines bekannten Pariser Modesalons sein und nach Peru geschickt werden. Sie brauchte ja nur die Rolle zu verkörpern. Also zog sie sich sorgfältig an, präsentierte sich mit größter Selbstsicherheit in besagtem Salon, wurde tatsächlich als Vertreterin engagiert und erhielt ihre Passage nach Lima.

An Bord des Dampfers benahm sie sich wie die elegante französische Botschafterin der Mode. Ihr angeborener Geschmack für erlesene Weine, kostbare Parfüms, ausgesuchte Kleidung kennzeichnete sie als Dame von Welt. Sie war eine Feinschmeckerin. Mathilde besaß aber auch den Charme, der zu dieser Rolle gehörte. Sie lächelte unaufhörlich, einerlei, was geschah. War ihr Koffer abhanden gekommen, lächelte sie. Wenn man ihr auf den Fuß trat, lächelte sie. Dieses Lächeln war es, was Dalvedo, den Generalvertreter der Spanischen Schiffahrtslinie, so bezauberte. Er bat sie, am Tisch des Kapitäns Platz zu nehmen. Dalvedo machte eine gute Figur in seinem Smoking, benahm sich wie ein Kapitän und war voller Anekdoten. Am nächsten Abend führte er sie zum Tanz. Er wußte, daß er ihr während der kurzen Zeit der Überfahrt nicht in der üblichen Weise den Hof machen konnte, also begann er gleich, ihr pikante Komplimente wegen des kleinen Leberflecks auf ihrem Kinn zu machen. Um Mitternacht wollte er wissen, ob sie gerne indische Feigen äße. Sie hatte sie nie gekostet. Er erklärte, er hätte ein paar davon in seiner Kabine.

Aber Mathilde wußte, was sie sich schuldig war, und wollte sich nicht allzuschnell erobern lassen. Deshalb war sie auf der Hut, als sie die Kabine betraten. Es war ihr immer ein leichtes gewesen, die frechen Annäherungen der Männer abzuwehren, die verstohlenen Klapse auf den Hintern, die ihr die Ehemänner ihrer Kundinnen gaben, die Griffe an die Brust, wenn sie mit ihrem Freund im Kino war. All dies hatte sie kaltgelassen. Von dem, was sie bestimmt nicht kaltlassen würde, hatte sie eine vage, aber beharrliche Vorstellung: Sie wollte mit geheimnisvollen Worten umworben werden. Diese fixe Idee war das Resultat ihrer ersten Erfahrung, die sie als Sechzehnjährige gemacht hatte.

Damals war ein Schriftsteller, den ganz Paris kannte, in ihrem Laden erschienen. Aber er wollte keinen Hut erstehen. Er fragte sie, ob sie lumineszierende Blumen führe, von denen man ihm berichtet hatte, Blumen, die im Dunkeln leuchteten. Er wollte sie, so sagte er, für eine Frau, die im Dunkeln leuchtete. Er könne schwören, daß die Haut dieser Frau, wenn er mit ihr im Theater war und sie in ihrem Abendkleid zurückgelehnt in ihrer Loge saß, leuchtete wie die zartesten Meeresmuscheln, mit einem blaßrosa Schimmer. Er wollte, daß sie diese Blumen in ihrem Haar trug.

Mathilde hatte keine solchen Blumen. Aber sobald der Mann den Laden verlassen hatte, trat sie vor den Spiegel. So ein Gefühl wollte sie erwecken. Aber konnte sie es denn? Sie war weit eher Feuer als Licht. Ihre Augen waren heiß und veilchenblau. Ihr Haar war blond getönt, aber es warf einen kupfernen Schatten auf ihr Gesicht. Ihr Teint war ebenfalls kupferfarben, kräftig und alles andere als durchscheinend. Ihr Körper füllte ihre Kleider aus. Sie trug kein Korsett, und doch hatte ihre Figur die Kurven der Frauen, die eins trugen. Sie machte ein hohles Kreuz, damit die Brüste und die Hinterbacken hervortraten.

Inzwischen war der Mann zurückgekommen. Diesmal wollte er gar nichts kaufen. Er stand nur da und starrte sie an und lächelte mit seinem langen, markanten Gesicht; seine schlanken Finger machten ein Ritual aus dem Anzünden einer Zigarette. Er sagte: »Diesmal bin ich zurückgekommen, nur weil ich Sie sehen wollte.«

Mathilde hatte ein solches Herzklopfen bekommen, daß sie glaubte, dies wäre nun der Augenblick, auf den sie so lange gewartet hatte. Fast stellte sie sich auf die Zehenspitzen, so gespannt war sie auf seine nächsten Worte. Sie war jetzt die leuchtende Frau in der schummrigen Loge, für die man die ungewöhnlichen Blumen verlangt hatte. Aber alles, was der elegante, graumelierte Schriftsteller mit der aristokratischen Stimme herausbrachte, war: »Sowie ich Sie sah, bekam ich einen Steifen in der Hose.« Es klang so brutal, daß es eine Beleidigung für sie war. Sie errötete und schlug nach ihm.

Szenen in dieser Art wiederholten sich. Mathilde hatte erkannt, daß es den Männern meist die Rede verschlug, wenn sie irgendwo erschien. Sie vergaßen romantisches Werben und kamen gleich zur Sache. Mathildes Wirkung war so unmittelbar, daß die Männer nur ihre physische Erregung in Worte fassen konnten. Anstatt es als ein Kompliment zu sehen, nahm Mathilde das übel.

Nun befand sie sich in der Kabine von Dalvedo, dem welterfahrenen Spanier. Er schälte ihr ein paar indische Feigen und plauderte mit ihr.

Dann unterbrach er sich und stand auf. »Sie haben den verführerischsten kleinen Leberfleck auf Ihrem Kinn.« Sie glaubte, dies sei der Auftakt zu einem Kuß. Aber nein. Statt dessen knöpfte er sich die Hose auf, holte seinen Schwanz heraus, und mit der Geste eines Zuhälters gegenüber einer Straßendirne gebot er: »Auf die Knie!«

Wieder schlug Mathilde nach dem Mann und drehte sich zur Tür. »Bitte bleiben Sie doch«, flehte er, »ich bin wild nach Ihnen. Den ganzen Abend lang, als ich mit Ihnen tanzte, war ich in dieser Verfassung. Sie dürfen mich jetzt nicht verlassen.« Dabei versuchte er, sie zu umarmen. Als sie sich sträubte und ihm entkommen wollte, ergoß er sich über ihr Kleid. Sie mußte sich in ihr Abendcape wickeln, um in ihre Kabine zu gelangen.

Sowie Mathilde in Lima angekommen war, wurde ihr Traum Wirklichkeit. Die Männer machten ihr mit blumigen Worten den Hof und verbargen ihre Absichten hinter sehr viel Charme und schönen Komplimenten. Dieses Vorspiel auf dem Weg ins Bett befriedigte sie. Ein wenig Weihrauch tat ihr gut. In Lima bekam sie eine Menge, denn er gehörte zum Ritual. Sie fand sich auf einem Postament aus Poesie, von dem aus dann der Sturz in die endgültige Umarmung um so herrlicher schien. Sie verkaufte weitaus mehr Nächte als Mode.

Damals gab es in Lima eine große chinesische Kolonie; Opiumrauchen war an der Tagesordnung. Gruppen reicher junger Männer zogen von einem Bordell ins nächste oder verbrachten ihre Nächte in Opiumhöhlen, wo Prostituierte verkehrten; oder sie mieteten sich leere Zimmer im Bordellviertel, wo sie gemeinsam Rauschgift nahmen und sich von Huren bedienen ließen. Die jungen Männer kamen gern zu Mathilde. Sie hatte ihre »Gesandtschaft« in ein Boudoir mit Sofas, Spitzenüberwürfen, Seidenvorhängen und Kissen verwandelt. Ein Peruaner namens Martinez gab ihr zum erstenmal Opium zu rauchen. Später brachte er seine Freunde mit. Oft blieben sie mehrere Tage bei ihr, unauffindbar für die übrige Welt und für ihre Familien. Die Vorhänge waren zugezogen, die Stimmung schummrig, einschläfernd. Sie teilten sich Mathilde. Das Opium vertiefte ihre Wollust, ließ sie beständiger werden. Sie verbrachten Stunden damit, nur Mathildes Beine zu streicheln. Dann nahm sich jemand eine ihrer Brüste, ein zweiter drückte den Mund ins weiche Fleisch ihres Halses und preßte es nur mit den Lippen. Ein Kuß ließ sie, unter der Wirkung des Opiums, von Kopf bis Fuß erschauern.

Mathilde pflegte sich nackt auf den Boden zu legen. Alle ihre Gesten hatten sich verlangsamt. Die jungen Männer lehnten sich in die Kissen zurück. Ein träger Finger tastete nach ihrem Geschlecht, drang ein, blieb unbeweglich zwischen ihren Schamlippen liegen. Dann kam eine zweite Hand und suchte dieselbe Stelle, beschrieb Kreise darum und fand einen anderen Eingang. Ein dritter Mann bot ihrem Mund seinen Schwanz an. Dann saugte sie ganz langsam daran. Jede Berührung wurde durch die Droge intensiviert. So lagen sie stundenlang still da und träumten. Dann tauchten andere erotische Vorstellungen auf. Martinez sah den Körper einer Frau vor sich, langgestreckt, kopflos, ein weibliches Wesen mit den Brüsten einer Balinesin, dem Unterleib einer Afrikanerin, dem hohen Steiß einer Negerin. Alles floß zusammen zu einem Bild von beweglichem Fleisch, Fleisch, das wie aus Gummi schien. Die straffen Brüste schwollen seinem Mund entgegen, seine Hand wollte sie ergreifen. Aber dann streckten sich ihm andere Körperteile entgegen, traten in den Vordergrund, hingen über seinem eigenen Körper. Beine spreizten sich auf unmenschliche, unmögliche Weise, als seien sie selbständig geworden, und gaben das Geschlecht frei. Es war, als hätte man eine Tulpe geöffnet.

Die Vulva aber begann sich ebenfalls zu bewegen und dehnte sich wie eine Seeanemone, als zögen unsichtbare Hände an ihr, Hände, die neugierig waren, die den Körper zerstückeln wollten, um an sein Innerstes zu gelangen. Dann wandte sich der Hintern ihm voll zu und verlor seine Kontur, als würde er auseinandergezogen. Jede Bewegung schien den Körper völlig und bis zum Zerreißen zu öffnen. Martinez wurde jedesmal fuchsteufelswild, wenn andere Hände diesen Körper betasteten. Er richtete sich halbwegs auf und suchte Mathildes Brust, und wenn er dann auf eine andere Hand stieß oder auf einen Mund, der daran saugte, tastete er sich zu ihrem Bauch hinunter, als habe er immer noch jenes Bild vor sich, das ihn in seinem Opiumtraum verfolgt hatte. Er ließ sich noch tiefer über ihren Körper sinken, damit er sie zwischen ihren gespreizten Beinen küssen konnte.

Mathilde empfand eine so intensive Lust, die Männer zu liebkosen und von ihnen wiederum so schrankenlos und ohne Unterlaß gestreichelt zu werden, daß sie nur selten einen Höhepunkt erreichte. Es wurde ihr erst bewußt, als die Männer gegangen waren. Sie erwachte aus ihren Opiumträumen mit einem unbefriedigten Körper.

Sie blieb liegen, feilte ihre Nägel und lackierte sie. Sie bereitete sich sorgfältig auf das nächste Mal vor, bürstete ihr blondes Haar, setzte sich in die Sonne. Mit kleinen, in Wasserstoffsuperoxyd getauchten Wattebäuschen färbte sie sich ihr Schamhaar blond. Allein gelassen, verfolgte sie die Erinnerung an die Hände, die über ihren Körper geglitten waren. Nun spürte sie, wie eine unter ihrem Arm liegende Hand nach ihrer Taille tastete. Sie dachte an Martinez, der ihre Schamlippen wie eine Blüte geöffnet hatte, an seine behende, flinke Zunge, wie sie über den Damm zwischen Scham und Gesäßbacken strich, bis zu den Grübchen am Ende des Rückgrats. Oh, wie er diese Grübchen anbetete, die seinem forschenden Finger und seiner frechen Zunge den abwärts führenden Pfad wiesen, bis sie wieder zwischen den beiden üppigen Hügeln verschwanden.

Mathilde dachte an Martinez. Es erregte sie. Sie wollte seine Rückkehr nicht abwarten und sah herab auf ihre Beine. Da sie kaum noch an die frische Luft ging, hatten sie eine sehr verführerische Blässe bekommen, wie der kreideweiße Teint von Chinesinnen, eine Treibhausblässe, die den Männern, und besonders den dunklen Peruanern, so sehr gefiel. Sie starrte auf ihren Bauch. Er war makellos, besaß keine Falte, die nicht dort hingehörte. In der Sonne glänzte das Schamhaar rötlich golden.

»Wie wirke ich auf ihn?« fragte sie sich. Sie stand auf und trug einen langen Spiegel zum Fenster. Dann lehnte sie ihn auf dem Fußboden gegen einen Stuhl. Sie hockte sich auf den Teppich davor und öffnete langsam ihre Beine. Der Anblick war bezaubernd. Die Haut war makellos, die Vulva rosig und voll. Sie erinnerte sie an das eingerollte Blatt eines Gummibaums mit seiner verborgenen Milch, die ein Druck der Finger heraustreten ließ, eine duftende Feuchtigkeit wie die der Seemuscheln. So wurde Venus aus dem Meeresschaum geboren, mit diesen Körnchen von salzigem Honig, den nur Liebkosungen aus den verborgenen Winkeln des Körpers herausholen können.

Mathilde war neugierig geworden, ob auch sie diesen rätselhaften Honig aus seinem geheimnisvollen Gefäß holen konnte. Mit den Fingern öffnete sie die beiden kleinen Lippen und begann, sie mit einer katzenhaften Behendigkeit zu streicheln, vorwärts und rückwärts bewegte sie die Finger, wie Martinez es mit seinen nervigeren, dunklen Fingern tat. Sie stellte sich seine braunen Finger auf ihrer Haut vor und welchen Gegensatz sie bildeten. Ihre Stärke verhieß eher Schmerz als Wollust auf ihrer Haut. Und trotzdem war seine Berührung ganz zart, sanft hatte er ihre Schamlippen zwischen seine Finger genommen, als berührte er Samt. Sie hielt sie jetzt genauso wie er, zwischen Daumen und Zeigefinger. Sie spürte dasselbe Verströmen, das sie unter seinen Fingern gefühlt hatte. Tief aus ihrem Innersten heraus kündigte sich die salzige Feuchtigkeit an, trat heraus und benetzte die Flügel der Vulva.

Als nächstes wollte Mathilde wissen, wie sie wohl aussah, wenn Martinez ihr befahl, sich umzudrehen. Sie legte sich auf die linke Seite, die Gesäßbacken dem Spiegel zugewendet. Jetzt konnte sie den schimmernden Spalt von der anderen Seite sehen. Sie bewegte sich, wie sie sich für Martinez bewegt hatte. Sie sah, wie ihre eigene Hand über dem kleinen Hügel auftauchte, den ihr Hinterteil bildete, das sie jetzt streichelte. Die andere Hand schob sich zwischen die Beine, der Spiegel warf das Bild zurück. Mit dieser Hand fuhr sie nun vorwärts und rückwärts über ihre Fotze. Dann führte sie den Zeigefinger ein und begann, sich dagegen zu reiben. Jetzt überwältigte sie das Verlangen, von beiden Seiten gleichzeitig genommen zu werden. Sie steckte den anderen Zeigefinger in ihre hintere Öffnung. Wenn sie sich nun vorwärts bewegte, fühlte sie ihren Finger vorn; ließ sie sich rückwärts sinken, fühlte sie den anderen Finger. Es war, als liebkosten Martinez und ein Freund sie gleichzeitig. Der nahende Orgasmus schüttelte sie, die Bewegungen wurden konvulsiv, als wollte sie, um die letzte Frucht vom Baum zu reißen, immer wieder an dem Zweig ziehen, als wollte sie alles in einem wahnsinnigen Orgasmussturm vereinen. Während sie sich im Spiegel betrachtete, kam der Höhepunkt. Sie sah, wie sich ihre Hände bewegten, sah, wie der Honig glänzte, sah ihr ganzes Geschlecht und den Spalt ihres Hinterns feucht zwischen den Beinen schimmern.

Nach dieser Vorstellung verstand sie die Geschichte, die ihr einmal ein peruanischer Seemann erzählt hatte – wie die Mannschaft sich eine Gummifrau gebastelt hatte, um sich mit ihr die Zeit zu vertreiben und die sechs, sieben Monate allein auf See zu überbrücken. Die Frau wirkte sehr echt und schön – die perfekte Illusion. Die Seeleute liebten sie, nahmen sie mit ins Bett. Sie war so konstruiert, daß jede Öffnung den Männern zur Befriedigung dienen konnte. Sie besaß jene Beschaffenheit, die ein alter Indio einst seiner jungen Frau zuschrieb, als diese kurz nach der Hochzeit mit jedem der jungen Männer auf der Hacienda geschlafen hatte. Der Besitzer hatte den alten Indio zu sich kommen lassen, ihm von dem skandalösen Benehmen seiner Frau erzählt und ihm geraten, in Zukunft besser auf sie aufzupassen. Darauf schüttelte der Indio skeptisch den Kopf und entgegnete: »Weshalb denn? Warum sollte ich mir den Kopf zerbrechen? Schließlich ist meine Frau nicht aus Seife. Sie wird sich nicht abnutzen.«

Genauso war es mit der Frau aus Gummi. Den Seeleuten

war sie eine stets bereite, stets nachgiebige, wahrhaft wundervolle Gespielin. Es gab keine Eifersüchteleien, keine Handgreiflichkeiten, keine Ausschließlichkeiten. Die Gummifrau wurde sehr geliebt. Aber trotz ihrer Unschuld, ihrer gutwilligen Bereitschaft, ihrer Großzügigkeit, ihrer Diskretion, trotz ihrer Treue gegenüber den Seeleuten brachte sie es fertig, sie alle mit Syphilis anzustecken. Mathilde hatte gelacht, als ihr der junge Seemann die Geschichte erzählte, auf ihr liegend, als sei sie eine aufgeblasene Gummimatratze, die so straff war, daß sie ihn beinahe abgeworfen hätte. Mathilde kam sich vor wie diese Gummifrau, wenn sie Opium geraucht hatte. Wie lustvoll war dieses Gefühl, sich ganz hinzugeben! Ihre einzige wirkliche Beschäftigung bestand darin, nachher das Geld, das ihre Freunde ihr zurückgelassen hatten, zu zählen.

Einem von ihnen, nennen wir ihn Antonio, paßte ihr luxuriöses Zimmer nicht. Immer wieder hatte er sie gebeten, ihn bei sich zu besuchen. Er war ein Boxer, und er sah aus wie ein Mann, der es versteht, Frauen für sich arbeiten zu lassen. Gleichzeitig war er von jener Eleganz, welche die Frauen stolz auf ihn machten. Er hatte das gepflegte Aussehen eines Müßiggängers und jene lässigen Manieren, die, so fühlte man, im gegebenen Augenblick in Gewalttätigkeit umschlagen können. Sein Blick war wie der eines Katers, den man streicheln will, der aber niemanden liebt, der niemals auf die Impulse, die er weckt, zu reagieren braucht. Er hatte eine Geliebte, die gut zu ihm paßte und die es mit seiner Stärke und seiner Potenz aufnehmen und seine Schläge energisch parieren konnte. Kurz, sie war eine Frau, die ihrer Weiblichkeit Ehre machte und von den Männern kein Mitleid verlangte, eine Frau, die wußte, daß ein kräftiger Streit das Blut ins Wallen brachte. Sie wußte, daß es nur nach einem Kampf eine wirklich süße Versöhnung geben konnte. Sie wußte, daß Antonio, wenn er nicht bei ihr war, die Französin besuchte, um bei ihr Opium zu rauchen. Es machte ihr weniger aus, als überhaupt nicht zu wissen, wo er sich aufhielt.

An jenem Tage hatte er gerade sorgsam seinen Schnurrbart gebürstet und sich auf eine Opiumorgie vorbereitet. Um seine Geliebte zu beschwichtigen, kniff und tätschelte er ihren Hintern. Sie war eine apart aussehende Frau mit afrikanischem Blut in den Adern. Ihre Brüste saßen unwahrscheinlich hoch, höher als bei irgendeiner anderen Frau, fast parallel zu ihrer Schulterlinie. Sie waren kugelrund und groß. Diese Brüste waren es, die Antonio aufgefallen waren. Die Tatsache, daß sie so herausfordernd, so nahe dem Mund, so nach oben gerichtet waren, löste bei ihm eine unmittelbare Reaktion aus. Es schien, als hätte sein Schwanz eine direkte Beziehung zu diesen Brüsten. Sowie er sie in dem Bordell, wo die Frau arbeitete, zum erstenmal sah, hatte sich sein Stengel erhoben, um mit ihnen gleichzuziehen.

Jedesmal, wenn er in den Puff kam, machte er die gleiche Erfahrung. Schließlich nahm er die Frau aus dem Bordell heraus und zu sich in die Wohnung. Zuerst konnte er überhaupt nur ihre Brüste lieben. Sie verfolgten ihn. Steckte er seinen Schwanz in den Mund der Frau, glaubte er, sie zeigten hungrig auf ihn. Also nahm er ihn wieder heraus, schob ihn zwischen ihre Brüste und preßte sie dagegen. Die Warzen waren groß und verhärteten sich wie ein Fruchtkern in seinem Mund.

Unter seinen Liebkosungen stieg ihre Erregung, aber die ganze untere Partie ihres Körpers durfte nicht mitspielen. Ihre Beine zitterten und bebten, flehten darum, ihnen Gewalt anzutun, die Schamlippen öffneten sich, aber er beachtete sie nicht. Statt dessen nahm er ihre Brüste in den Mund oder ließ seinen harten Stamm zwischen ihnen arbeiten. Er wollte sehen, wie sein Samen sie bespritzte. Ihre vernachlässigte Körperhälfte, die wulstigen Lippen ihrer Scham wanden sich wie Blätter im Winde jeder Liebkosung, ihre Beine stießen ins Leere. Schließlich machte sie es sich selbst.

An diesem Vormittag, kurz vor dem Weggehen, wiederholte er diese Attacke. Er biß sie in die Brüste. Sie bot ihm ihre klaffende Fotze, er verschmähte sie. Statt dessen zwang er sie in die Knie und drang mit seinem Rohr in ihren Mund. Sie rieb ihre Brüste gegen seine Schenkel, denn manchmal konnte sie sich so befriedigen. Dann verließ er sie und schlenderte zu Mathildes Wohnung. Die Tür war nicht verschlossen. Mit der Lautlosigkeit einer Katze schlich er hinein, der dichte Teppich verschluckte jedes Geräusch. Er überraschte Mathilde vor dem Spiegel. Sie hatte sich auf alle viere niedergelassen und sah zwischen den Beinen hindurch.

Er sagte: »Bleib so, Mathilde, rühr dich nicht. Ich liebe diese Stellung.«

Dann beugte er sich über sie wie eine riesige Katze und durchbohrte sie von hinten. Er gab Mathilde, was er seiner Geliebten versagte. Sein Gewicht preßte sie schließlich zu Boden, bis sie flach auf dem Teppich lag. Mit beiden Händen hob er ihre Hinterbacken hoch und stieß immer wieder zu. Sein Schwanz schien aus glühenden Eisen. Er war lang und dünn und bewegte sich nach allen Richtungen. Er tanzte in ihr mit einer Wendigkeit, die sie nie zuvor erlebt hatte. Dann wurden seine Bewegungen immer schneller, und er keuchte heiser: »Komm schon, komm, sag ich dir. Gib mir alles, jetzt, gib's mir wie noch nie. Gib's mir, wie noch nie. Gib's mir, los, jetzt, jetzt!« Da bäumte sie sich mit aller Kraft auf und ließ ihren Hintern gegen seinen Bauch, seine Schenkel, seinen Sack klatschen. Der Orgasmus kam wie ein Blitzschlag, der sie beide gleichzeitig traf.

Als die anderen kamen, lagen die beiden immer noch ineinander verknäuelt auf dem Teppich. Der Spiegel, der Zeuge des Geschehens war, belustigte sie. Sie bereiteten ihre Opiumpfeifen vor. Mathilde war erschöpft. Martinez träumte wieder seinen Traum von den auseinanderquellenden Frauen mit geöffneten Fotzen. Antonio hatte immer noch einen Steifen und befahl Mathilde, sich auf ihn zu stülpen.

Nach der Opiumorgie, als außer Antonio alle gegangen waren, wiederholte er seine Bitte, ihn in seine spezielle Opiumhöhle zu begleiten. Obwohl ihr der Schoß noch immer weh tat und von seinen wilden Stößen brannte, willigte sie ein, denn sie wollte bei Antonio bleiben und die wilde Nummer wiederholen.

Schweigend gingen sie durch die engen Gassen des Chinesenviertels. An jeder Straßenecke boten sich Frauen an, lächelten ihnen aus offenen Fenstern zu, standen in den Türeingängen, winkten sie zu sich. In einige der Zimmer hatte man von der Straße aus Einblick. Das Bett war nur durch einen dünnen Vorhang verhüllt. Man konnte erkennen, wie Paare miteinander fickten. Da gab es Syrerinnen in Nationaltracht, arabische Frauen mit halbnackten, von bunten Steinen bedeckten Körpern, Japanerinnen und Chinesinnen, die verstohlene Gesten machten, üppige afrikanische Frauen, die im Kreise hockten und sich miteinander unterhielten. Eines der Häuser war voller französischer Huren in kurzen rosa Hemdchen; sie strickten und nähten, als seien sie zu Hause. Sie versprachen den Passanten ganz besondere Spezialitäten.

Die Häuser selbst waren eng, schwach beleuchtet, verstaubt, voll von Rauch und dunklem Stimmengewirr, von dem Gemurmel Betrunkener, von Liebesgestöhn. Die Chinesen hatten ihre Häuser mit spanischen Wänden, Vorhängen, Lampions, Weihrauchkerzen und goldenen Buddhastatuetten möbliert. Es war ein Labyrinth aus falschen Juwelen, Papierblumen, seidenen Behängen und Teppichen – mit Frauen, die so vielfältig waren wie die Muster und Farben. In diesem Viertel hatte Antonio ein Zimmer. Er führte Mathilde die ausgetretene Treppe hinauf, stieß eine Tür auf, die kaum noch in den Angeln hing, und schob sie hinein. Der Raum war unmöbliert bis auf eine chinesische Matte auf dem Fußboden. Darauf lag ein in Lumpen gehüllter Mann, der so ausgezehrt und krank aussah, daß Mathilde erschrocken zurückwich.

»Ach, du bist es«, sagte Antonio verstimmt.

»Ich hatte kein Dach überm Kopf.«

»Du weißt, daß du hier nicht bleiben kannst. Die Polizei ist hinter dir her.«

»Ja, ja, ich weiß.«

»Ich nehme an, du warst es, der neulich das Kokain gestohlen hat, stimmt's?«

»Stimmt«, bestätigte der Mann mit teilnahmsloser, schläfriger Stimme.

Mathilde bemerkte, daß der Körper des Mannes mit Schrammen und Einstichen übersät war. Er versuchte, sich aufzusetzen. In der einen Hand hielt er eine Ampulle, in der anderen einen Füllfederhalter und ein Taschenmesser.

Entsetzt starrte sie ihn an.

Mit dem Finger brach er die Spitze der Ampulle ab, säuberte den Rand von Glassplittern. Statt einer Injektionsnadel benutzte er den Füllfederhalter und sog die Flüssigkeit auf. Mit dem Taschenmesser brachte er sich einen Einschnitt am Arm bei, der mit vernarbten und frischen Wunden bedeckt war. In den Einschnitt stach er den Füllfederhalter und drückte zu.

»Er hat kein Geld, um sich eine Spritze zu besorgen«, kommentierte Antonio. »Ich habe versucht, ihn vom Stehlen abzuhalten. Aber genau das hat er getan.«

Mathilde wollte fort, aber Antonio ließ es nicht zu. Der Mann war auf die Matte zurückgesunken und hatte die Augen geschlossen. Antonio holte eine Spritze heraus und gab Mathilde einen Schuß.

Sie streckten sich auf dem Boden aus. Eine überwältigende Müdigkeit hatte Mathilde ergriffen. Antonio sagte: »Du fühlst dich wie tot, stimmt's?« Sie fühlte sich, als hätte er ihr Äther verabreicht. Seine Stimme kam von ganz weit her. Mathilde gab ihm zu verstehen, daß sie einer Ohnmacht nahe sei. Er erwiderte: »Das geht vorüber.«

Dann begann ein Alptraum. Ganz weit weg lag die ausgestreckte Gestalt des in Lumpen gehüllten Mannes; dann waren da die Umrisse Antonios, groß und schwarz. Antonio nahm dem Mann das Taschenmesser aus der Hand und beugte sich über Mathilde. Sie spürte seinen Schwanz in sich weich und zärtlich. Sie bewegte sich langsam, entspannt, wellenartig. Der Schwanz wurde herausgezogen.

Sie fühlte, wie er über der seidenen Feuchtigkeit zwischen ihren Beinen schwang, aber sie war unbefriedigt und machte eine Bewegung, als wollte sie ihn wieder einfangen. Dann ging der Alptraum weiter. Antonio ließ das Taschenmesser aufspringen und beugte sich über ihre gespreizten Beine, be-

247

rührte sie mit der Messerspitze und stieß diese dann sachte in sie hinein. Mathilde spürte keinen Schmerz und konnte sich auch nicht bewegen. Das offene Messer hatte sie hypnotisiert. Aber dann wachte sie plötzlich auf. Ihr war erschreckend klargeworden, daß dies kein Alptraum mehr war. Antonio starrte wie gebannt auf die Spitze des Taschenmessers am Eingang ihres Lochs. Sie schrie. Die Tür flog auf. Es war die Polizei, die gekommen war, um den Kokaindieb festzunehmen.

Im letzten Augenblick war Mathilde dem Mann entkommen, der so oft den Huren in ihre Schlitze gestochen hatte und der nur aus diesem Grunde seine Geliebte niemals dort berühren wollte. Solange er mit ihr lebte, war er gegen die Versuchung gefeit, denn ihre herausfordernden Brüste lenkten seine Begierde von ihrem klaffenden Geschlecht ab und besiegten seine krankhafte Sucht, das, was er »die kleine Wunde der Frau« nannte, mit Gewalt zu vergrößern.

MADELEINE BOURDOUXHE
Elisas Schwester

Elisa hatte die Kinder auf den Tisch gesetzt, um sie für die Nacht zurechtzumachen.

»Da war jemand am Gartentor«, sagte sie und sah aus dem Fenster. »Ach! Es ist Victorine.«

»Du kommst gerade noch rechtzeitig, um den Kleinen einen Gutenachtkuß zu geben«, sagte sie zu dem eintretenden Mädchen. »Ich wollte sie eben ins Bett bringen. Du bleibst doch ein paar Minuten? Ich komme gleich wieder herunter.«

Sie nahm eins der Mädchen auf den Arm, schob das andere vor sich her und stieg langsam und ein wenig kurzatmig die Wendeltreppe ins obere Stockwerk hinauf.

Gilles füllte bedächtig seinen aus einer Schweinsblase gefertigten Tabaksbeutel.

»Schöner Tag!« sagte er zu Victorine.

»Ja, stimmt«, antwortete sie. »Hier draußen geht's. Wir sind ja schon ein bißchen auf dem Land... Aber in der Stadt erstickt man... Und es ist kein Vergnügen, den ganzen Tag in einem Geschäft eingesperrt zu sein.«

Sie setzte sich Gilles gegenüber schräg an den Tisch, nahm ein Rabattmarkenheft, das Elisa dorthin gelegt hatte, und fing mechanisch an, die Marken einzukleben.

Das Verlangen entsteht ganz plötzlich, aus dem Nichts. Gilles sah den kleinen roten Mund, der sich alle paar Sekunden öffnete, um eine spitze, lange Zunge herauszulassen, die zwei Finger mit einem kleinen quadratischen Papierchen ableckte. Sprachlos sah er zu, ohne sich zu rühren. Oft hatte er ein spontanes Begehren gespürt, wenn er Elisa ansah, doch es war eine Begierde gewesen, die sich ganz langsam und angenehm steigerte. Dieses Mal war es, als würde sein nackter Körper von einer Panik erfaßt, er hatte den Eindruck, das Blut ließe seinen Kopf bis zum Platzen anschwellen.

Er versuchte einen klaren Gedanken zu fassen. »Also wirklich. Das ist doch Victorine... Ich kenne sie seit Jahren ... Schon als kleines Mädchen mit einem Zopf auf dem Rücken und später mit einem Knoten... Es ist nur die kleine Torine.«

Aber es nützte alles nichts, spielte überhaupt keine Rolle mehr. Während sie weiter ihre Marken aufklebte, war es ihm, als sähe er diese sich öffnenden Lippen, diese Zunge, die sich hervorschob und wieder zurückzog, zum erstenmal. Er erhob sich, ging um den Tisch herum und stützte sich auf die Herdstange. Dort stand er völlig reglos und starrte Victorine mit riesigen Augen an.

Reiß dich zusammen, Gilles, bis jetzt ist noch nichts geschehen... Ein starkes männliches Begehren, das so unvermittelt aus der Mitte des Fleisches entspringt und von keinem Gedanken geleitet wird, ist nicht schlimm. Das Wichtigste ist, dem keine Beachtung zu schenken und es so unberechenbar, wie es gekommen ist, auch wieder verschwinden zu lassen.

Aber in diesem Moment hob das kleine Biest den Kopf: sie gehörte zu denen, die sofort begreifen und sich keine Gelegenheit entgehen lassen.

Viele Mädchen sind ganz von ihren Gefühlen bestimmt. Bei Victorine verdrängte das Sexuelle alles andere. Sie war einfach so, sie konnte nichts dafür, das arme Mädchen. Aber trotzdem ist es abscheulich, so zu sein.

Sie schlug die Beine übereinander und streckte sich genüßlich mit einem merkwürdigen kleinen Seufzer, als wäre sie müde. Blitzschnell prüfte sie Gilles' Reaktion, klappte das Rabattmarkenheft zu, stand auf und ging zu ihm. Sie sah ihn an: er war ein gutaussehender Mann.

Männliche Beine ... ein männlicher Oberkörper ... männliche Schultern... Sie preßte sich mit ihrem ganzen Körper an ihn.

Mit fünf Sekunden Verspätung begriff Gilles, daß er den kleinen roten Mund haben konnte; beim Küssen bemerkte er einen leichten Klebstoffgeruch.

Seine Beine zitterten. Er war unfähig, sich zu rühren, als er Elisa die Treppe herunterkommen hörte, doch Victorine ließ sich geschmeidig auf ihren Stuhl gleiten und fing an, mit den Fingern auf den Tisch zu trommeln und eine bekannte Melodie zu trällern.

»Sie wollten heute einfach nicht einschlafen«, sagte Elisa.

Sie beugte sich hinunter, um den Kohlenkasten herauszuziehen, doch Gilles' Beine waren ihr dabei im Weg. Sie verharrte mit ausgestreckter Hand und wartete, daß er zurücktrat. Ihr Blick wanderte den großen bewegungslosen Körper hinauf: Gilles' Beine ... Gilles' Brustkorb ... Gilles' Schultern... Sie lächelte, als sie sein ausdrucksloses Gesicht sah, die leeren Augen.

»Was hast du? Geh schon zur Seite, du Nichtsnutz!« sagte sie lachend und gab ihm, der für sie der einzige Mann auf der Welt war, einen dicken, schmatzenden Kuß auf die Wange.

»Bleibst du zum Essen?« fragte sie Victorine.

»Von mir aus«, antwortete das Mädchen und erhob sich, um Elisa beim Tischdecken zu helfen.

Sie setzten sich zu dritt an den Tisch. Gilles aß seine Suppe, ohne ein Wort zu sagen. Victorine erzählte eine lange Geschichte über die Kassiererin des Geschäfts, in dem sie arbeitete. Elisa hörte ihr mit ruhigem Herzen zu und aß dabei mit gesundem Appetit. Gilles nahm sich ein wenig von den Kartoffeln mit Speck, aber er konnte seinen Teller nicht leer essen.

»Schmeckt es dir nicht?« fragte Elisa. »Soll ich dir ein paar Eier machen?«

»Nein, ich habe keinen Hunger... Ich fühle mich nicht ganz wohl ...«

Sie sah ihn beunruhigt an.

Er spürte Victorines Bein, das sich an seinem rieb. Er hatte das Gefühl zu ersticken; auch die Nachtluft, die durch das geöffnete Fenster hereinkam, brachte keine Abkühlung.

Wenn eine von beiden aus dem Zimmer ginge, würde ich mich besser fühlen, dachte er.

Aber als Victorine fort war, sah er sich um: der Tisch … die Stühle … der Kalender an der Wand … die Uhr … Es ist doch alles wie immer … Nein, er konnte es nicht zulassen.

Er verharrte einige Minuten schweigend; zum erstenmal fiel ihm auf, daß Lärm oder Stille die Dinge unterschiedlich erscheinen ließen. Er dachte: Diese Stille ist schwer wie Blei. Sie war ihm unerträglich, deshalb sagte er unvermittelt: »Ich gehe mal runter und sehe nach den Tauben.«

»Jetzt?« fragte Elisa.

Das tat er sonst nie um diese Uhrzeit, aber warum nicht.

»Na gut, dann geh«, sagte sie, »aber du wirst sie aufwekken.«

Er ging hinaus und an der Tür des Taubenhauses vorbei, bog nach rechts um die Hausecke, stieg die Betonstufen zum Gartentor hinauf und beugte sich hinaus. Eine weiße Bluse sieht man auch in der Dunkelheit. Nein, es war niemand auf der Straße. Er ließ seinen Blick forschend bis in die hinterste Ecke des Gartens schweifen. Langsam stieg er die Stufen wieder hinunter. Dann lehnte er sich ein wenig an die Hausmauer und murmelte: »Was ist denn bloß mit mir los?«

Er schob die Tür des Taubenhauses auf. Er liebte diesen Korn- und Federgeruch; heute abend sog er ihn nicht mit derselben Freude ein wie sonst. Mechanisch rieb er ein Streichholz an: Er schaute, ohne etwas zu sehen.

»Was ist? Gehen wir jetzt schlafen, Liebster?« rief Elisa ihm von der Haustür aus zu.

Er wandte sich zum Gehen, zog an der Kette der Gaslampe und tastete sich auf Elisa zu, die ihn auf den untersten Treppenstufen erwartete. Sie gingen nach oben wie jeden Abend, Elisa voran, einen Arm nach hinten abgewinkelt, mit dem sie sich an Gilles' Schulter festhielt.

Quim Monzó
Eheleben

Um einige Dokumente zu unterschreiben, müssen Zgdt und Bst (die seit acht Jahren miteinander verheiratet sind) in eine ferne Stadt reisen. Sie kommen am Spätnachmittag an. Da sie die Angelegenheit nicht vor dem nächsten Tag erledigen können, suchen sie ein Hotel für die Nacht. Man gibt ihnen ein Zimmer mit zwei Einzelbetten, zwei Nachttischen, einem Schreibtisch (auf dem eine Mappe mit Briefumschlägen und Papier mit dem Briefkopf des Hotels liegt), einem Stuhl und einer Minibar mit einem Fernsehgerät darauf. Sie essen zu Abend, gehen am Fluß spazieren, und, zurück im Hotel, geht jeder in sein Bett und holt ein Buch hervor.

Wenige Minuten später hören sie, daß im Zimmer nebenan gevögelt wird. Sie hören ganz deutlich das Quietschen der Matratze, das Stöhnen der Frau und, etwas schwächer, das Keuchen des Mannes. Zgdt und Bst sehen sich an, lächeln, machen eine witzige Bemerkung, wünschen einander eine gute Nacht und schalten das Licht aus. Zgdt, von dem Vögeln, das er immer noch durch die Wand hört, ganz heiß geworden, überlegt, ob er Bst etwas sagen soll. Vielleicht ist sie genauso heiß wie er. Er könnte zu ihr hinübergehen, sich aufs Bett setzen, über die Zimmernachbarn einen Witz machen und so ganz nebenbei zuerst ihr Haar und das Gesicht streicheln und gleich darauf ihre Brüste. Bst würde sehr wahrscheinlich sofort mitmachen. Und wenn sie nun aber nicht darauf eingeht? Und wenn sie seine Hand wegschiebt, abweisend mit der Zunge schnalzt oder, noch schlimmer, zu ihm sagt: »Ich habe keine Lust«? Vor ein paar Jahren noch hätte er keine Zweifel gehabt. Er hätte vor dem Lichtausmachen genau gewußt, ob Bst Lust hat, ob das Stöhnen aus dem Nebenzimmer sie heiß gemacht hat oder nicht. Nun aber, da an den Jahren so viele Spinnweben kleben, ist gar nichts klar.

Zgdt dreht sich auf die Seite, masturbiert und achtet darauf, keinerlei Geräusch zu machen.

Zehn Minuten nachdem er fertig ist, fragt ihn Bst, ob er schon schläft. Zgdt sagt nein. Im Nebenzimmer stöhnen sie nun nicht mehr, jetzt hört man ein leises Gespräch und unterdrücktes Kichern. Bst steht auf und geht zu Zgdts Bett. Sie deckt das Laken auf, streckt sich neben ihm aus und fängt an, ihm den Rücken zu streicheln. Die Hand wandert den Rücken hinunter bis zu den Pobacken. Da Zgdt nicht den Mut aufbringt, ihr zu sagen, daß er gerade masturbiert hat, sagt er, daß er keine Lust habe. Bst hört auf, ihn zu streicheln – ein kurzes Schweigen, unendlich lang –, und geht zurück zu ihrem Bett. Er hört, wie sie das Laken aufdeckt, wie sie in das Bett steigt und wie sie sich hin und her wälzt. Bei jeder Bewegung verstärken sich seine Gewissensbisse, weil er masturbiert hat, ohne zuvor herauszufinden, ob Bst vielleicht doch Lust auf Sex hatte. Zudem hat er Schuldgefühle, weil er ihr nicht die Wahrheit gesagt hat. Haben sie so wenig Vertrauen zueinander? Sind sie einander schon so fremd geworden, daß er ihr nicht einmal mehr das sagen kann? Zum Beweis, daß sie sich nicht ganz fremd sind, daß da doch noch eine Spur von Vertrauen ist, daß sich die Glut vielleicht wieder entfachen läßt, faßt sich Zgdt ein Herz, wendet sich ihr zu und gesteht, daß er vor wenigen Minuten masturbiert hat, weil er geglaubt hatte, daß sie keine Lust auf Sex habe. Bst sagt nichts.

Minuten später vermutet Zgdt aufgrund der versteckten Geräusche, die an sein Ohr gelangen, daß Bst masturbiert. Zgdt fühlt sich unendlich traurig, denkt, daß das Leben grotesk und ungerecht ist, und heult los. Er heult ins Kissen, versenkt sein Gesicht darin so tief er kann. Die Tränen fließen reichlich und heiß. Und als er hört, daß Bst den letzten Seufzer im Handballen erstickt, schreit er den Schrei, den sie hinunterschluckt.

Rubem Fonseca
Gazelle

Sie glauben vielleicht, daß ich betrunken bin, aber ich bin
einen Scheiß betrunken. Diese Geschichte, die macht mich
ganz duselig, ich hab' noch nie einem was davon erzählt.
Wer mir hier betrunken vorkommt, sind eher Sie. Nein?
Dann entschuldigen Sie. Aber wie ich grad sagte, wir wollten
den Vera Cruz um elf nehmen. Die ganze Reise bestand nur
aus Angst. Angst, daß jemand sieht, wie wir zusammen in
den Zug steigen, Angst vorm Hotelportier in São Paulo,
Angst davor, was wir tun wollten. Ich kam vierzig Minuten
vor Abfahrt des Zuges auf dem Bahnhof an, und der Zug
stand noch nicht mal da. Als der Zug kam, stellte ich meinen
Koffer ins Abteil und gab dem Schaffner ein Trinkgeld, ein
dickes Trinkgeld, und sagte, ich warte auf meine Frau; ich
hatte das Gefühl, ihm wäre das alles suspekt, und das
schüchterte mich ein. Das Abteil hatte die Nummer 13/14,
nicht zu fassen, daß ich das noch heute weiß. Die vierzig Minuten waren eine Qual; zur Sicherheit ging ich auf dem
Bahnsteig hin und her, versteckte mich zwischen den Leuten
und wartete auf sie.

Bis dahin hatten wir nie daran gedacht, intimer zu werden, als wir's inzwischen schon waren. Ich ging abends zu
ihr, aber nicht ins Haus hinein, sondern blieb an der Garten-
tür, denn ich kannte weder ihren Vater noch ihre Mutter. Die
beiden Brüder kannte ich, aber nur so oberflächlich. Wir
gingen fast immer in eine stille Straße, setzten uns auf einen
einsamen Platz und küßten uns stundenlang. Ihre Zunge war
ziemlich kühl, vielleicht kam das vom niedrigen Blutdruck,
genau hab' ich das nie rausgekriegt. Wir gaben uns Hunderte von Küssen an einem Abend, vielleicht auch Tausende.
So was Sauberes, Anständiges und Schönes gab's nicht noch
mal auf der Welt. Anfang Zwanzig sind alle jungen Männer

Schwachköpfe, finden Sie nicht auch? Irgendwer hat mal gesagt, daß die Jugend eine Krankheit ist, und das stimmt. Ich war dem Mädchen total verfallen, sie war für mich sozusagen Schwester, Mutter, Liebste und bester Freund, alles auf einmal. Ich mochte sie unheimlich gern, verstehen Sie?

Eines Tages fuhr sie nach Buenos Aires und schrieb mir in einem Brief: Ohne Dich zu leben ist schwirig. Schwierig nur mit *i*. Ich fand sie so toll und so perfekt, daß mir dieser Rechtschreibfehler fürchterlich peinlich war, ich schämte mich so, als hätte ich selbst den größten Fauxpas begangen. Wie? Sie meinen, daß deshalb mein Interesse an ihr nachließ? Sie sind wohl verrückt, ja, ich weiß das noch heute, nach so vielen Jahren, aber das beweist nur, wie sehr ich sie geliebt habe. Die Liebe, mein Freund, äußert sich auf die seltsamsten Arten. Sehen Sie den Zahn hier? Tja, und der ist falsch, die Zahnärzte nennen so was Stiftzahn. Als der Zahnarzt mir den Zahn abgeschliffen hatte, rief ich sie an und sagte, ich könnte mich nicht mit ihr treffen. Wir trafen uns jeden Abend. Sie fragte warum, und ich dachte mir eine Ausrede aus. Damals arbeitete ich nachts bei der Zeitung als Schlußredakteur und ging um acht aus dem Haus. Schön und gut, als ich aus dem Hause ging, stand sie vor dem Eingang. Sie fragte: Warum willst du nicht mit mir sprechen? Ich drehte mein Gesicht weg, damit sie nicht die Zahnlücke sah, sagte schnell, ich kann nicht, und rannte los, ohne mich umzusehen. Ich lief zum Strand von Flamengo und stieg in den erstbesten Bus. Als der Bus schon fast im Stadtzentrum war, zwang ein Taxi ihn zum Halten, jemand stieg aus dem Taxi aus und in den Bus ein. Es war sie. Wie ernst und blaß sie war, und fest entschlossen, unter allen Umständen die Wahrheit herauszufinden! Ich forderte sie auf, sich neben mich zu setzen, lehnte ihren Kopf an meine Schulter und erzählte alles, daß mir ein Zahn fehlte und daß es mir peinlich wäre, wenn sie mich so sähe. Sie wollte es sehen, aber ich hatte nicht den Mumm, es ihr zu zeigen. Sie sehen, damals liebte sie mich, vielleicht mehr als ich sie; ein Zahn mehr oder weniger in meinem Mund spielte für sie überhaupt keine Rolle, und ich genierte mich wegen ihrem schwierig ohne *e*.

Die Zeit verging, und ich wurde auf dem Bahnhof nervös. Fünf Minuten bevor der Zug abfahren sollte, erschien sie in einem dicken Mantel (wir wußten, daß es in São Paulo kalt war); ein Kerl trug ihr Gepäck, und das versetzte mich in Panik. Wer konnte das sein? Ein Verwandter, ein Onkel? Ich sah auf ihr Gesicht, aber ihr Gesicht war, wenn es ernst war, immer tragisch, zwar hübsch, aber tragisch und traurig, und so sah sie an diesem Abend aus, als sie mit ihren großen Schritten den Bahnsteig entlangging. Aber Sie müssen nicht denken, daß in ihrem Gesicht nur Traurigkeit war, dann bekämen Sie eine falsche Vorstellung von ihr. Sie hatte das schönste Lächeln, das je eine Frau auf der ganzen Welt gehabt hat oder haben wird, ein Lächeln, das nur zum Vorschein kam, wenn sie glücklich war, denn sie lächelte nie aus Höflichkeit oder Heuchelei; und weil es ehrlich und selten war, erfüllte es mir das Herz mit Glücksgefühl, so als ob ich mir Heroin gespritzt hätte. Aber so ein Quatsch, was ich da sage, ich hab' natürlich in meinem ganzen Leben noch nie Heroin genommen. Wo war ich doch stehengeblieben?, ach ja, bei ihrem Lächeln, meiner Liebe zu ihr, und die Liebe gibt es, nur daß Sie's wissen. Als sie mit dem fremden Mann ankam, da, muß ich gestehen, bekam ich's mit der Angst. Und versteckte mich, stürzte in den Zug und landete vor Schreck im Speisewagen. Nach einer Weile ging ich zum Abteil, klopfte an, sie machte auf, und nachdem ich festgestellt hatte, daß nur sie da drin war, fragte ich: Wer war der Kerl neben dir? Welcher Kerl? fragte sie zurück. Der Kerl, der deinen Koffer getragen hat. Ach, der! Der hatte sich angeboten, mir den Koffer zu tragen. Und warum hast du's ihm erlaubt? wollte ich wissen, warum hast du dir keinen Träger genommen? Ich hab' keinen gesehen, sagte sie. Wieso keinen gesehen, hier wimmelt's von Trägern, erwiderte ich.

So eine Dummheit. Die Jugend ist wirklich eine Krankheit. Fast eine halbe Stunde vergeudeten wir damit. Schuld war ich, weil ich auf den Fremden eifersüchtig war und wütend über die Angst, die sie mir bereitet hatte. Sie nicht, sie ist immer wie eine erwachsene Frau gewesen, obwohl sie etwa fünf Jahre jünger war als ich. Damals war sie noch ein kleines Mädchen, wußte aber schon genau, was sie wollte. Wir machten das Licht im Abteil aus, und ich sah und fühlte im Halbdunkel, daß sie wie ein junges Reh darauf wartete, was nun geschehen würde. Der Mond schien ins Fenster. Kurz darauf hielten wir uns leidenschaftlich in den Armen. Warum ich Ihnen das alles erzähle? Sie werden nie erfahren, wer sie war. Sie kennen mich nicht, keiner kennt mich, ich bin ein namenloser Mann aus dem Volk, absolut unbekannt, noch nie in der Zeitung abgebildet gewesen. Sie müssen nicht denken, daß ich Ihnen Schweinkram erzählen will, schon allein bei dem Gedanken, daß Sie so was denken können, würde ich Ihnen am liebsten eine reinhauen, verstanden? Ich erzähl' ihnen die schönste, die ernsthafteste Geschichte, die mir je passiert ist, mir, einem Trottel, einem Idioten, einem armen Teufel, einem unseligen Menschen, der eines Tages den größten Schatz in der Hand gehalten hat, er war mir wie ein Segen zuteil geworden, und ich hab's nicht kapiert und ihn weggeworfen. Die Zunge brennt mir von der Zigarette, ich muß wohl mal mit dem Rauchen und Trinken aufhören, aber nicht jetzt, irgendwann. Wir hielten uns im Abteil in den Armen, ihr Gesicht leuchtete im Halbdunkel, aber weder sie noch ich hatten die Courage; sie sagte, ich sollte den Saft meiner Leidenschaft auf ihre Brust mit den dunkelbraunen, festen Spitzen spritzen, und das tat ich dann, über ihrem Körper kniend. Danach legte ich mich neben sie; ich spürte, daß ich sie damit hatte zeichnen sollen, nicht mit meinen Händen oder Zähnen, sondern mit etwas, das darüber hinausging, das sie selbst tief in meinem Wesen erzeugt hatte, etwas, das, nachdem es abgewaschen und für das Auge nicht mehr wahrnehmbar war, weiterhin auf ihrer Haut, ihren Brüsten, in ihren Knochen, in ihrem Herzen brennen würde, ihr Leben lang. Nur zwei junge Menschen, die sich so tief liebten, konnten so etwas tun, in solcher Reinheit. Keiner von uns beiden konnte schlafen, wir lagen die ganze Nacht Hand in Hand nebeneinander. Das schockiert Sie, was ich Ihnen hier erzähle? Wissen Sie, wenn das mit einer andern Frau passiert wär, zwischen irgendeiner andern Frau und mir, dann hätte man das vielleicht als einen Akt der, sagen wir, Unzucht ansehen können, um einen wirklich unangenehmen Ausdruck zu verwenden, wie er Journalisten gefällt. Aber bei ihr nicht, weder damals noch später, heute nicht und zu keiner Zeit war das etwas Häßliches.

Ich habe wohl schon gesagt, daß unsere Reise nur aus Angst bestand. Es gibt etwas Schreckliches auf der Welt, und das ist die Tatsache, daß die jungen Leute keine Freiheit zum Lieben haben; aber schlimmer noch ist, daß sie nicht lieben können; und dabei sind sie doch für die Liebe gemacht. Ich weiß nicht, ob Sie mich verstehen: Die einen laufen vor der Liebe weg und die andern suchen sie gierig, aber was übrigbleibt, ist bei allen das gleiche, ein unerträgliches Gefühl von Leere. Also, chin-chin! auf die Leere in uns allen. Wissen Sie, daß wir schon seit Stunden trinken und jetzt zum ersten und bestimmt auch letzten Mal auf etwas anstoßen? Anstoßen soll man, wenn man Grund zum Feiern hat, aber ich bin in der denkbar schlechtesten *mood*; ich bin keiner, der leicht vertraulich wird, von seinem Kummer oder seinem Glück erzählt, der sich jedem x-beliebigen gegenüber öffnet, sich bei Freunden oder beim Beichtvater was von der Seele redet, und trotzdem sitze ich hier und breite all mein Leid und alle Schande auf dem Tisch aus, vor einem Fremden, der vielleicht gar nicht versteht, was er da hört. Aber Sie sind ein guter Zuhörer, und das reicht schon, dafür bin ich dankbar. Vielen Dank. Sie sollen mich gar nicht verstehen. Keiner versteht einen andern, Ionesco hat recht.

Der Morgen in São Paulo war grau, kalt und feucht wie so oft; auf uns wirkte das sehr anregend. Als wir zum Hotel kamen, kehrte unsere Angst zurück. Ist Ihnen schon mal aufgefallen, wie unsympathisch, unangenehm, wirklich scheußlich im Grunde alle Leute am Empfang in Hotels sind? Sie geben sich liebenswürdig, aber das ist so eine Art von abgestandener, falscher Liebenswürdigkeit, und man braucht sich nur ihre Gesichter anzusehen, dann merkt man gleich, daß sie den reichen Gast insgeheim hassen und den ärmlichen verachten. Ich fragte nach einem Doppelzimmer und unterschrieb auf der Anmeldung mit Herr und Frau Sowieso; sie hatte den Stein ihres Ringes auf die Handinnenseite gedreht, damit er wie ein Ehering aussah, und zeigte ihn, indem sie die geschlossene Hand auf das Pult legte. Er, der Mann am Empfang, sah mich an, schätzte mich ab und rief schließlich den Boy, um unsere Koffer nach oben zu bringen.

Ich sehe jetzt ganz deutlich, wie sie im Zimmer steht, mir zulächelt, wir beide allein, hinter verschlossener Tür. Mein Gott, wie ich mir alles an ihr eingeprägt habe, auch die kleinsten Dinge; ein schmaler Spalt zwischen ihren Schneidezähnen, der Bogen ihrer Augenbrauen, der Halbmond an den Fingernägeln ihrer langen, schlanken Finger, ihre schön geformte Fußsohle, ein kleines Mal in ihrem Gesicht – ich brauche nur die Augen zuzumachen, dann sehe ich alles. Und die großen Dinge: ein reines Herz, scharfsinnige Intelligenz, Großzügigkeit, die Liebe zu mir, der klare Blick – ich brauche nur die Augen zuzumachen, dann fühle ich, wie der Schmerz der Erinnerung mich innerlich zerfrißt. Wie schön war es für uns, da in dem Zimmer. Wir gingen ans Fenster und schauten von oben auf São Paulo, als sähen wir die Stadt zum ersten Mal. Wie großartig war unsere Geschichte, wie lang unser gemeinsames Leben. Es waren Jahre. Verstehen Sie, was für eine Chance ich hatte? Ich liebte sie. Aber I took her for granted, verstehen Sie? Ich kann diesen Scheiß nicht übersetzen, aber Sie verstehen mich schon, oder? Sehr schön. Ich wollte sie heiraten. Aber als ich nach São Paulo fuhr, wollte ich es schon nicht mehr. Komisch, das wird mir jetzt erst klar. Wahrscheinlich wohl, weil ich die Ehe für dummes Zeug hielt; aber ich wollte sie auch nicht als etwas anderes, dazu hatte ich sie viel zu gern. Ich hatte eine vage Vorstellung, daß ich frei bleiben mußte, und außerdem, so ein schäbiger Kerl wie ich, der nachts bei der Zeitung arbeiten mußte und einen Hungerlohn bekam, konnte niemanden heiraten. Habe ich mir da irgendwas vorzuwerfen?

Liebe ist Großzügigkeit, Verständnis, Selbstlosigkeit, und doch sind Liebende egoistisch, kleinlich und intolerant, denn das ist die Natur des Menschen; nun ist es aber so, daß in dem Zustand akuter psychischer Erregung, der für jede Liebe charakteristisch ist, diese Dinge nicht sehr deutlich in Erscheinung treten. Wissen Sie, ich bin schon etwas zu müde, um diesen Punkt richtig erklären zu können, und das Schlimmste ist, daß ihn keiner richtig erklären kann. Freud, das war einer, der nie geliebt hat, ich halte nichts von Freud, Sie? Freud ist eine Glaubensfrage, entweder man glaubt an ihn, oder man glaubt nicht an ihn. Ich tu's nicht. Das gleiche gilt für Marx. Mit denen kann man nur eins machen: sich ihr Bild an die Wand hängen oder auch nicht.

Wir gingen durch die Stadt, der feine Sprühregen machte uns nichts aus, wir hatten keine Eile, nach Hause zu gehen. Alle Menschen auf Reisen genießen dieses Gefühl, in einer Stadt, in der sie nicht leben, langsam und ohne zu einer bestimmten Zeit zu Hause sein zu müssen, durch die Straßen zu gehen. Warum? Weil es kein Zuhause gibt, kein home, sweet home, zu dem sie zurückgehen könnten. Das Zuhause ist ein Gefängnis, selbst wenn man allein lebt. Ein Gefängnis, an das sich gewöhnt, so wie die Tiere im Zoo sich an ihre Käfige gewöhnen.

Sie und ich, wir genossen unsere Freiheit und meinten, das Glück, das wir dabei empfanden, sei Tourismus. Wir gingen ins Hotel zurück, ohne auf die Uhr zu sehen. Manchmal gingen wir ins Kino oder ins Theater, zwischendurch setzten wir uns auch mal auf eine Parkbank und sahen den Leuten nach.

Haben Sie schon einmal geliebt? Nehmen Sie mir nicht übel, daß ich Sie das frage, aber Millionen von Menschen haben noch nie geliebt. Es gibt Menschen, die ihre Bücher, ihren Hund, ihr Land, ihre Kleidung, ihre Juwelen, ihr Auto geliebt haben, aber das meine ich nicht; auch nicht Eltern- oder Geschwisterliebe – das ist alles dummes Zeug, verglichen mit der Liebe zu der Frau, die wir lieben und die uns liebt; und die wir am liebsten umbringen würden, wenn wir meinen, daß sie uns nicht mehr liebt. Etwas sehr Großes. Wir tranken auf dem Zimmer Champagner, ich brachte ihn unter dem Mantel versteckt von draußen mit. Aber selbst in betrunkenem Zustand hatten wir nie die Courage; wir badeten zusammen und schliefen nackt Arm im Arm, aber wir hatten nicht die Courage; einmal versuchten wir es, aber als sie vor Schmerz stöhnte, schreckte ich zurück; ich mußte sie beschützen, verstehen Sie?, vor allem Bösen beschützen. Tat ich etwas noch Schlimmeres, als ich mich so verhielt? Damals kam es mir nicht so vor. Im Grunde war ich damit sogar zufrieden, ich verhielt mich ja wie ein Gentleman, opferte mich für sie, das kleine Mädchen, das ich liebte.

Es kam der Tag, an dem wir zurückmußten. Wir nahmen ein Flugzeug, und da, auf dem Flug, ging alles zu Ende. Sie war traurig, still, antwortete nicht auf meine Fragen. Ich wurde auch still. Dann merkte ich, daß sie lautlos weinte, schweigend und regungslos überließ sie sich ihren Tränen. Ich spürte, daß ich nichts sagen oder tun konnte. Sie wußte, daß ich sie nicht liebte, daß ich mich an diesem Tag von ihr verabschiedete, daß es aus war.

Es war wirklich aus. Aber mich kümmerte das nicht sonderlich. Sie schien neben mir zu sterben, aber mir tat es nicht im geringsten weh. Erst sehr viel später fing ich an zu leiden. Ganz allmählich bekam ich Sehnsucht nach ihr, und je mehr Zeit verging, um so mehr fehlte sie mir. Jahre, viele Jahre sind seitdem vergangen, ich habe sie nie wiedergesehen, aber sie ist mir von Tag zu Tag näher; alle anderen Frauen, die ich danach kennenlernte, habe ich vergessen, von vielen weiß ich nicht mal mehr den Namen, aber von ihr weiß ich noch alles, alles. Merkwürdig, finden Sie nicht auch?

Anna-Leena Härkönen
Das erste Mal

82 war ich sechzehn und so in Panik, daß ich noch Jungfrau war, daß ich für jeden halbwegs appetitlichen Macker die Beine breitgemacht hätte.

Natürlich wollte ich im Prinzip auf den Mann meines Lebens warten wie alle anderen, und natürlich träumte ich davon, daß beim ersten Mal die Wahnsinnsfanfare der Liebe erklingen würde, aber es tauchte erst gar kein geeigneter Kandidat auf.

In meinem Bekanntenkreis gab es nur zappelige Briefmarkensammler mit Topfschnitt und pflaumengroßen Pickeln im Gesicht und Eishockey spielende Schweinsaugen. Keinen von ihnen konnte man sich als Supermann im Bett vorstellen.

Und eines Tages war ich schon in der Neunten und traute mich kaum auf die Straße, weil ich meinte, man müsse es mir am Gesicht ablesen können, daß ich noch von nichts eine Ahnung hatte.

Nur darum ging ich in den Osterferien mit ins Zeltlager der Gemeindejugend, wo man, wie ich wußte, Jungs aus anderen Orten kennenlernen konnte, und etwa in der Mitte der Ferien traf ich meine Wahl: Jussi Raappana sollte es sein, der fünfzehnjährige Sproß des Besitzers eines Schuhgeschäfts, der durchblicken ließ, daß er über jede Menge einschlägige Erfahrungen verfüge.

Also liege ich eines leicht bewölkten Tages in der Nähe des Zeltlagers auf dem Boden eines alten Schuppens, habe die offenen Haare um meinen Kopf arrangiert und die Lippen halb geöffnet wie die Frauen in alten finnischen Filmen und warte, während Jussi Raappana die flattrige Unterhose fallen läßt. Er plumpst wie ein Sack auf mich. Und ich mache die Beine breit und biete ihm mein Bestes, und er schiebt sein zitterndes Glied in mich hinein, küßt mich suchend wie ein Neugeborenes auf den Hals und die Wangen, und ich schließe die Augen und denke, jetzt, endlich, und spüre, daß mir die Brustwarzen stehen, wie es sich gehört, wenn eine Frau scharf ist, und das bin ich weiß Gott. Mir ist auch kalt, aber das spielt jetzt keine Rolle. Jussi stößt mit seinem Glied gegen den Eingang meiner Höhle, und ich verkrampfe mich, weil ich mich instinktiv wehre gegen den Schmerz, und zittere, und mein Mund steht immer noch halb offen. Jussi hilft seinem Glied mit der Hand, und es kommt tatsächlich ein paar Millimeter vorwärts, während ich so feucht zu sein versuche, wie es nur irgend geht, so breit und schlüpfrig wie eine Frau nur sein kann, aber es tut so verdammt weh, es tut weh, obwohl meine Brustwarzen hart sind wie kleine Kiesel und obwohl ich doch wollte, daß es jetzt und hier passiert; es war, als würde ich auseinandergerissen und plattgewalzt.

»Es geht nicht, es geht nicht«, sabbelt Jussi mir ins Ohr, und ich spüre, wie mir sein Speichel in den Gehörgang läuft.

»Es muß gehen«, japse ich.

Man konnte doch nicht mittendrin aufhören, das würde ich nicht verkraften, ich würde einen solchen Knacks weghaben, daß man nicht mal mit einer Eisenstange …

»Wart einen Augenblick«, flüstere ich und hänge ein »Liebling« dran, und meine Brust füllt sich mit überirdischer Wärme, als ich das Wort ausspreche. Geschlechtsverkehr ist das Schönste, was zwischen zwei Menschen passieren kann!

Jussi hält mit einem verwirrten Lächeln inne. Ich lasse mich ganz schlaff werden, atme den Geruch von Jussis billigem Rasierwasser ein und konzentriere mich auf das einzige Ziel, durchzuhalten.

»Jetzt!« befehle ich. Und Jussi schiebt sein Ding, so fest er mit seinen wackeligen Hüften kann, bis zum Ende hinein, er fletscht die Zähne dabei, und auf seinem Gesicht breiten sich große pfannkuchenförmige Flecken aus.

»Oi!« stöhnt er nach dem Kraftakt. »Oi, oi, oi, oi, oi …«

Ich kann nicht antworten, nur Tränen stürzen unter meinen zusammengepreßten Lidern hervor, und Jussi beginnt zu

stoßen, vor und zurück, und jeder Stoß ist so, als wollte er
mir die Möse zu Hackfleisch verarbeiten; das soll es sein,
dieses lächerliche Gestochere? Ein weißer Knabenkörper
stochert in meinem Unterleib, der sich anfühlt wie mit Amei-
senpisse gefüllt, im Schuppendach ist ein Loch, durch das
man ein Stück bewölkten Himmel sieht, und Jussi Raappana
ist nicht mehr der männlichste aus der Hochwasserhosen-
riege des Zeltlagers, der einzige, dem wenigstens ein paar
Härchen am Kinn sprießen, und der einzige, der nicht mehr
im Stimmbruch krächzt. Jetzt ist er nur noch ein grimassen-
schneidender Zwerg mit Sommersprossen und einer roten
Nase, sein täppisch tastender Mund schmeckt nach der Sau-
ermilch, die es zum Frühstück gegeben hat, und mir wird
gerade der einzige Schatz genommen, den eine Frau besitzt.

Als er endlich aufhört, drückt er mich für einen Augenblick
an sich, schnappt nach einer meiner immer noch harten
Brustwarzen und saugt daran, als wäre sie der Schlußpunkt
unter die ganze Veranstaltung. Es gibt einen kleinen quiet-
schenden Laut, der schüchterne Schmerzensschrei meines
geschundenen Körpers.

Für den Rest der Zeit hing Jussi mir ununterbrochen auf
der Pelle und schlug einsame Spaziergänge vor. Ich ließ ihn
noch zweimal dran, nur um zu sehen, ob sich an seinem Gestochere irgendwie was änderte, aber es änderte sich nichts.
Von wegen einschlägige Erfahrungen, nichts als blödes Im-
poniergehabe. Einen Gummi haben wir übrigens bei keinem
der drei Male benutzt. Ich war noch dämlich genug zu glauben, mir könne »so was« nicht passieren.

Ich bereute nichts, aber ich konnte den Typ nicht mehr sehen. Schon diese bescheuerten Haare: eine steife gelbe Bür-
ste, mit der er in jeder Volkstanzgruppe aus Schonen die
Glanznummer abgegeben hätte.

Ich redete nicht mehr mit ihm. Nach den Ferien rief er
noch mal an und erzählte mir was von Autos. Ich war kurz
angebunden, schnitt mir beim Telefonieren die Nägel, und er
versuchte es nie wieder. Jahre später hörte ich, daß er Polizist
geworden war.

265

Rick Moody
Libbets und Paul

Auf der Leuchtreklame von Max's stand *Big Star*. Zwei Sets. Von der Straße aus konnte er ihre melodiösen Klänge hören. Er zog Libbets an sich, und sie hörten eine Weile der Band zu. Auf dem Bürgersteig direkt vor Max's. Denn näher kamen sie der Bar nicht. Den ganzen Weg gefahren, und jetzt kamen sie nicht rein.

Der Rausschmeißer runzelte die Stirn und machte die eindeutige Handbewegung. *Verschwindet.* Paul Hood war sechzehn, Libbets Casey war siebzehn, und das sah man ihnen auch an. Sie trugen keine schwarzen Jeans und keine schwarzen Rollkragenpullover, und sie hatten sich nicht die Haare gefärbt. Sie waren zwei Privatschulhüpfer mit falschen Ausweisen – Ausweisen des Staates New York –, die glaubten, sie kämen mit ihrem Geld in jede Bar rein. Sie standen draußen in der Kälte, Taxis schleuderten Wasser und Schneematsch vom Rinnstein auf den Bürgersteig. Es waren nur vereinzelt Fußgänger unterwegs.

Sie sahen dem Auftrieb vor Max's Kansas City zu.

Der Rock and Roll, der im November 1973 King war, hieß Glitter. Die New Yorker Band, die King war, hieß New York Dolls, ein Verein von Typen aus den Stadtgemeinden, die Make-up und Kunstpelze trugen. Sie hatten vor kurzem im Waldorf-Astoria und im State Theater in New Brunswick gespielt. Ihr großer Hit hieß *Personality Crisis*. Auch Mott the Hoople spielte in diesem Monat in New York. Die Gruppe hatte mit dem üblichen Stones-Abklatsch angefangen, aber 1972, als *All the Young Dudes* herauskam, waren ihre Kostüme schon kreativer. In zwei Wochen spielte Lou Reed im Academy of Music, ein Stück weit die Straße runter. Das war Glitter. Die Kerle trugen allesamt Schuhe mit Plateausohlen, Boas, Blusen und Lederoveralls. Und sie schrieben Songs über Transvestiten – Holly Woodlawn, Candy Darling, Sugar Plum Fairy, Jackie Curtis.

In Paul Hoods Novemberheft von *Creem* bezeichnete ein Rock-Kritiker 1973 als »das Jahr des transsexuellen Tramps. Ganz plötzlich wollte im Rock 'n' Roll jeder eine Fummeltrine sein – oder zumindest andeuten, daß er eine sein könnte«. Sogar Dick Clark hatte, im gleichen Heft, eine Meinung zu dem Thema: »Bisexualität ... oder wie hieß das doch gleich, Zweigleisigkeit? Ich denke, das ist teils Masche, teils Mutprobe, genau wie die Protestbewegung. Eine Menge Kids haben bei der Protestbewegung mitgemacht, weil das ›angesagt‹ war. Und vielleicht passiert jetzt genau dasselbe in der tuntigen, überdreht transsexuellen Rockszene. Ich denke, das wird sich rasch wieder legen. Für wichtiger halte ich, daß es auf den Wunsch nach einer Rückkehr des Showbusineß in die Musik schließen läßt. Deswegen gibt es einen Elton John, einen Liberace, einen Alice Cooper. Das ist Showbusineß. Wir wissen alle, daß Alice nur Pose, nur Mache ist. Komisch ist nur, die soziologischen Kommentare zu lesen, und wie sämtliche Normalos wegen dieser Spinnerei ausrasten. Ich kann dem keinerlei Bedeutung beimessen.«

Die Factory am Union Square war nicht weit von Max's Kansas City entfernt. Wenn Paul Hood das gewußt hätte, wäre er vielleicht imstande gewesen, Andy Warhol zu erkennen. Vielleicht hätte er die platinblonde Eminenz an sich vorbei in den Club rauschen sehen können. Im Sommer 1973 war Warhol zu Dreharbeiten für *Frankenstein* und *Dracula* in Rom gewesen, aber mittlerweile war er wieder zurück und voll damit beschäftigt, seiner Zeitschrift *Interview* den alten Biß wiederzugeben; das Heft vom 9. November enthielt folgende Zeilen über ein Essen im Pearl's, einem Chinarestaurant: »Bob Colacello in seinem smaragdgrünen Kordanzug von Polidori, Rom, einem Seidenhemd von Yves Saint Laurent und Eau de Toilette von Givenchy; Vincent Freemont in seinem dunkelbraunen, maßgeschneiderten Gabardinejackett, hellbrauner Hose und weißem Brooks-Brothers-Hemd; Jed Johnson in blauem Blazer von Yves Saint Laurent, hellblauem Brooks-Brothers-Hemd, gestreifter Krawatte von Tripler's und New-Man-Hose; Andy Warhol in seinem kastanienbraunen DeNoyer-Verloursamtjackett, Levi's, Boots von Berlutti di Priigi, einem Brooks-Brothers-Hemd, einer rot-grau gemusterten Brooks-Brothers-Krawatte und einem braunen Yves-Saint-Laurent-Pullover mit V-Ausschnitt.«

Aber weil er seine öffentlichen Auftritte seit Valerie Solanas' Attentat reduziert hatte, ging Warhol am Freitag abend nicht ins Max's. Glitter hatte es zu diesem Zeitpunkt noch nicht bis in den Einzugsbereich von Stamford geschafft. Edie war ein wirklich tragischer Fall – in New York Canaan, Greenwich und Darien kannten viele ihre Familie persönlich, und sie gaben Warhol die Schuld. In New Canaan gab es keinen Glitter, ebensowenig wie in New Hampshire, wo Libbets und Paul aufs Internat gingen.

Sie froren, während sie so herumstanden und überlegten, was sie nun machen sollten. Und Libbets war übel. So war das Nachtleben, wenn man sechzehn oder siebzehn war und genug Geld hatte, um in New York City überall hinzugehen. Paul überlegte, ob sie in den Union Square Park mit seinem dichten Gebüsch und seinem reichen Angebot an Drogen und Kriminalität gehen sollten. Aber er wußte, daß er nur wieder das Übliche angedreht bekäme – absolut grauenhaften Oregano. Sie konnten in eine andere Bar gehen. Eine dieser Bruchbuden auf der Upper East Side, wo nicht so viele Fragen gestellt wurden. Aber Paul dämmerte, daß er irgendwann von Libbets' Seite weichen mußte. Die Zwänge des Reisens machten sich geltend. Er brauchte seine letzten zehn Dollar. Um nach Hause zu kommen.

»Fahren wir zurück«, sagte er. »Wir hätten erst gar nicht herkommen sollen. Es ist meine Schuld. Tut mir wirklich leid. Ich bring dich nach Hause, und dann gehe ich.«

»Ich setz dich einfach ... unterwegs ab«, sagte Libbets.

»Nein, nein. Ich bring dich nach Hause. Dir geht's nicht gut.«

Ein Ausdruck reinster Hilflosigkeit trat in Libbets' Gesicht. Sie schauderte, zog die Brauen zusammen und neigte auf eigenartige Weise, fast wie gramgebeugt, den Kopf. Und dann übergab sie sich vor Max's Kansas City auf den Bürgersteig. Es war ein dicker, weißer Schwall, den Libbets mit der komprimierten Wucht eines Feuerwehrschlauchs ausspie. Sie krümmte sich. Als das Erbrochene auf Schneematsch, Schlamm und Wasser traf, jene düsteren, tückischen kleinen Tümpel von Manhattan, die Ecken überflutet und sich in Rinnsteinen und Schlaglöchern gesammelt hatten, dampfte es wie eine radioaktive Substanz. Ein Teil davon spritzte auf Pauls Top-Siders, die mittlerweile durch und durch naß waren, und er machte einen Satz, als gäbe es eine Möglichkeit, dem zu entkommen. Als wäre es irgendwie möglich, Libbets an Ort und Stelle *abzuhängen*. Dabei konnte er das Zeug noch nicht mal abwischen. Das ging erst, wenn sie sicher zu Hause war.

Er war mit einer Frau ausgegangen, die in aller Öffentlichkeit kotzte.

»Tut mir leid«, stöhnte Libbets, »o Gott, tut mir leid –«

Der Horror trieb ihn auf die Park Avenue South hinaus, um ein Taxi anzuhalten. Er winkte verzweifelt.

Libbets weinte, als er ihr in den Wagen half. Es war der Tag nach Thanksgiving, ihre Eltern waren weggefahren und hatten sie nicht gebeten, mitzukommen. Sie waren in den Skiurlaub gefahren. Paul verstand ihre Lage und auch die seine. Er wünschte, er hätte sie wie eine Menschliche Fackel oder wie ein Road Runner in Sicherheit zaubern können. Verlassenheit herrschte in den Wohnzimmern Amerikas, in den Clubs, im Wetter. Er wollte sie auch verlassen, dieses Mädchen, das sich übergeben hatte. Er liebte sie und wollte sie verlassen. Es war 22 Uhr 28.

»Tut mir leid mit deinen Schuhen«, sagte Libbets.

Er wußte nicht, was er sagen sollte. Er küßte sie kurz auf die Lippen, schmeckte ihren säuerlichen Mageninhalt. Küßte sie bloß deshalb, weil er sich nicht vor diesem schlichten biologischen Vorgang ekeln und weil er beweisen wollte, daß er sie sanft, wie ein anständiger Kerl, küssen konnte.

Er half ihr behutsam aus dem Taxi, führte sie an den Türstehern vorbei, streichelte sie im Fahrstuhl, streichelte ihr Kreuz und führte sie in ihr Zimmer. Sie ging ins Bad und übergab sich erneut, diesmal fast geziert. Auch Paul würgte, als wollte er aus lauter Solidarität mitreihern. Außerdem hörte er sie danach scheißen, ein Sturzbach von dünnflüssigem, wäßrigem Zeug. Ihm wurde bewußt, daß er sich nicht erinnern konnte, je zuvor eine Frau scheißen gehört zu haben. Libbets weinte immer noch. Das waren die Geräusche im Hause Casey: Libbets' Durchfall, ihre erstickten Schluchzer und nebenan, im Zimmer von Libbets' Schwester, Davenports Geschnarche. Davenport war umgezogen. Vielleicht schlafgewandelt. Die Schnarchgeräusche hallten durch die Wohnung wie auf dem Land das Geräusch einer Kettensäge.

Sie war im Nachthemd, als sie aus dem Badezimmer kam, und sein Blick fiel auf das kleine geflochtene Band um ihr Fußgelenk. Und als das Licht der Nachttischlampe von hinten auf sie fiel, schimmerten ihre kurvenreichen Konturen unter dem durchsichtigen Nachthemd. Sie schlüpfte unter die Decke.

»Geht's dir einigermaßen?« fragte er.

»Viel besser«, murmelte sie. »Darf einfach nicht mehr alles durcheinander nehmen.«

»Danke für den Abend«, sagte Paul. »Es war wirklich ein wunderschöner Abend.«

»Mmm.«

»Von New York kriege ich sonst nicht viel zu sehen«, fuhr er fort. »Ich komme nicht viel her. Früher sind wir an Weihnachten immer mit meinem Dad hergefahren. Einmal waren wir auch im Zirkus. Drei Manegen, ich hab gar nicht gewußt, wo ich hingucken soll. Total verrückt. Aber mittlerweile komme ich nicht mehr so viel in die Stadt, und außerdem hab ich auch nicht so viele Freunde, weißt du, deswegen passiert es nicht allzu oft –«

Es war, als hätte jemand einen Schalter umgelegt, so schnell war sie weggesackt. Eben war sie noch da, und gleich darauf weg. Sie war eine geisterhafte, wunderschöne Schläferin, fast unsichtbar, zu dem zarten Fragezeichen zusammengekuschelt, wie es sich Paul von ihr vorgestellt hätte.

Er fragte, ob er sich einen Moment zu ihr ins Bett legen dürfe. Wirklich nur einen Moment, dann müsse er zum Zug. Bloß damit sie besser einschlafen könne und so. Als er keine Antwort bekam, zog er seine nassen – mit Kotze und Schneematsch gesprenkelten – Top-Siders und dann seine Khakihose aus. In seinen karierten Boxershorts – kein Schüler von St. Pete's, der etwas auf sich hielt, trug Slips – stieg er zu Libbets Casey ins Bett.

Er wollte lediglich den Arm um sie legen und die gleiche Empfindung für sie spüren, die Eltern für hilflose kleine Kinder spüren. Er wollte lediglich helfen, spüren, daß er helfen konnte. Und als ihr Körper sich in dem kleinen Drama der Atmung hob und senkte und ihre Brüste an seinem Arm entlangstrichen, als er ihr das schmutzigblonde Haar zurückstrich und mit der Hand ihre Stirn berührte, da wußte er, daß sein Leben nicht dazu da war, vertan zu werden. Das konnte schließlich jeder. Er kannte die Komödie des menschlichen Körpers. Er konnte sich daran beteiligen. Und es spielte nicht die geringste Rolle, daß Libbets wohl kaum das gleiche für ihn tun konnte. Es spielte keine Rolle. Hier hatte das Unwetter einen Wandel bei ihm bewirkt. Er war bereit, einen kleinen Dienst zu leisten.

Statt dessen aber begann sich sein steifer Penis an Libbets' üppigem Hintern zu reiben. Er wußte genau, was er da tat, gestand es sich aber nicht ein. Er kam sich tugendhaft vor. Sein Schwanz traf seine eigenen Entscheidungen, die hauptsächlich Trauer und Scham mit sich brachten. Seinem Schwanz war die Gemeinschaft der verlassenen Teenager scheißegal. Es dauerte nur etwa eine Minute – er hatte ihr das Nachthemd hochgezogen und rieb sich unmittelbar an ihrem Fleisch –, bis er am Rand dieser phantastischen und traurigen Ekstase taumelte. Was der Masturbation ihren eigentlichen Kitzel verlieh, war die Möglichkeit, im Moment des Orgasmus dabei erwischt zu werden und dann beispielsweise zu wissen, daß Jimmy Rodale in ganz Manville herumerzählen würde, daß man dazu ein Fußballtrikot aus Nylon benutzte. Oder von seiner Mutter erwischt zu werden. Dieser befreiende Schrei war wie kein anderer – wäre ich doch nur verliebt! Nie werde ich es sein!

Aber Paul war ein plötzlicher Moment der Einsicht vergönnt. Er erkannte, daß ihre wunderschönen Pobacken, ihre knubbeligen Lendenwirbel, die Brüste, die er in den Händen hielt, ihm nicht das angestrebte Hochgefühl verschaffen würden. Er erkannte, was für ein Widerling er war. Er wäre hinterher genausowenig *da* wie vorher. Er war kein sinnlicher Mann. Und es gab auf diesem Planeten keine Kolonie, wo ein solches Treiben belohnt wurde. Diese Einsicht war nichts weiter als ein kleiner Stoß in der jähen Bewegung zum Erguß hin.

Er schaffte es allerdings, sich auf seine Seite zu drehen. Sich ein bißchen Kummer zu ersparen.

»O Libbets«, ächzte er.

Und er kam. Für sich. Auf sich. Auf seine Hand und auf Libbets' Laken.

Er war im Nu aus dem Bett gesprungen, sah mit wild klopfendem Herzen nach der Uhr, suchte nach seinen Kleidern. War er high? War er bescheuert? War er anormal? Er raste ins Badezimmer, wo er sich gründlich die Hände wusch. Er grapschte ein geblümtes Handtuch und rannte damit zum Bett zurück. Er rubbelte an dem Fleck keine dreißig Zentimeter hinter ihrem Rücken. Sie wälzte sich, vielleicht aufgrund des Gewackels, herum, so daß sie nur noch wenige Zentimeter davon entfernt war. Er flüsterte Entschuldigungen. Er versengte das Spannbettuch förmlich mit seinem Gerubbel. So leicht würde es nicht abgehen. Das Zeug war zu kleinen Klümpchen geronnen. Es würde einfach trocknen müssen. Er betete, daß sein Samen nicht die zwanzig Zentimeter übers Laken bis in Libbets' Vagina wanderte. Er betete, daß das Zeug bis zum Morgen verblaßte. Er betete, daß es sich in die harmlose, blättrige Kruste verwandelte, die er so gut kannte.

Es war schon fast elf. Hatte Davenport etwas mitgekriegt? Das Schnarchen war verstummt. Pauls Leben war billig. Er zog sich an. Er suchte seine Zeitschriften zusammen. Er war in dieser Wohnung so allein wie nur was. Eine Welt von Schläfern bewahrte sein Geheimnis. Wie konnte er Libbets je wieder in Monsieur LeJeunes Französischklasse gegenübersitzen? Wie konnte er in einem Monat die Geburt des Jesuskindes verkünden? Wie konnte er das sagenhafte Jahr 1974 einläuten?

Das beste war, er versuchte sich in allen anderen Lebensbereichen an den normalen Tagesablauf zu halten. Wie gewohnt zu kommen und zu gehen; das beste war, er nahm wie geplant den Zug; fuhr wie geplant nach New Canaan zurück; frühstückte wie geplant mit seinen Eltern; versuchte, sich in der Gesellschaft seiner Eltern zu sonnen, die Lektionen der Familie zu lernen; nahm am Sonntag wie geplant den Zug zurück nach Boston, und von dort den Bus nach Concord; ging am Montag morgen wie vorgeschrieben zum Gottesdienst; nahm an »Ursprünge der abendländischen Kultur«, Geometrie 1, Chemie 1, Englisch 5 und Französisch 4 teil, als interessiere ihn nichts so sehr wie die übliche Batterie der Prüfungen und der Streß, für Weihnachten den richtigen St.-Pete's-Aufkleber für den Kombi seiner Eltern auszusuchen. Dafür winkte ihm der magere Lohn der Gewohnheit.

Seine Kleidung war in einen ordentlichen Zustand gebracht (obwohl er leicht in seine Boxershorts tröpfelte), sein Tweedjackett zugeknöpft. Sein Penis tat weh. Er beugte sich über Libbets' Schulter, um der klaren, breiten Kontur ihres Jochbeins zu huldigen. Sie tauchte halb aus ihrem Delirium auf.

»Mmmnn«, machte sie.

Und versank sofort wieder. Er murmelte abermals eine Entschuldigung, als ob Worte irgend etwas änderten.

Paul Hood bekniete den Taxifahrer, es bis 11 Uhr zum Grand Central Terminal zu schaffen. Das erforderte Eile. Die Prachtstraße, die sie entlangsausten, konnte ihn jetzt

273

nicht mehr beeindrucken. Ebensowenig der Schneeregen, der wie Asche aus einem Verbrennungsofen durch das Licht der Straßenlaternen wirbelte. Paul war blind dafür. Er war in die Unterwelt der Jugendlichen mit Problemen eingetaucht. Er war überhaupt kein Mann. Er war ein Junge. Ein privilegiertes Kind. Seine Eltern konnten ihm aus allem heraushelfen, was er angerichtet hatte. Er würde nach Silver Meadow gehen. Sein Dad hatte Geld. Sein Dad konnte die psychiatrische Behandlung bezahlen. Sein Dad würde während der Besuchszeiten mit frischen Socken vorbeikommen. Sein Dad würde ihn nach dem Rausschmiß aus St. Pete's nach Hause, nach Silver Meadow überführen. Sein Dad würde ihn in jenes Schattenreich vergessener Perverser überführen.

LUCY ELLMANN
Gerassel und Gestöhne

El Greco hatte schlechte Augen.

Deswegen verlängerte er in seinen Gemälden die Formen. Er sah die Gegenstände so.

Dies erfuhr ich, als ich eine folgenschwere Abendvorlesung am Katafalk besuchte, die von einem Gastdozenten gehalten wurde.

Folgenschwer war sie allerdings nicht nur wegen El Greco.

Sie war deshalb folgenschwer, weil der Gastdozent niemand anderer war als der Mann, den ich einmal unter so seltsamen Umständen kennengelernt hatte, als es mir unterlaufen war, seine Wohnung für eine Buchhandlung zu halten.

Er stand sehr männlich am Pult.

Es verlieh ihm Autorität.

Es verlieh ihm etwas Herrisches.

Verlangendes.

Es ließ ihn weniger amerikanisch aussehen.

Es ließ ihn aristokratisch aussehen.

Außerdem wurde sein Akzent durch die Akustik des Raumes gemildert.

Vielleicht war er mit der Zeit milder geworden.

Vielleicht war ich auch mit der Zeit milder geworden, dachte ich.

Er hieß Robert.

Ein Name wie eine Zauberformel.

Ein Name, der zu seinem steifen Auftreten paßte.

Er bewegte sich zaghaft, als ob er mit einem unsichtbaren Faden zusammengeschnürt wäre.

Wie ein verwirrter Houdini.

Er sah aus, als bräuchte er die Liebe einer Mutter.

Seine Steifheit verlieh ihm eine Starre, die ich sehr anziehend fand.

Nach dem Vortrag bestand Pol darauf, zu ihm zu gehen, um ihn kennenzulernen.

Sie hatte keine Ahnung, daß ich das bereits getan hatte.

Sie wollte bloß was trinken und watschelte auf den bestmöglichen Zechgenossen im Raum zu.

Und schleppte mich mit.

Das gehörte zu ihren für mich ausgedachten Lektionen in »Richtiger Lebensführung«.

Ich war so verlegen, ich hätte sterben mögen.

Ich hoffte, daß er mich nicht erkennen würde.

Als wir im Pub angekommen waren, bot er sich an, die Getränke zu holen.

Aber Pol bestand darauf, das selbst zu übernehmen, und sagte, er müsse nach seiner Vorlesung doch müde sein.

Da wußte ich, daß sich hier etwas anbahnte.

Pol war normalerweise hochzufrieden, wenn jemand anderer die Getränke bezahlte.

Während sie am Tresen war, geschah etwas Faszinierendes.

Er sah mich prüfend an und fragte: »Hatten wir nicht schon einmal das Vergnügen?«, und dann lachte er.

Ich wußte nicht, was ich dazu sagen sollte.

Denn in dem Sekundenbruchteil zwischen seinem prüfenden Blick und seinem Lachen hatte ich mich irrsinnig verliebt.

Ich transferierte all meine Hingabe, zumindest den größten Teil davon, in wenigen Sekunden vom Glänzenden Jungen Mann auf Robert.

Es war folgenschwer.

Einer der Vorteile unerwiderter Liebe besteht meiner Meinung nach darin, daß man sich über Untreue keine Sorgen zu machen braucht.

Man kann sich jeden Tag in jemand anderen verlieben und tut damit niemandem weh außer sich selbst.

Keine Vorwürfe, keine sauren Gesichter, keine schmerzhaften Trennungen.

Ich hatte meine Erfahrungen.

Ich verfiel andauernd jemandem und wurde fallengelassen.

Wenn ich Robert nur eher kennengelernt hätte, wäre mir all das erspart geblieben.

Ich wußte: Er war *Der Mann* für mich.

Alles an ihm schien richtig.

Ich änderte sogar einige meiner üblichen Kriterien, um ihn anpassen zu können.

Er war nicht groß, dunkel und gutaussehend.

Manchmal war er eins oder zwei von diesen Dingen, aber nie alle drei zugleich.

Zum Ausgleich hoffte ich, daß er meine körperlichen Mängel mit einiger Großzügigkeit betrachten würde.

Wir verstanden uns eigentlich sehr gut – bis Pol zurückkam.

Sie fing gleich an zu reden, über El Greco und eine verrückte Zeit, die sie mal in Toledo zugebracht hatte, Stierkämpfe und Toreros und was weiß ich noch alles.

Ich sagte, daß ich Stierkämpfe ablehnte.

Danach fiel mir nichts mehr ein, was ich noch hätte zur Unterhaltung beitragen können.

Was für mich recht ungewöhnlich ist.

Ich hatte meinen Gin Tonic ausgetrunken und war hungrig.

Ich brauchte Tee und Toast.

Schnell.

Ich saß in stumpfem Elend da, während sie redeten und redeten.

Robert schenkte mir keine weitere Aufmerksamkeit.

Vielleicht fürchtete er, seine Gefühle in der Öffentlichkeit bloßzulegen.

Schließlich wollte Pol nach Hause.

Er kam mit uns, was mich einigermaßen überraschte.

Auf dem Weg zur Bushaltestelle erschreckte uns ein Betrunkener, der uns entgegenkam.

Er kam näher und ging direkt auf Robert los.

Es war klar, daß er Robert verprügeln wollte.

Ich war starr vor Schreck, als der Betrunkene auf einmal schneller wurde.

Kurz bevor er Robert erreicht hatte, hielt Pol ihn auf.

Sie streckte einfach ihren Arm aus.

Er lief ihr direkt hinein und brach umgehend zusammen.

Sie hatte sich diese ganzen Stierkämpfe nicht umsonst angesehen. Sie fackelte nicht lange.

Robert dankte Pol überschwenglich für diesen Dienst.

Ich für mein Teil fand die Aktion ziemlich undamenhaft.

In diesem Moment entschlossen wir uns, ein Taxi zu nehmen.

Robert sagte, daß es kein Problem für ihn sei, von uns zu seiner Wohnung zu laufen; jetzt wollte er uns erst einmal sicher nach Hause bringen.

Ich fand das ein bißchen komisch, da ich nicht daran gewöhnt bin, das Objekt meiner Zuneigung über einen so langen Zeitraum so dicht an meiner Seite zu haben, und bekam die üblichen Magenschmerzen.

Schließlich geleitete er uns direkt in die Wohnung.

Die er in dieser Nacht nicht verließ.

Als ich zu Bett ging, hörte ich das übliche Gerassel des Bettgestells in Pols Zimmer.

Warum muß der Fortpflanzungsakt eigentlich so tragisch klingen?

Ich selbst fühlte mich ziemlich tragisch.

Wie konnte Robert auf das Niveau von Pol herabsinken?

Wir konnte er sich mit dem Zweitbesten zufriedengeben?

Und da war noch etwas, was mich ärgerte.

Angeblich war Pol doch in *mich* verliebt.

Den gesamten letzten Monat über hatte ich nur deshalb versucht, nett zu ihr zu sein!

Und jetzt ...

Gerassel und Gestöhne.

Ich lag im Bett.

Verdrossen.

Das Rasseln konnte ich ertragen.

Stöhnen.

Gelächter.

Aber ich konnte nicht verstehen, wieso er Pol erwählt hatte und nicht mich.

Sie war keine perfekte Schönheit.

Ich allerdings auch nicht.

Ich, mit der schuppigen Hornhaut auf meinen Fersen und einem alten Fleck auf meinem Auge und knochigen Knien und Brüsten, die kaum der Rede wert sind, und Leberflecken an Stellen, die kein anständiger Mensch erwähnen würde, *und* einer Allergie gegen Nüsse.

Ich, die es für nötig hält, in Supermärkten die Lebensmittel umzustellen, wenn sie nicht an ihrem Platz stehen.

Ich, die ich sogar Streichhölzer in ihrer Schachtel sortiere, so daß sie alle in die gleiche Richtung weisen und mehr oder weniger auf einer Ebene liegen.

Aber wenigstens hatte ich normalere körperliche Abmessungen.

Sie war nur Fleisch.

Nur wabbliges Fett.

Und ein Feuerwerk von schlüpfrigen Geschichten.

Sie war weiter nichts als ein fröhliches Flittchen.

Sie war sehr unterhaltsam, das schon, aber ist so etwas von Dauer?

Ich hätte ihn geheiratet!

Eine jungfräuliche Braut.

Ich hätte seine Kinder zur Welt gebracht.

Ich konnte mir das gut vorstellen.

Unsere Kinder wären schön gewesen, weil wir uns liebten.

Meine Gedankengänge wurden jäh durch Pol unterbrochen, die in der Küche rumorte.

Wie widerlich, dachte ich.

Nach einer Liebesnacht hatte sie immer Hunger.

Sie hatte andauernd Liebesnächte.

Ich weiß nicht, was mich mehr anwiderte.

Und dann hörte ich, wie Robert in Nebenzimmer gähnte.

Direkt hinter der Wand.

Dort lag er.

Streckte schläfrig seine Glieder.

Robert, mein Liebster.

Ich kniete mich auf mein Bett und streckte die Hände nach ihm aus.

Ich legte meine Hände auf die Stelle an der Wand, hinter der ich ihn vermutete, und ließ sie dort.

Fühlte die Wand an meinen Händen.

Yvonne Vera
Das Ei

Ein Ei, sein brauner Farbton, die unvergeßlich blasse Einladung seiner Farbe, das Labyrinth seines Geruchs, das Versprechen von Zerbrechlichkeit wie ängstliche Zärtlichkeit. Der Regenbogen seiner weich ansprechenden Oberfläche, elegant, sein Echo schlank und oval. Seine Versprechen versteckt aber vollständig, seine handschmeichelnde Form ein schüchternes, schweigendes Erwachen. Leicht und gut.

Er hielt ihre Hand und ging auf trockener Erde zwischen Felsen entlang und ließ das Ei liegen, wo sie es gefunden hatten. Der Vogel hatte in einem Felsspalt ein Nest gebaut.

»Mazvita«, sagte er unbekümmert.

Die Felsen überragten sie, nah und rund. Unter ihnen waren trübe Verstecke. Aufragende Steine warfen dichte Schatten, wie Rauch. Die Felsen waren glatt. Brüchige und kantige Steine lösten sich aus ihnen und fielen auf den Boden. Mazvita und Nyenyedzi gingen weiter zu einem Felsen, der flach am Boden ausgebreitet war. Zwischen den schlängelnden Spalten standen kurze, grüne Blätter. In dem harten Gestein waren fest geschwollen Baumwurzeln und verzweifelt wogende Stämme von langsam wachsenden Pflanzen.

Mazvita zog Nyenyedzi auf die Felsen, von der Sonne gewärmt, und spürte, wie sich die Wärme an ihrem nackten Rücken ausbreitete. Sie umarmte ihn mit einem hingebungsvollen Seufzen und zog seinen Kopf auf ihre Brust. An ihrem Becken spürte sie die harte Haut seines Knies, spürte ein kurzes Kratzen unter ihrem Nabel. Das Knie preßte sich auf sie. Es tat nicht weh. Und sie strich ihm mit zärtlichem Finger durchs Haar. Er lag in ihren Fingern. Sie schloß die Augen gegen das Blau, das vom Himmel in ihre Augen fiel, und sie hörte einen Wächtervogel auf einem Felsen laut schreien. Ein durchdringender Schrei, der auf ihre Ohren schlug.

Der Vogel rief noch einmal, langsam, hetzend. Ein Schrei rief den nächsten. Der Himmel überwältigte sie mit geschmeidigem Blau, das über ihre Augenbrauen hing und so nah war, daß sie es mit ihrem Atem umarmte. Das Blau zog sie in den Himmel hinauf. Sie rief leise, um ihm zu erzählen von dem klaren Beben, das aus dem Himmel kam, von dem Taumel, der sie am Horizont mit verschwenderisch liebkosenden, gelben Strahlen einhüllte, von der Wärme, die über ihre Knie perlte. Er aber glättete ihren Bauch mit zärtlichen, liebevollen Wellen, und sie vergaß das Blau des Himmels und sein Knie und ...

Sie war atemlos von uraltem Verlangen. Er glättete ihren Rükken mit freundlicher Zunge, blau und weit wie der Himmel. Sie spürte eine strahlende, wirbelnde Freude. Ein ruhiger, verhaltener Schauer glitt mit sanftem Druck zu ihren Handflächen, kreiste um ihre aufgestützten Handgelenke und legte sich in die feuchten Räume zwischen ihren Fingern. Sie spürte die üppige Erde unter ihren Füßen. Das Blau wirbelte und rauschte um sie herum. Sie wurde im Faltenhimmel geheilt.

Er bewegte sich auf ihr mit leichtem, rhythmischen Zittern. Er umarmte sie und streichelte ihre Stirn sanft und fragend. Er stützte seinen sicheren Arm über dem weichen Bogen ihrer Schulter, neben ihrem Ohr, auf den Felsen. Die Innenseite seines Arms war fest an sie, an ihren Hals gedrückt. Er war zufrieden in ihrer Gegenwart. Ihre Augen begegneten sich in einer Stille gefüllt von Träumen und mutiger Ekstase. Er lag schwer auf ihr, doch auch das war Teil ihres vollendeten Jubels, ihrer fraglosen Leichtigkeit, ihrer überschwenglichen Zärtlichkeit. Ihr Glück hatte keinen Anfang und kein Ende, sondern war das unaufhörliche Wirbeln einer blauen Wolke. Die Luft unter dem Himmel war hell und klar, durchsichtig. Ein strahlender Regen von hellen Sternen fiel aus dem Himmel. Sie war getröstet. Sie lagen still und verschlungen unter dem Bogen ihres Triumphs, unter dem weiten Saum des Horizonts. Sie lagen in einem flüsternden Schleier aus weißer, klarer Wolke.

Sie dachte an das Ei, das – heil – in ihrer Hand gelegen hatte.

Autoren- und Quellenverzeichnis

(Kursiv gesetzte Titel stammen von den Herausgebern)

LUCIUS APULEIUS (* um 125, † wohl unter Marc Aurel, 161–180)
Besuch einer Dame. Aus: Der goldene Esel. Übersetzt von Carl Fischer. © der Übersetzung Carl Fischer. Entnommen aus: Deutscher Bücherbund, S. 214–217

GEORGES BATAILLE (1897–1962)
Das Auge der Katze. Aus: Das obszöne Werk. Übersetzt von Marion Luckow. © Rowohlt Verlag, Reinbek 1972, S. 7–10

GIOVANNI BOCCACCIO (1313–1375)
Rusticos Teufel und Alibechs Hölle. Aus: Das Dekameron (Auszug aus der zehnten Geschichte des dritten Tages). Übersetzt von Ruth Macchi. © Aufbau-Verlag, Berlin und Weimar 1958

MADELEINE BOURDOUXHE (1906–1996)
Elisas Schwester. Aus: Gilles' Frau. Übersetzt von Monika Schlitzer. © Piper Verlag, München 1996, S. 11–16

BERTOLT BRECHT (1898–1956)
Die Ballade von der sexuellen Hörigkeit. Aus: Gesammelte Werke, © Suhrkamp Verlag, Frankfurt am Main 1967

HERMANN BURGER (1942–1989)
Die Pflanze Havanna Puro. Aus: Brenner. Band 1. © Suhrkamp Verlag, Frankfurt am Main 1989, S. 161–172

ONELIO JORGE CARDOSO (1914–1986)
Ein Nelkenduft. Aus: Moderne lateinamerikanische Prosa. Übersetzt von Liselotte Busse. Herausgegeben von Andreas Klotsch und Gisela Leber. © Verlag Volk und Welt, Berlin 1971

ALBERT COSSERY (* 1913)
Arnaba. Aus: Gohar der Bettler. Übersetzt von Bernd Wilczek. ©
Carl Hanser Verlag, München 1996. Entnommen aus: Büchergilde
Gutenberg, S. 25–41

LUCY ELLMANN (* 1956)
Gerassel und Gestöhne. Aus: Verschiedene Grade der Hoffnungs-
losigkeit. Übersetzt von Erica Ruetz. © Piper Verlag GmbH, München 1992, S. 100–105

HANS FALLADA (1893–1947)
Am Anfang war der Schnaps. Aus: Der Trinker. © Aufbau-Verlag,
Berlin und Weimar 1953, S. 20–27

JÖRG FAUSER (1944–1987)
Where Are You Tonight? Aus: Alles wird gut. © Rogner & Bern-
hard, Hamburg 1990, S. 239–249

LUDWIG FELS (* 1946)
In Afrika waren wir schon. Aus: Ein Unding der Liebe. © Piper Ver-
lag GmbH, München 1994 (Erstausgabe Luchterhand Verlag
GmbH & Co. KG, Darmstadt und Neuwied 1981)

RUBEM FONSECA (* 1925)
Die Gazelle. Aus: Fallen die Perlen vom Mond? Übersetzt von
Karin von Schweder-Schreiner. Herausgegeben von Mempo Giar-
dinelli und Wolfgang Eitel. © Rubem Fonseca. © für die deutsche
Übersetzung Piper Verlag GmbH, München 1991, S. 229–237

NICOLAI GOGOL (1809–1852)
Im Haus des Polizeimeisters. Aus: Tote Seelen. Übersetzt von Sigis-
mund von Radecki. © Kösel Verlag, München 1954, S. 219–224

OSKAR MARIA GRAF (1894–1967)
Das Brautverstecken. Aus: Das bayrische Dekameron. © Paul List
Verlag, München 1994, S. 58–63

HAFIS (um 1326–1390)
Saghi, bring Wein herbei. Aus: Z. Ghasel, Offenbares Geheimnis.
Übersetzt von Cyrus Atabay. © Eremiten-Presse, Düsseldorf 1987

ANNA-LEENA HÄRKÖNEN (* 1965)
Das erste Mal. Aus: Aquariumsliebe. Übersetzt von Anu Pyykönen-
Stohner. © Piper Verlag, München 1994, S. 25–27

BOHUMIL HRABAL (1914–1997)
Gastmahl des abessinischen Kaisers. Aus: Ich habe den englischen
König bedient. Übersetzt von Karl-Heinz Jähn. © Suhrkamp Ver-
lag, Frankfurt am Main 1988, S. 132–145.

ERICH KÄSTNER (1899–1974)
Ich bin so blau wie hundertzwanzig Veilchen. Aus: Der kleine
Grenzverkehr. © Atrium Verlag, Zürich 1938, S. 100–106

KAMASUTRA
Die Frau in der Rolle des Mannes. Aus: Kamasutra, Die indische
Liebeskunst. Entnommen aus: Das Tier mit den zwei Rücken. Her-
ausgegeben von Roger Willemsen. © Kiepenheuer und Witsch,
Köln 1990, S. 29–32

NORBERT C. KASER (1947–1978)
ich krieg ein kind. Aus: gedichte (= gesammelte werke, band 1),
herausgegeben von Sigurd Paul Scheichl. © Haymon Verlag, Inns-
bruck 1988, S. 17

NIKOS KAZANTZAKIS (1883–1957)
Das zarteste Fleisch. Aus: Alexis Sorbas. Übersetzt von Isadora Ro-
senthal-Kamarinea. © 1946 by Herbig in der F. A. Herbig Verlags-
buchhandlung GmbH, München, S. 59–64

CHODERLOS DE LACLOS (1741–1803)
Hundertundfünfundzwanzigster Brief. Der Vicomte de Valmont an
die Marquise de Merteuil. Aus: Gefährliche Liebschaften. Übersetzt von Walter Widmer. © Urs Widmer. Entnommen aus: Lizenz-
ausgabe für die Bertelsmann Club, Gütersloh S. 371–383

HEINRICH LAUTENSACK (1881–1919)
Das Lied zur Laute. Aus: Das verstörte Fest. © Carl Hanser Verlag, München 1966, S. 53

HENRY MILLER (1891–1980)
Im Café Wepler. Aus: Stille Tage in Clichy. Übersetzt von Kurt Wagenseil. © Rowohlt Verlag, Reinbek 1968. Entnommen aus: Deutsche Buchgemeinschaft C. A. Koch's Verlag Nachf., Berlin, Darmstadt, Wien, S. 16–32

QUIM MONZÓ (* 1952)
Eheleben. Aus: Der Grund der Dinge. Übersetzt von Monika Lübcke. © by Frankfurter Verlagsanstalt GmbH, Frankfurt am Main 1995, S. 17–19

RICK MOODY (1878–1934)
Libbets und Paul. Aus: Der Eissturm. Übersetzt von Nikolaus Stingl. © Piper Verlag, München 1995, S. 211–220

ERICH MÜHSAM (1878–1934)
Mädchen mit den krummen Beinen. © Verlag Klaus Guhl, Berlin

ANAÏS NIN (1878–1934)
Mathilde. Aus: Das Delta der Venus. Übersetzt von Eva Bornemann. © Scherz Verlag, Bern, München 1981, S. 111–125

PETRONIUS ARBITER (* unbekannt, † 66 n. Chr.)
Trimalchios Einzug. Aus: Das Gastmahl des Trimalchio. In: Satyricon. Übersetzt von Carl Fischer. Wissenschaftliche Buchgesellschaft, Darmstadt. © der Übersetzung Carl Fischer

SAPPHO (lebte um 600 v. Chr.)
Fragment. »Und wieder löst Eros«. Übersetzt von Gerhard Seidl. © der Übersetzung Gerhard Seidl, München 1998

ARTHUR SCHNITZLER (1862–1931)
Die griechische Tänzerin. Aus: Ausgewählte Erzählungen. © S. Fischer Verlag, Frankfurt/Main 1950, S. 217–226

Kurt Schwitters (1887–1948)
Ein Zigarettenende. Aus: Das gesamte literarische Werk. Herausge-
geben von Friedhelm Lach, Band 1. © DUMONT Buchverlag,
Köln 1973, S. 110

Sei Shonagon (* 10./11. Jh.)
Eine Anweisung für Kavaliere. Aus: Das Kopfkissenbuch der Hofdame Sei Shonagon. © Manesse Verlag, Zürich 1952, S. 81–83

Walter Serner (* 1889, † 1933 verschollen)
Las Tortilleras. Aus: Walter Serner Das gesamte Werk Band 5, Der
Pfiff um die Ecke. Herausgegeben von Thomas Milch. © Verlag
Klaus G. Renner, Porto/Castiglione del Lago (PG), Italien (früher
München und Salzburg 1979/82, S. 157–162

Italo Svevo (1861–1928)
Die Zigarette. Aus: Zeno Cosini. Übersetzt von Piero Rismondo.
© Rowohlt Verlag, Reinbek 1959 und 1987, S. 31–59

Jonathan Swift (1667–1745)
Zu Tisch im Lande Liliput. Aus: Ausgewählte Werke in drei Bän-
den, Bd. 3 Gullivers Reisen. Übersetzt von Franz Kottenkamp. ©
Aufbau-Verlag, Berlin und Weimar 1958

Claude Tardat (* 1950)
Die sanfte Süße des ewigen Honigs. Aus: Die sanfte Süße des ewigen Honigs. Übersetzt von Gisela Lerch. © Piper Verlag, München
1993, S. 7–13

Yvonne Vera (* 1964)
Das Ei. Aus: Eine Frau ohne Namen. Übersetzt von Hilde Schruff.
© Marino Verlag, München 1997, S. 18–21

Boris Vian (1920–1959)
Hunde, Lust und Tod. Aus: Tote haben alle dieselbe Haut. Übersetzt von Asma Semler. © Christian Bourgois Editeur, Paris 1973.
© für die deutsche Übersetzung Zweitausendeins, Frankfurt 1979

FRANÇOIS VILLON (1431–1463)
Ballade von der Dicken Margot. Aus: Die Liebesbeichte des François Villon. Übersetzt von Martin Remané. © Verlag Rütten & Loening, Berlin 1964, S. 223–225

GEORG VON DER VRING (1889–1968)
Kleiner Faden Blau. Aus: Gedichte und Lieder. Herausgegeben von Barbara Bondy und Rudolf Goldschmit. Piper Verlag, München 1979, S. 55. © Wilma von der Vring

FRANK WEDEKIND (1864–1918)
Morgenstimmung. Aus: Laß deine Zunge mir im Munde flattern. Herausgegeben von Joachim Schreck. Eulenspiegel Verlag, Berlin 1992, S. 27

AUGUST WILHELM WOHLBRÜCK (1762–1861)
Wahrhaftigen Gott, ich kann nicht mehr! Aus: Die zehnte Muse. Herausgegeben von Vera Bern. Elsner Verlag, Berlin/Dieburg 1964